Helmut Reinalter · Die Zukunft der Freimaurerei

SALIER
VERLAG

Helmut Reinalter

Die Zukunft der Freimaurerei

Salier Verlag · Leipzig

ISBN 978-3-943539-95-0

1. Auflage 2018

Umschlaggestaltung: Christine Friedrich-Leye
Satz und Herstellung: Salier Verlag
Printed in Germany

www.salierverlag.de

Inhalt

Vorwort

Diese ausgewählten Studien und Essays befassen sich vor allem mit der Zukunft der Freimaurerei, insbesondere mit ihren Werten, Zielen und Haltungen. Der einzig historisch orientierte Beitrag stellt den Mythos 1717 kritisch in Frage, ohne eine historische Nabelschau vorzunehmen. Das Jahr 1717 gilt als angebliches Gründungsjahr der ersten Großloge von London, deren 300-jähriges Jubiläum 2017 gefeiert wurde. Zukunftsperspektiven können nur dann richtig eingeschätzt werden, wenn man ihre historischen Voraussetzungen prüft und genauer kennt. Die Zukunft hat in diesem Sinne auch Historie, die nicht unterschätzt werden darf.

Dass Politik (nicht Parteipolitik im engeren Sinne) und Demokratie auch schon im 18. Jahrhundert eine Rolle gespielt haben und die Freimaurerei mit ihren Werten und Zielen nicht ohne gesellschaftliche Wirkung geblieben ist, zeigen weitere Studien des Bandes. Es folgen einige grundlegende Beiträge über Ziele, Werte und Haltungen der Bruderkette in der Gegenwart und Zukunft, wie Aufklärung und Vernunftdenken, Humanität und Ethik, Toleranz, Gerechtigkeit, Menschenrechte und Menschenwürde sowie freimaurerische Lebenskunst. Die abschließende Studie versucht aus theoretischer Sicht den Ort der Freimaurerei in der Moderne aufzuzeigen. Die Bibliografie am Schluss der Essay-Sammlung enthält die Publikationen des Verfassers über Freimaurerei zur Orientierung.

Unsere diskrete Gesellschaft, schon seit ihren Anfängen strukturkonservativ und stark traditionsgebunden, obwohl es auch immer wieder Reformversuche gab, muss ihre historischen Grundlagen, die sie pflegt, dringend neu überdenken und dabei versuchen, ihren Ideengehalt für die weitere Entwicklung der Freimaurerei zu reformulieren, damit er auch im heutigen und künftigen Bruderkreis besser verstanden wird. Die Freimaurerei war und ist eine Vereinigung, die unter Achtung der Würde des Menschen für Aufklärung, konkrete Humanität, evolutionären Humanismus, Ethik, freie Entwicklung der Persönlichkeit, Menschenrechte, allgemeine Menschenliebe, Glaubensfreiheit und Toleranz eintritt. Diese Werte müssen mit den geistigen Strömungen der Zeit konfrontiert und vertiefend weiterentwickelt werden. Nur so kann zeitgemäß und auf dem aktuellen Wissensstand Freimaurerei als Idee und gemeinschaftliche Praxis lebendig gehalten werden.

Innsbruck, im Oktober 2017
Helmut Reinalter

1. Die Gründung der ersten Großloge in London 1717 – ein Mythos?

Als die eigentlichen Vorläufer der modernen Freimaurerei gelten in der heutigen Forschung die handwerklichen Bruderschaften, die Bauhütten und Baumeister, auf deren Brauchtum sehr viel maurerisches Gedankengut zurückgeführt werden kann. Während der Reformation wurde den Bauhütten der Vorwurf gemacht, sie würden geheime Zusammenkünfte abhalten und die Gesetze des Staates und der Kirche missachten. So verloren sie – auch aufgrund der Folgen negativer ökonomischer Entwicklungen und Auswirkungen durch den Hundertjährigen Krieg – langsam an Bedeutung und wurden schließlich im Laufe des 17. Jahrhunderts wieder aufgelöst. Auch in Deutschland gingen nach der Gotik Bedeutung und Einfluss der Bauhütten zurück, während es den Lodges in England gelang, aus der Werkmaurerei einen größeren humanitären Bund zu gründen. Für die Entwicklung der Freimaurerei in England wurde in diesem Zusammenhang besonders wichtig, dass die Gilden auch Nichtwerkmaurer in ihre Reihen aufnahmen. Nach englischer Definition ist die „spekulative" Freimaurerei im Unterschied zur Werkmaurerei, der sie entsprang, „ein besonders in Allegorien gekleidetes und durch Symbole dargestelltes Moralsystem". [1]

---

1 Zit. nach Rolf Appel: *Die Entwicklung der Freimaurerei. Vorläufer und Gründung*, Hamburg 1974, S. 28. Vgl. dazu weiters Helmut Reinalter: *Die historischen Ursprünge und die Anfänge*

Die Gilden in England lassen sich weit zurückverfolgen. Die Zusammenhänge mit der Freimaurerei belegen vor allem die „Charges", die Gesetze und Pflichten, die schon seit dem Ende des 14. Jahrhunderts schriftlich präsent waren. Zu erwähnen wäre hier vor allem das wichtige „Regius-Manuskript" 1390, ein altenglisches Lehrgedicht, das von einem Geistlichen verfasst wurde und in dem der Begriff „Loge" bereits erwähnt ist. In beiden Handschriften geht es um alte Zunftordnungen und Anleitungen zu einer gewissenhaften Erfüllung der Pflichten und zu sittlichem religiösen Handeln. Im Regius-Manuskript befindet sich darüber hinaus auch eine Berufung auf die Zunftheiligen der Steinmetze, die sogenannten „Vier Gekrönten". Einige mittelalterliche Bauhütten feierten daher nicht nur das Johannisfest, sondern auch den Jahrestag der „Vier Gekrönten". Nach ihnen benannt sind auch die masonischen Forschungslogen „Quatuor Coronati". Seit dem Mittelalter haben die maurerischen Konstitutionsmanuskripte einen Kodex des gewerblichen und sittlichen Verhaltens aufgenommen. Die ersten noch vorhandenen maurerischen Konstitutionsmanuskripte, das erwähnte Regius- und Cooke-Manuskript, wurden später abgeschrieben, wobei der Gedanke der Einübung ethischen Verhaltens eine zentrale Rolle spielte. Dabei handelte es sich aber nie um einen vollständigen Moralkodex und auch um keine Religion.[2]

---

der Freimaurerei, in: *Geheimgesellschaften. Kulturhistorische Sozialstudien*, hg. von Frank Jacob, Würzburg 2013 (dort auch weitere Literatur).

2 Ebd.; Regius-Manuskript und Cooke-Manuskript, Gustav R. Kuéss: *Die Vorgeschichte der Freimaurerei im Lichte der englischen Forschung*, Hamburg o.J., S. 9 ff.; Douglas Knoop / G. P. Jones: *Die Genesis der Freimaurerei. Ein Bericht vom Ursprung*

Konkreteres über die englischen Gilden erfährt man erst seit dem 14. Jahrhundert. Sie hießen damals „Crafts" oder „Mysteries" und waren anerkannte Zunftorganisationen. Der Begriff „freemason" taucht zum ersten Mal in einer Londoner Urkunde 1376 auf. Unter dieser Bezeichnung verstand man den qualifiziert ausgebildeten Maurer und Steinmetz, der den freistehenden Stein kunstvoll bearbeiten konnte. Im „Letterbook H" der Stadt London findet sich der Begriff „freemason" im Zusammenhang mit einer Aufzeichnung über eine Vertreterversammlung der städtischen Gilden in London. Im Jahre 1396 enthält eine Arbeiterliste vom Bau der Kathedrale von Exeter auch das Wort „freemason", und häufiger ist gleichzeitig das Wort „mason" erwähnt, wie z. B. bereits in einem Schriftstück 1292, wo sich auch das Wort „Free Stone Mason" findet. Über die Bedeutung des Begriffes wurde intensiv nachgedacht. Die Erklärungen sind allerdings nicht eindeutig. Rolf Appel legte sich für eine bestimmte Deutung fest: „Free Stone war ein feinkörniger Sandstein und freemason der Maurer, der ihn bearbeiten konnte – eben ein besonders ausgebildeter Steinmetz. Dies stand im Gegensatz zu den gewöhnlichen Maurern, die nur den Mauerstein ... vermauerten, nicht aber den Ornamentstein."[3]

Lodge oder Hütte konnte sowohl die Werkstätte als auch die Organisationsform bedeuten. Die Bezeichnung „Lodge" findet sich sowohl in England als auch in Schottland und

und der Entwicklung der Freimaurerei in ihren operativen, angenommenen und spekulativen Phasen, Bayreuth 1968; Wilhelm Begemann: *Vorgeschichte und Anfänge der Freimaurerei in Schottland*, Berlin 1914.

3 Rolf Appel: *Die Entwicklung der Freimaurerei*, S. 27.

wurde mit einer dreifachen Bedeutung verwendet, was wahrscheinlich in drei verschiedenen Entwicklungsstadien parallel verlief: Zuerst die Bedeutung als Werkstätte der bei einem Bauwerk beschäftigten Masons, dann die Gesamtheit dieser Masons und auch eine territoriale Zunftorganisation der Masons. Wurden die Baugilden unter dem englischen König Heinrich VI. noch unterdrückt, nahmen sie später einen Aufschwung. Ein Vergleich der Zunftgesetze in England mit den deutschen Steinmetzen zeigt eine doch weitgehende Übereinstimmung. Darin gab es genaue Regeln für Lehrlinge und Gesellen, auch ein spezielles Brauchtum mit eigenen geheimen Zeichen und Symbolen sowie Hinweise zu einer Geheimhaltung der Mitgliedschaft.[4]

Diese Gilden öffneten sich dann bald auch Nicht-Werkmaurern. Um 1670 überwogen bereits in einzelnen Logen die Nicht-Werkmaurer, sodass die Forschung davon ausging, dass sich um die innere Gilde der Steinmetze ein äußerer Ring gebildet habe, der sich aus Lieferanten, Söhnen von Maurern, Ortsgeistlichen, Bauhandwerkern verwandter Berufe, Zimmerleuten, Spenglern und Glasmalern zusammensetzte, die sich später in den inneren Kern integrierten. Man unterscheidet in dieser Zeit zwischen „Gentlemen masons“ und „Accepted masons“. In dieser Unterscheidung bestand auch die große Differenz zwischen englischen und deutschen Logen, weshalb die moderne Freimaurerei von England und nicht von anderen Staaten ausgegangen war. Bereits 1660 stand in einem alten Protokollbuch die erste Aufnahme eines „Operative-Mason“. Die Forschung bezeichnete diese wichtige Übergangsphase in der Geschichte

4 Gustav R. Kuéss: *Die Vorgeschichte*, S. 6 f.

der frühen Freimaurerei als Entwicklung von der „operativen“ zur „spekulativen“ Maurerei. Da es sich hier um ethische und philosophische Spekulationen (Ideen) handelte, wurde und wird noch heute diese Formulierung verwendet.[5]

In Schottland gibt es einige Schriftstücke aus der Zeit zwischen 1696 und 1700, die eine Art Gedächtnisstütze für Logenmeister darstellten. Die darin enthaltenen Zeremonien, die rekonstruiert wurden, waren damals in den Werklogen angewendet worden. Ihr Ritus kannte zwei Grade. In den altenglischen Werklogen wurden hingegen den Neuaufzunehmenden die „Alten Pflichten“ vorgelesen und der Verschwiegenheitseid abgenommen. Ein eigenes Rezeptionsritual gab es damals noch nicht. In den Jahren 1700 bis ca. 1730 kam es dann zu einer Kombination beider Zeremonien. Nach den zwei Graden in den englischen „Alten Pflichten“ und dem Katechismus der Schottischen Werklogen wurde der dritte Grad als Spezifikum der modernen spekulativen Freimaurerei eingeführt. Er tauchte erstmals 1730 in der freimaurerischen Literatur auf. Mit seiner Einführung war die innere Struktur und Ausbildung der spekulativen Freimaurerei allerdings noch nicht abgeschlossen.[6]

In der Freimaurergeschichte Englands bestand eine weitgehende Kontinuität in der Überlieferung, was für den kontinentaleuropäischen Raum nicht zutreffend war. So ist die Schottische Loge „Mary's Chapel No. 1“ in ununterbrochener Folge Eigentümer der Protokollbücher seit 1599, aus denen der erwähnte Übergang von der operativen zur spekulativen Freimaurerei dokumentiert werden konnte.

5 Helmut Reinalter: *Die historischen Ursprünge* (Kap.: *Die Logen (Lodges) in England*).

6 Vgl. dazu Gustav R. Kuéss: *Die Vorgeschichte*, S. 17 ff., S. 22 ff.

Elias Ashmole, Offizier, Physiker, Astrologe, Alchemist, Botaniker und Historiker in Oxford, sehr breit gebildet, wurde 1646 in Warrington in eine Loge aufgenommen. Historiker gehen davon aus, dass es sich im Rezeptionsritual tatsächlich um eine Initiation mit esoterischem Mysterium gehandelt haben könnte, was immer man damals darunter verstanden haben mag. Leider hat die Forschung darüber keine genauen Informationen, auch kein Ritual, das weitere Schlüsse zulassen würde. Der erwähnte Ashmole galt im 17. Jahrhundert als großer englischer Gelehrter und war spekulativer Freimaurer als Mitglied der „Royal Society". In seinem Tagebuch existieren zwei Eintragungen, die darauf hinweisen, dass er am 16. Oktober 1646 in Warrington/ Lancashire in eine Loge aufgenommen wurde und am 10. März 1682 an einer Aufnahmearbeit in der Londoner Masons Hall teilnahm. Da er auch Rosenkreuzer war, vermuteten Freimaurer-Forscher, dass die Freimaurerei ursprünglich aus dem älteren Rosenkreuzertum entstand. Diese These ist allerdings mehr als umstritten.[7]

Am 24. Juni 1717, so betont die offizielle Historiografie, soll es durch vier Londoner Logen zur Gründung einer Großloge gekommen sein, deren erster Großmeister Anthony Sayer war. Über seine Herkunft ist wenig bekannt. In einer Mitteilung über seine Wahl zum Großmeister heißt es lediglich „Mr. Anthony Sayer, Gentleman". In seiner Loge „Zum Apfelbaum" bekleidete er das Amt des Aufsehers (1723). Nach James Anderson nahm er 1730 an einer öffentlichen Prozession aus Anlass der Einsetzung des Her-

7 Vgl. dazu Eugen Lennhoff / Oskar Posner / Dieter A. Binder: *Internationales Freimaurer-Lexikon*, München 2006, S. 89.

zogs von Norfolk teil. Schon 1724 befand er sich in großen finanziellen Schwierigkeiten, sodass er sich an die Großloge um Unterstützung wenden musste, die ihm Zuwendungen gab. Gegen ihn wurde auch eine Anklage wegen verschiedener Unregelmäßigkeiten geführt. Die Großloge entschied, dass es sich hier nicht um eine gesetzeswidrige Handlung gehandelt habe, sondern um eine irreguläre Verhaltensweise, weshalb er nicht ausgeschlossen wurde.[8]

Der Gründungsakt, durch den sich die Logen in London neu formierten, und der Anspruch, die erste Großloge im modernen Sinne konstituiert zu haben, stellt eine masonische Hypothese dar, die quellenmäßig nicht eindeutig belegt werden kann, zumal auch kein Gründungsprotokoll überliefert ist. Anderson hat in seinem Konstitutionenbuch von 1738 eine Geschichte erfunden, die aufgrund neuester Forschungen wohl als Fantasiegebilde dazu dienen sollte, die Gründung hoffähig zu machen. In jüngster Zeit geht man davon aus, dass die vermeintliche Geburt der Freimaurerei und die Gründung der ersten Großloge 1717 ein Mythos ist, der von James Anderson, wie eben festgestellt, im Konstitutionenbuch von 1738 zurückprojiziert wurde. In der Konstitutionsausgabe von 1738 ergänzte Anderson seine Chronik mit Hinweisen auf die Gründungsgeschichte: „König Georg I. hielt am 20. September 1714 einen höchst glanzvollen Einzug in London, und als der Aufstand im Jahre

8 Helmut Reinalter: *Die historischen Ursprünge* (Kap.: *Die Gründung der ersten Großloge in London*); Eugen Lennhoff / Oskar Posner / Dieter A. Binder: *Internationales Freimaurer-Lexikon*, S. 743; zur Gründung der englischen Großloge vgl. weiters Gustav R. Kuéss: *Die Vorgeschichte*, S. 24 ff.; Douglas Knoop / G. P. Jones: *Die Genesis*, S. 59 ff.; Charles von Bokor: *Die Geschichte der Freimaurer*, Wien 1980, S. 73 ff., S. 78 ff., S. 80 ff.

1716 vorüber war, hielten die wenigen Logen in London, da sie sich von Sir Christopher Wren vernachlässigt fanden, es für zweckmäßig, unter einem Großmeister, als dem Mittelpunkte der Einigkeit und Harmonie, sich fest zu verbinden, nämlich die Logen, die sich versammelten in der 1, Bierschenke ‚Gans und Bratrost', St. Pauls Kirchhof, 2, in der Bierschenke ‚Krone' in der Parkstraße, nahe der Drurystraße, 3, im Wirtshause ‚Zum Apfelbaum' in der Karlstraße, Covent Garden, 4, im Wirtshause ‚Zum Römer und zur Traube' in der Kanalstraße, Westminster. Sie und einige isolierte Brüder versammelten sich in dem genannten Apfelbaum, und nachdem sie den ältesten Meister in den Stuhl gesetzt, konstituierten sie sich als eine Große Loge pro tempore in gehöriger Form und riefen sie sofort durch eine Sitzung der Beamten wieder ins Leben und beschlossen, die Jahresversammlungen und das Jahresfest zu halten und dann einen Großmeister aus ihrer Mitte zu wählen, bis sie die Ehre eines adeligen Bruders an der Spitze haben würden. In Übereinstimmung damit wurde am Tage St. Johann d. T. im dritten Jahre der Regierung König Georgs I. Anno Domini 1717 die Versammlung und das Fest der Freien und Angenommenen Maurer abgehalten in der besagten (Loge) ‚Zur Gans und zum Bratrost', nunmehr übersiedelt in das Bierhaus ‚Zum Königswappen' in St. Pauls Kirchhof. Vor dem Essen schlug der älteste Meistermaurer als Vorsitzender eine Liste von Kandidaten vor. Und die Brüder wählten durch Handmehr Mr. Anthony Sayer, Gentleman, zum Großmeister der Maurer, der sodann von dem erwähnten ältesten Meister mit den Abzeichen seines Amtes und seiner Gewalt bekleidet und von der Versammlung gebührend beglückwünscht wurde, die ihm Verehrung erwies."[9] Wahrscheinlich handelt es sich in diesem Zusammenhang um einen schon seit ca. 1715 in Gang gekommenen Prozess, der von Sir Christopher Wren (1632–1723) ausgelöst wurde, der die dreimonatlichen Sitzungen der Acceptions aus Altersgründen nicht mehr leiten konnte. Erst am 24. Juni 1721 sei John Herzog von Montagu (1690–1749) als Großmeister gewählt worden.[10]

Mit der freimaurerischen Konstitution von 1723, den „Alten Pflichten", kam es zu einer Veränderung des Charakters der bisherigen Geschichte der Freimaurerei. Mit der zweiten Auflage 1738 wurde dieses Werk erneut verändert. Als Autor gilt nach wie vor James Anderson, obwohl bisher unklar geblieben ist, inwieweit Anderson an ihrer Abfassung beteiligt war. Anderson hat das bestehende Manuskript 1722 sicher nicht abgeschrieben, sondern war bemüht, tatsächlich eine neue Version zu schreiben. Dazu hatte er verschiedene Manuskripte verglichen. In der zweiten Auflage hat er die Geschichte der Freimaurerei im Vergleich zur ersten Auflage viel genauer beschrieben. Von 1716 an bietet er

9 Die Konstitutionsausgabe von 1738 zit. in Eugen Lennhoff / Oskar Posner / Dieter A. Binder: *Internationales Freimaurer-Lexikon*, S. 39; Rolf Appel: *Die Entwicklung der Freimaurerei*, S. 32, S. 33; Eugen Lennhoff / Oskar Posner / Dieter A. Binder: *Internationales Freimaurer-Lexikon*, S. 743; Gustav R. Kuéss: *Die Vorgeschichte*, S. 24 ff.; Douglas Knoop / G. P. Jones: *Die Genesis*, S. 194 ff. Die Konstitution von 1738 bei Helmut Reinalter: *Die Freimaurer*, München 2010, S. 55.

10 Rolf Appel: *Die Entwicklung der Freimaurerei*, S. 34; Eugen Lennhoff / Oskar Posner / Dieter A. Binder: *Internationales Freimaurer-Lexikon*, S. 211; Helmut Reinalter: *Die Freimaurer*, S. 12 f.; Helmut Reinalter: *Die historischen Ursprünge* (Kap.: *Die Gründung der ersten Großloge in London*).

eine Art zusammenfassender Protokolle der Vierteljahres-Versammlungen.[11] Dies bedeutete, dass ihm 1738 Zugang zu den Protokollen der Großloge geboten wurde, deren Versammlungen ab 1723 protokolliert wurden, und dass er weiters auch die Archive des Ordens benutzt hatte. Leider sind einige dieser wichtigen Dokumente, die Anderson benutzte, verloren gegangen. Geprüft werden muss allerdings nach wie vor die Zuverlässigkeit der Berichte Andersons, weil es im Geschichtsteil auch teilweise „legendäre" Erzählungen gibt.[12]

Der Zusammenschluss der vier Logen 1717, die nach den Speisehäusern, in denen sie in London zusammenkamen, benannt wurden, war eigentlich noch keine Großloge, zumal es zwischen ihnen auch keine näheren Beziehungen gab. Die vier Logen hießen: „Zur Gans und zum Bratrost", „Zur Krone", „Zum Apfelbaum" und „Zum Römer und zur Traube". In der Neufassung der Konstitution von 1738 von Anderson steht dann, dass sich diese Bauhütten regelmäßig getroffen haben, dem ältesten Maurer den Vorsitz übertrugen, eine provisorische Großloge gründeten, den Beschluss fassten, die Tradition vierteljährlicher Zusammenkünfte ihrer Oberen wiederzubeleben und jährliche Versammlungen neben Festen zu organisieren. Dort sollte auch immer ein Großmeister bestimmt werden. Am Johannistag 1717 sollte Anthony Sayer, wie schon erwähnt, zum

11 Vgl. dazu den wichtigen Forschungsband *Die Wurzeln der Freimaurerei. Aktuelle Forschungsergebnisse über ihre Vor- und Frühgeschichte* Bd. 1, hg. von Michael Ammen / Klaus Bettag / Jan A. M. Snoek, Driftsethe 2016, hier besonders der Beitrag von Jan A. M. Snoek: *Forschen über Freimaurerei: Wo stehen wir?*, in: ebd., S. 2 f.

12 Ebd.

Großmeister gewählt werden. Sein Nachfolger war George Payne 1718. Er übte den Beruf eines Zollsekretärs aus und unterhielt verwandtschaftliche Beziehungen zu Adelskreisen, war fanatischer Sammler und hatte gute Kontakte zu Londoner Gesellschaftskreisen, in denen er auch verkehrte und Verbindungen herstellte. Vorher hatte er das Amt des Meisters in der Loge „Zum Römer und zur Traube“ inne und sammelte alte Schriften sowie Protokolle. So gelang es ihm für die Großloge, das berühmte „Cooke-Manuskript“ zu erwerben. Andrew Prescott und Susan Mitchell, die die erhaltenen Protokolle untersuchten, vertreten nach Recherchen die Auffassung, dass die Großloge erst 1721 in London gegründet werden konnte.[13]

Nach Payne folgte als Großmeister Reverend Theophilus Desaguliers, der Sohn eines protestantischen französischen Geistlichen. Dieser kam nach der Aufhebung des Edikts von Nantes nach England, studierte in Oxford Philosophie und Physik, hielt dann physikalische Vorlesungen und war mit Isaac Newton befreundet. Er scheint auch in der Mitgliederliste der „Royal Society“ auf und studierte Recht und Theologie. Seine Aufnahme in die Freimaurerei ist unbekannt. Im Zusammenhang mit der Abfassung der Konstitution von 1723 spielt er eine wichtige Rolle und verfasste das Vorwort. Auch die Trinksprüche, die „alten“ besonderen Toaste der Freimaurerei stammen von ihm, und die Beziehungen zum Adel wurden von ihm sehr aktiv gefördert, insbesondere zum Herzog von Montagu. Er vollzog 1731 die Rezeption des Herzogs Franz Stephan von Lothringen, des

13 Vgl. dazu Rolf Appel: *Die Entwicklung der Freimaurerei*, S. 34; Forschungsband: *Wurzeln der Freimaurerei* Bd. 1 (hier die Aufsätze von Andrew Prescott), insbesondere S. 287 ff.

späteren Gemahls der Kaiserin Maria Theresia sowie 1737 des Prinzen Friedrich von Wales.[14] „Seine Königl. Hoheit, Franz, Herzog von Lothringen, ward im Haag vermittelst einer Deputation zu einer Loge daselbst als Lehrling und Gesell aufgenommen. Diese bestand aus dem Reverend Dr. Desaguliers, als Meister, den beiden Esquires Johann Stanhope und Johann Holtzendorff, als Aufsehern und einigen anderen Brüdern [...]. Da unser königlicher Bruder Lothringen nach England kam, berief der Großmeister Lovel eine zufällige Loge auf Herrn Robert Walpoles Landhaus Houghton-Hall in Norfolk und machte Br. Lothringen und Br. Thomas Pelham, Herzog von Newcastle, zu Meister Maurern."[15] 1720 wurde dann nochmals für ein Jahr Payne Großmeister und 1721 folgte ihm, wie schon erwähnt, John Herzog von Montagu als erster Hocharistokrat und „Noble Man". Er war in das Hofleben stark integriert und Mitglied der „Royal Society". Unter ihm setzte der große Aufschwung der englischen Freimaurerei ein. Er war auch philanthropisch sehr engagiert, seit 1720 Mitglied der „Cornerstone Lodge" und ein geistig sehr aktiver Freimaurer. Anderson erteilte er den Auftrag, die „Alten Pflichten" in eine neue Fassung zu bringen. Anderson war Reverend an der Kirche der schottischen Presbyterianer in London. Seine Aufnahme in die Freimaurerei ist unbekannt. Er wurde erst

---

14 Vgl. Eugen Lennhoff / Oskar Posner / Dieter A. Binder: *Internationales Freimaurer-Lexikon*, S. 211; Helmut Reinalter: *Die Freimaurer*, S. 12 f.

15 Georg Kloss: *Geschichte der Freimaurerei in England, Irland und Schottland*. Unver. Nachdruck der 1848 bei Otto Klemm in Leipzig erschienene Ausgabe, Graz 1971, S. 120; vgl. auch Renate Zedinger: *Franz Stephan von Lothringen (1708–1765). Monarch. Manager. Mäzen*, Wien-Köln-Weimar 2008, S. 56.

durch die Abfassung der nach ihm benannten Konstitution in Freimaurerkreisen bekannter. Diese Arbeit leistete er relativ rasch und legte das Manuskript schon Ende 1721, am Winterjohannisfest, vor. Eine Prüfungskommission befürwortete im März 1722 die Arbeit nach einigen empfohlenen Änderungen für die Drucklegung und Veröffentlichung. Am 17. Januar 1723 kam es dann zur Publizierung dieses neuen Konstitutionenbuches, das bis heute als Grundgesetz der Freimaurerei Gültigkeit besitzt. Die Pflichten und Gesetze der alten Freimaurerbruderschaft in England waren ursprünglich so gut verwahrt, dass sie kaum bekannt geworden sind. Erst Anderson hat in seinem Konstitutionenbuch von 1723 das veröffentlicht, was in den schriftlichen und mündlichen Überlieferungen der alten Freimaurer enthalten war. Seither ist ein großer Teil der Urkunden aufgefunden worden, die auch Anderson benutzt hat.[16]

Wie bereits kurz angedeutet, wurden in der zweiten Ausgabe von 1738, die gleichfalls von Anderson stammte, mehrere redaktionelle Änderungen vorgenommen. Die Gründe dafür lagen darin, dass man dem Adel entgegenkommen wollte, die Organisation gestrafft wurde, die inzwischen erfolgte Einführung des Drei-Grad-Systems berücksichtigt werden musste und die Einleitung übersichtlicher gestaltet wurde.

Die ältere freimaurerische Literatur geht häufig davon aus, dass die Freimaurerei 1717 in London gegründet wurde, ohne diese Annahme oder Hypothese kritisch zu hinterfragen. Neue Forschungen haben aber mindestens drei

16 Vgl. dazu Helmut Reinalter: *Die Freimaurer*, S. 53 ff.; J. N. J. Schmidt: *Wurzeln der freimaurerischen Gemeinschaft. Rückblick und Ausblick*, Zürich 1961.

Gegenargumente zu diesem Gründungsjahr vorgebracht. Erstens hat die Freimaurerei ihre Wurzeln nicht nur in den Zünften, Steinmetzen und Bauherren, sondern auch in der Westlichen Esoterik. Zweitens kennen wir inzwischen ein ganzes Korpus von auf die Freimaurerei bezogenen Akten und Dokumenten vor 1717. Drittens wurde aufgezeigt, dass das Jahr 1717 als Gründungsdatum der ersten Großloge eher ein freimaurerinternes politisches Konstrukt zu sein scheint. Anderson tritt erst nach dem Fest vom Juni 1721 in der Großloge in London auf und hatte daher nicht selbst erlebt, was sich davor ereignete. Vieles was er über die Jahre 1716–1721 schrieb, hat sich in der Zwischenzeit als falsch erwiesen. Es existieren auch keine Erwähnungen der Großloge aus der Zeit von 1717–1721, keine Presseberichte, keine anti-freimaurerischen Pamphlete, keine Erwähnungen in Tagebüchern und keine Theaterparodien von freimaurerischen Zeremonien.

Es deutet daher vieles darauf hin, dass das Jahr 1717 und die damit verbundene Gründung der ersten Großloge in London tatsächlich wissenschaftlich nicht haltbar ist. Künftige Forschungen werden dazu Genaueres ergeben. Trotz dieser Unsicherheit muss allerdings betont werden, dass sich bei der Beurteilung der Wirkungsgeschichte der Freimaurerei durch eine Korrektur des Jahres 1717 auf 1721 keine wesentlichen Veränderungen ergeben werden. Was aber unverzichtbar erscheint, ist die Notwendigkeit, unter heutigen wissenschaftlichen Kriterien und den modernen Ansätzen der Geschichtsschreibung die Geschichte der Freimaurerei neu zu schreiben, eine Aufgabe der Forschung, die nicht mehr von einer Person allein geleistet werden kann. Hier bedarf es einer interdisziplinären größeren Forschungsgruppe, die ein solches Werk planen und durchführen müsste.[17]

17 Vgl. dazu den wichtigen Forschungsband *Wurzeln der Freimaurerei. Aktuelle Forschungsergebnisse über ihre Vor- und Frühgeschichte Bd. 1*, hg. von Michael Ammen / Klaus Bettag / Jan A. M. Snoek, Driftsethe 2016, hier besonders der Beitrag von Jan A. M. Snoek: *Forschen über Freimaurerei: Wo stehen wir?*, in: ebd., S. 2 f.; vgl. auch den Beitrag von Jan A. M. Snoek: *Neue Erkenntnisse zu den Anfängen der Freimaurerei*, erscheint 2018 in der *Zeitschrift für Internationale Freimaurerforschung* (IF).

2. Die gesellschaftliche und politische Rolle der Freimaurerei und der Geheimgesellschaften seit dem 18. Jahrhundert. Eine Studie zu ihrer Wirkungsgeschichte

Die Freimaurerei und politische Geheimbünde im 18. Jahrhundert sind durch das unterschiedliche Entwicklungstempo in Wirtschaft und Gesellschaft auf der einen und Staat und Politik auf der anderen Seite sowie durch die davon erzeugten Spannungen gefördert worden. Schon zu Beginn des 18. Jahrhunderts stand die freimaurerische Expansion in einem engen und komplizierten Verflechtungsprozess mit der europäischen Politik. Im Jahre 1717 (wahrscheinlich aber erst ca. 1721) wurde die Londoner Großloge gegründet, sechs Jahre später erschienen die Konstitutionen von James Anderson, womit der Übergang von der Werkmaurerei zur spekulativen Maurerei vollzogen wurde.[18] Die Freimaurerei war zu diesem Zeitpunkt in England in das Spannungsfeld von Jakobiten und Anhängern der neuen Hannovera-

18 Vgl. dazu Helmut Reinalter: *Die historischen Ursprünge und die Anfänge der Freimaurerei*, in: *Geheimgesellschaften. Kulturhistorische Sozialstudien*, hg. von Frank Jacob, Würzburg 2013, S. 49 ff.; Helmut Reinalter: *Zur Aufgabenstellung der gegenwärtigen Freimaurerforschung*, in: *Freimaurer und Geheimbünde im 18. Jahrhundert in Mitteleuropa*, hg. von Helmut Reinalter, Frankfurt/M. 1983, S. 12 ff.

ner Monarchie eingebettet.[19] Die Jakobiten brachten die Freimaurerei von Großbritannien nach Spanien, Italien, Frankreich und vielleicht auch bis nach Russland. Politische Motive verdeutlichen auch die Trennung nationaler Logen von der Londoner Großloge während verschiedener kriegerischer Auseinandersetzungen und die enge Verbindung von Logen und Geheimgesellschaften zu späteren nationalen Unabhängigkeitsbewegungen, wie z. B. in Irland seit den 60er Jahren des 18. Jahrhunderts und während der Ständerevolution in den österreichischen Niederlanden 1787/88, in Ungarn, Polen und in den Satellitenstaaten Napoleons.

Die europäische Freimaurerei war zwar kein Kind der Aufklärung, sie wurde aber von ihren Ideen stark beeinflusst. Dabei spielte der politische Aspekt eine besondere Rolle. Die Freimaurerei war die einzige Institution der Bürger, die dem absolutistischen Herrschaftsanspruch Rechnung tragen konnte, gleichzeitig war sie aber auch bemüht, ihm dennoch zu entgehen: „Die Logen der Maurer sind für das neue Bürgertum eine typische Bildung einer indirekten Gewalt im absolutistischen Staat [...] In die Logen, zunächst eine rein bürgerliche Schöpfung, verstehen es die Bürger, den sozial zwar anerkannten, aber politisch ebenfalls entrechteten Adel hineinzuziehen und so auf der Basis sozialer Gleichberechtigung mit ihm zu verkehren [...], Noblemen, Gentlemen and Working Men fanden hier Zutritt, und der Bürger gewann somit eine Plattform, auf der alle ständischen Un-

19 Vgl. dazu Ludwig Hammermayer: *Zur Geschichte der europäischen Freimaurerei und der Geheimgesellschaften im 18. Jahrhundert. Genese – Historiographie – Forschungsprobleme*, in: *Beförderer der Aufklärung in Mittel- und Osteuropa. Freimaurer, Gesellschaften, Clubs*, hg. von Éva H. Balász, Ludwig Hammermayer, Hans Wagner und Jerzy Wojtowicz, Berlin 1979, S. 9 ff.

terschiede eingeebnet wurden. Mit dieser Tätigkeit richteten sich die Maurer gegen das bestehende Sozialgefüge, standen aber noch nicht in unabweisbarem Widerspruch zum absolutistischen Staat. Die politische Gleichheit der Untertanen führte zur sozialen Angleichung ständischer Unterschiede: dieses Durchführen hieß noch nicht das politische System des absolutistischen Staates selber sprengen. Aber gerade dort, wo die soziale Einebnung der ständischen Hierarchie am stärksten angestrebt und zum Organisationsprinzip gezählt wurde, in den Logen, war die soziale Gleichheit eine Gleichheit außerhalb des Staates."[20] Auch in Lessings Freimaurergesprächen[21] wird der gesellschaftspolitische Aspekt der Freimaurerei besonders hervorgehoben. Lessing hoffte, dass er im Bruderbund doch jenes Ideal finden könnte, das mit den Zielen der Aufklärung übereinstimmt.

In der Habsburgermonarchie unterstützten die Freimaurer die Reformpolitik Maria Theresias und Josephs II. Manche Forscher betonten sogar in diesem Zusammenhang, dass Joseph II. in der Instrumentalisierung des Bundes für seine politischen Ziele und Absichten als Vorläufer Napoleons bezeichnet werden könne. Leopold II. fasste über die Motive Josephs II. hinaus zur Realisierung seiner Politik sogar die Gründung einer „geheimen Assoziation" ins Auge.[22]

---

20 Reinhart Koselleck: *Kritik und Krise*, Frankfurt/M. 1973, S. 57 f.

21 Gotthold Ephraim Lessing, *Ernst und Falk – Gespräche für Freimaurer. Mit einer Einführung und Erläuterungen von Wolfgang Kelsch*, Innsbruck 2010.

22 Vgl. dazu Helmut Reinalter: *Freimaurerische Reformprojekte unter Kaiser Leopold II.*, in: Quatuor-Coronati-Berichte 9 (1982/83), S. 8 ff.; ders.: *Aufklärung, Humanität und Toleranz. Die Geschichte der österreichischen Freimaurerei im 18. Jahrhundert*, Innsbruck 2017, S. 227 ff.; Carlo Francovich: *Storia della Massoneria in Italia*, Firenze 1975, S. 355 f.; Hans Wagner: *Die*

Die Freimaurerei hat zweifelsohne als gesellschaftliche Formation die Aufklärung mitgeprägt und im Aufgeklärten Absolutismus eine wichtige soziale Rolle gespielt. Mit ihren strukturellen Gemeinsamkeiten stellte sie eine spezifische Antwort auf das System des Aufgeklärten Absolutismus dar. Verschiedene Gruppen, wie der antiabsolutistische Adel, das finanzkräftige Bürgertum und die Philosophen, die sozial z. T. anerkannt, aber teilweise ohne politischen Einfluss waren und in den bestehenden Einrichtungen des absolutistischen Staates keinen adäquaten Raum fanden, trafen sich auch in den Freimaurerlogen, um Kunst, Kultur, Wissenschaft und Gesellschaftspolitik zu betreiben. Schon zur Zeit der Aufklärung entwickelte die Freimaurerei in den Logen ein in Ansätzen demokratisches Potenzial, das sich nicht nur in der ständischen Nivellierung, in der Verwirklichung der gesellschaftlichen Gleichheit in den Logen und im humanen Prinzip „Mensch unter Menschen" manifestierte, sondern auch in der Selbstordnung und Selbstverwaltung, in der relativ stark ausgeprägte Formen der Willensbildung erkennbar waren, und im offenen Bekenntnis zur Demokratie, das gegen das real bestehende politische System und gegen den ständisch aufgebauten absoluten Staat gerichtet war.[23]

---

politische und kulturelle Bedeutung der Freimaurer im 18. Jahrhundert, in: *Beförderer der Aufklärung in Mittel- und Osteuropa*, S. 78 f.; ders.: *Die Lombardei und das Freimaurerpatent Josephs II. von 1785*, in: *Mitteilungen des Österreichischen Staatsarchivs 31* (1978), S. 136 ff.; ders.: *Die Freimaurer und die Reformen Kaiser Josephs II.*, in: Quatuor Coronati Jahrbuch 14 (1977), S. 55 ff.

23 Vgl. dazu Helmut Reinalter: *Freimaurerei und Demokratie im 18. Jahrhundert*, in: ders.: *Aufklärung und Moderne*, Innsbruck 2008, S. 265 ff.

Auch im Verhältnis zwischen Freimaurerei und Französischer Revolution zeigt sich die Rolle der Logenbrüder, die Einfluss auf das Revolutionsgeschehen nahmen. Wohl waren einzelne Mitglieder an der Vorbereitung und am Verlauf der Revolution aktiv beteiligt, die Bauhütten in der Spätaufklärung und am Beginn der Revolution waren aber weder Zentren der Konspiration noch ideologische Kommissionen oder „Generalstäbe des Umsturzes, sondern in erster Linie Treffpunkte, Diskussionsrunden und Kommunikationszentren, Orte des persönlichen Kontakts, Umschlagplätze für Ideen und Schriften, Anlaufstellen und Transmission für die Ideen der Aufklärung und der Revolution."[24] In diesem Sinne war die Freimaurerei mit ihren Ideen und Handlungsweisen zwar bei der geistigen Vorbereitung der gesellschaftlichen Entwicklungen durch das kulturelle, humanitäre und ethische Engagement ihrer Mitglieder beteiligt, aber nicht am gewaltsamen Umsturz. Diese Aktivitäten steigerten sich vor allem dann, wenn die gesellschaftlichen und politischen Verhältnisse, wie am Beispiel der Aufklärung und Französischen Revolution, in einem Spannungsverhältnis zu den freimaurerischen, humanitär-ethischen Anliegen standen.[25] Dass auch enge Beziehungen zwischen Freimaurern und Jakobinern bestanden, ist ein weiteres Beispiel für den Einfluss der Französischen Revolution auf die Bruderkette.[26]

---

24 Vgl. Helmut Reinalter: *Die Freimaurer*, München 6. Aufl. 2016, S. 128 f.

25 Vgl. dazu Helmut Reinalter (Hg.): *Aufklärung und Geheimgesellschaften. Zur politischen Funktion und Sozialstruktur der Freimaurerlogen im 18. Jahrhundert*, München 1989; ders., Freimaurerei und Französische Revolution, in: Quatuor Coronati Jahrbuch 22 (1985), S. 155 ff.

26 Helmut Reinalter: *Freimaurerei und Jakobinismus im Einflussfeld*

Wie die Geschichte der Freimaurerei im 18. Jahrhundert zeigt, waren nicht wenige Mitglieder des Bundes an der Verbreitung der Ideen der Aufklärung, an Reformen und an Freiheitsbewegungen aktiv beteiligt. Als Beispiele sollen hier auswahlweise erwähnt werden: Ignaz Edler von Born, Johann Georg Adam Forster, Friedrich II., König von Preußen, Johann Wolfgang von Goethe, Gotthold Ephraim Lessing, Charles Louis de Secondat Montesquieu, François Marie Arouet Voltaire und Christoph Martin Wieland.[27]

Die kulturelle Bedeutung der Freimaurerei lag in erster Linie in deren Bestreben, möglichst alle Glaubensbekenntnisse und die verschiedenen gesellschaftlich-politischen Auffassungen in toleranter Form zu vereinigen, in der Pflege sowie Weiterentwicklung ihrer Symbolik und Ritualistik sowie in den Reden, Liedern, Dichtungen, Bildern, Medaillen und Kupferstichen, die z. T. von namhaften freimaurerischen Schriftstellern und Künstlern geschaffen wurden. In diesem Zusammenhang müssen hier auch die zahlreichen wissenschaftlichen Initiativen und Aktivitäten von Freimaurern in Gelehrtengesellschaften erwähnt werden, wie z. B. in der Royal Society in London, in der Académie des Sciences in Paris und in verschiedenen französischen Provinzialakademien, die Enzyklopädie und die italienischen Akademien sowie die Eliteloge „Aux Neufs Soeurs“ in Paris, die 1776 gegründet wurde und zahlreiche Gelehrte sowie Künstler in ihren Reihen hatte, und die Wiener Loge „Zur wahren

---

der Französischen Revolution, in: Studi Tedeschi 21/3 (1978), S. 125 ff.; ders.: *Freimaurerei, Jakobinismus und Demokratie*, in: *Die Französische Revolution und Mitteleuropa*, Frankfurt/M. 1988, S. 162 ff.

27 Helmut Reinalter (Hg.): *Freimaurerische Persönlichkeiten in Europa*, Innsbruck 2014.

Eintracht", die den Plan einer freimaurerischen Akademie der Wissenschaften verfolgte. Als hervorstechende kulturelle Anliegen lassen sich hier vor allem das Interesse der exakten Wissenschaften, das Streben der Toleranz gegenüber den verschiedenen Konfessionen sowie der Forderung der Gleichheit der Menschen erkennen, die sich im Abbau der ständischen Privilegien innerhalb der Logen manifestierte. Die Freimaurerei setzte sich auch sehr aktiv für die Verbreitung der Menschenrechte ein.[28]

Die bereits erwähnte katalysatorische Wirkung der Freimaurerei lässt sich im Zusammenhang mit wichtigen historischen Knotenpunkten, wie dem Humanismus, der Aufklärung, den westlichen Demokratien, der Herausbildung des modernen Parlamentarismus, der Entwicklung der Menschen- und Bürgerrechte und des modernen Sozialstaates, zumindest ansatzweise feststellen. Die Freimaurer traten auch für die Verbreitung der Menschenrechte, für den Weltfrieden und die Lösung von Konflikten in einem humanitären und toleranten Sinne ein und waren in diesen Bemühungen nicht erfolglos. Dies trifft selbstverständlich auch auf die Freimaurerei in den USA zu, wobei dort die Bedeutung des humanitären Bundes für Politik und Gesellschaft vielleicht noch etwas stärker war als in Europa.

---

28 Vgl. dazu Helmut Reinalter: *Zur Aufgabenstellung der gegenwärtigen Freimaurerforschung*, S. 17; Helmut Reinalter (Hg.): *Aufklärungsgesellschaften*, Frankfurt a. M. / Bern /New York-Paris / Wien 1993.; Helmut Reinalter: *Akademien, Reformgesellschaften, Geheimbünde und Salons,* in: *Die Philosophie des 18. Jahrhunderts* Bd. 5/2, hg. von Helmut Holzhey und Vilem Mudroch: *Grundriss der Geschichte der Philosophie*, Basel 2014, S. 15 ff.; ders.: *Königliche Kunst*, in: *Freimaurerei. Geheimnisse – Rituale – Symbole*, Leipzig 2017, S. 11 ff.

Dieser Einfluss zeigt sich in den USA besonders in der Amerikanischen Revolution und im Bürgerkrieg.[29] Michael Hochgeschwender charakterisiert die Amerikanische Revolution als ein einschneidendes Erlebnis nicht nur für die amerikanische Geschichte: „Die Amerikanische Revolution war ein komplexes, mitunter widersprüchliches historisches Ereignis, genauer: eine epochale Kette von Ereignissen, ein Prozess, der lange vor dem Ausbruch der Gewalttätigkeiten 1774 begann und erst Jahrzehnte nach dem Frieden von Paris 1783, der den USA die Unabhängigkeit brachte, allmählich zu einem Ende kam. Historische Ereignisse sind beständig interpretationsbedürftig. Nicht umsonst haben sich Historiker, Politikwissenschaftler und Publizisten seit den 1780er Jahren über den Charakter der Amerikanischen Revolution gestritten."[30] Natürlich war der amerikanische Bürgerkrieg auch von zahlreichen Mythen begleitet, insbesondere auch von der Erklärung, dass die Revolution ein unumkehrbarer Weg zu liberalen Fortschritts- und Freiheitsidealen war.[31]

Zeigt sich schon vor dem amerikanischen Bürgerkrieg der große Einfluss der amerikanischen Freimaurerei auf

---

29 Vgl. dazu Michael Hochgeschwender: *Die Amerikanische Revolution. Geburt einer Nation 1763–1815*, München 2016; Eugen Lennhoff / Oskar Posner / Dieter A. Binder: *Internationales Freimaurer-Lexikon*, 5. Aufl. München 2016, S. 68 ff.

30 Michael Hochgeschwender: *Die Amerikanische Revolution*, S. 9.

31 Zur Historiografie vgl. hier auswahlweise Gwenda Morgan: *The Debate on the American Revolution*, Manchester 2007; Alan Gibson: *Interpreting the Founding: Guide to the Enduring Debates over the Origins and Foundations of the American Republic*, Lawrence 2009; Andreas R. Klose: *Dogmen demokratischen Geschichtsdenkens. Monomentalistische Geschichtsschreibung in den USA*, Würzburg 2003.

das gesellige Vereinsleben, so wurde der politische Einfluss durch die Amerikanische Revolution noch stärker. Washington D.C. war im 18. Jahrhundert nicht nur die Bundeshauptstadt der Vereinigten Staaten von Amerika, sondern auch der Mittelpunkt der Freimaurerei und hier besonders das Capitol, zu dem Präsident George Washington unter maurerischem Ritus den Grundstein legte. 1769 kam es zur Vereinigung der St. Andrews Lodge in Boston mit mehreren englischen Militärlogen der Ancients zur Großloge von Massachusetts. Als Großmeister für Boston, Neu-England und einen Umkreis von 100 Meilen fungierte Joseph Warren, der später im Unabhängigkeitskrieg in der Schlacht von Bunkerhill fiel. 1773 verlieh ihm der Schottische Großmeister den Titel eines Großmeisters für den amerikanischen Kontinent.[32] 1872 verlegte die Südliche Jurisdiktion des Alten und Angenommenen Schottischen Ritus ihren Sitz nach Washington in das House of the Temple. George Washington profilierte sich als hervorragender Kämpfer für die amerikanische Unabhängigkeit und wurde der erste Präsident der Vereinigten Staaten. Freimaurer wurde er 1752 in der „Fredericksburg Lodge No. 1" in Virginia. Im Jahre 1778 übersiedelte er nach Philadelphia und nahm dort an der berühmten Johannistagprozession der Großloge von Pennsylvania teil. Er soll während der ganzen Amerikanischen Revolution sehr viele Logen besucht haben, was auf sein freimaurerisches Engagement hinweist. 1788 wurde er Stuhlmeister der Loge „Alexandria" in Virginia und blieb dies auch in seiner Zeit als Präsident der

32 Zit. nach Eugen Lennhoff / Oskar Posner / Dieter A. Binder: *Internationales Freimaurer-Lexikon*, S. 889.

Vereinigten Staaten. Bei seiner Übernahme des Präsidentenamtes leistete er 1789 den Eid auf die Bibel der St. John's Lodge No. 1 in New York. Den Eid nahm der Kanzler und gleichzeitige Großmeister der Großloge von New York, Robert R. Livingston ab, und General Jakob Morton, der bei der Zeremonie als Marshall fungierte, war Großsekretär und Stuhlmeister der St. John's Lodge. Einer der Biografen Washingtons, Sidney Hayden, verglich das öffentliche und private Leben des amerikanischen Präsidenten mit den Zielen der Freimaurerei und betonte, dass er von der freimaurerischen Übung sehr geprägt wurde: „Die Tugenden, die den Menschen veredeln, werden in der Freimaurerei gelehrt, geehrt und gepflegt; sie fördern das häusliche Leben und sind die Normen für die höchsten Pflichten des Staatsmannes."[33] Nach Washington waren noch weitere Präsidenten auch als Freimaurer tätig, wie Andrew Jackson (1829–1837), Theodore Roosevelt (1901–1909), William Howard Taft (1909–1913), Warren Gamaliel Harding (1921–1923) und Harry S. Truman (1945–1953).[34]

In der „Erklärung der Menschenrechte" der Französischen Revolution vom 13. September 1791, stark beein-

33 Ebd.; Zur Persönlichkeit George Washingtons vgl. auswahlweise ebd., S. 888 f.; Wolfgang Weber: *Biografische Skizzen namhafter Freimaurer aus über 2 Jahrhunderten*, Berlin 2013, S. 31 ff.

34 Eugen Lennhoff / Oskar Posner / Dieter A. Binder: *Internationales Freimaurer-Lexikon*, Art. zu den Präsidenten; vgl. auch http://freimaurer-wiki.de. Weitere Literatur zu den Präsidenten der USA: Christof Mauch (Hg.): *Die amerikanischen Präsidenten: 44 historische Portraits von George Washington bis Barack Obama*, München 2013; Peter Schäfer: *Die Präsidenten der USA in Lebensbildern*, Graz 1993; Barbara Friehs: *Die amerikanischen Präsidenten. Von George Washington bis Donald Trump*, Wiesbaden 2017.

flusst von der amerikanischen Erklärung und auf Initiative des Freimaurers Lafayette angenommen und zuerst in der Loge in Aix-en-Provence konzipiert, heißt es: „Alle Menschen sind von Natur frei und unabhängig. Jede Regierungsgewalt gehört allein dem Volke, die Behörden sind weiter nichts als die Bevollmächtigten und Diener desselben und ihm zu jeder Zeit verantwortlich."[35] In der Revolutionsparole „Freiheit, Gleichheit, Brüderlichkeit" sind die Menschenrechte und deren Ausprägungen enthalten und besonders stark in der französischen Freimaurerei verankert. Die Großloge von Wien gründete die österreichische Liga für Menschenrechte. Die tschechische Liga für Menschenrechte ist z. T. auch von Freimaurern konstituiert worden. Die Vereinten Nationen haben die Menschenrechte 1948 in ihre Satzungen aufgenommen und am 10. Dezember 1948 die „Allgemeine Erklärung der Menschenrechte" erlassen.

Die Menschenrechte sind heute trotz unterschiedlicher Menschenbilder zur grundlegenden und weltweit gültigen politischen Idee geworden. Sie bieten die Mindeststandards für die rechtliche, politische, soziale und ökonomische Lage von Menschen. Allerdings sind sie nicht überall auf der Welt tatsächlich respektiert bzw. durchgesetzt, aber kaum ein Regierungsvertreter oder Staat wagt es noch, die Menschenrechte prinzipiell infrage zu stellen. Natürlich gibt es in Bezug auf die Menschenrechte entgegengesetzte Positionen und verschiedene Deutungen der Menschenrechtsidee, wie z. B. eine asiatische „Interpretation" gegenüber der dominierenden westlichen „Deutung", die weniger individualistisch orientiert ist, oder eine islamische „Interpretation",

35 Zit. ebd., S. 1024.

die die Begründung der Menschenrechte in der Scharia für unverzichtbar hält. Trotzdem sind die Auseinandersetzungen für Menschenrechte zu einem global bestimmenden politischen Emanzipationsmodell geworden.

Die Menschenrechte gehen in der Geschichte relativ weit zurück. Sie sind von Philosophen, Juristen und Theologen bereits im 17. Jahrhundert als Kern eines neuzeitlichen Naturrechts bezeichnet und von der Amerikanischen Revolution und den späteren bürgerlichen Revolutionen feierlich proklamiert worden. Die Landesfreiheiten, die in vielen Ländern des Mittelalters gewährt wurden, waren nicht Freiheiten des Menschen, sondern der Stände und der Korporationen. Dies trifft auch auf die Magna Charta von 1215 zu, mit der die Geschichte der englischen Freiheit einsetzte und die ihre Freiheiten nur der ständischen Korporation gab. Sie ist aber eine Basis zur späteren Entwicklung der individuellen Menschenrechte. Zu erwähnen wären hier vor allem die „Petition of Rights" von 1628 und die berühmte „Habeas-Corpus-Akte" von 1679. Zehn Jahre später brachte die Glorreiche Revolution in England die „Bill of Rights" hervor.

Von großer Bedeutung für die weitere Entwicklung der Menschenrechte war zweifelsohne die berühmte Erklärung der Unabhängigkeit von 1776 in den USA, in der ausdrücklich betont wurde, dass die Menschen mit unveräußerlichen Rechten ausgestattet seien. So hat die Kolonie Virginia ihrer Verfassung eine besondere „Bill of Rights" vorangestellt, „die vom gleichen Grundgedanken der natürlichen Freiheit und Gleichheit und vom unveräußerlichen Recht des Menschen auf Leben, Freiheit, Eigentum und Glück ausgehend im Einzelnen festlegt, auf welche Weise diese Rechte gesichert werden sollen".[36]

Im 18. Jahrhundert entstanden neben der Freimaurerei auch politische Geheimbünde, die zwar z. T. die Freimaurerlogen beeinflussten und ihre Organisationsstruktur sowie Symbolik (manchmal in geänderter Form) übernahmen, aber sich aufgrund ihrer konspirativen Zielsetzung doch von ihr unterschieden. Besonders deutlich tritt der politische Aspekt in der Spätaufklärung und besonders im ausgehenden 18. Jahrhundert hervor, wo ausgesprochen politisch orientierte Geheimgesellschaften entstanden sind, die einen politisch-ideologischen Kern besaßen. Die Freimaurerei pflegte dagegen stärker hermetisch-esoterische Traditionen, war aber auch den Ideen der Aufklärung mitverpflichtet. Zu erwähnen wären hier der Geheimbund der Illuminaten (1776), die Bruderschaft der Gold- und Rosenkreuzer (1710) und der Geheimbund der Carbonari (ausgehendes 18. Jahrhundert).[37]

---

36 Fritz Hartung u. a.: *Die Entwicklung der Menschen- und Bürgerrechte von 1776 bis zur Gegenwart*, Göttingen-Zürich 1998, S. 17., vgl. weiters Heiner Bielefeldt: *Philosophie der Menschenrechte. Grundlagen eines weltweiten Freiheitsethos*, Darmstadt 1998.

37 Vgl. hier auswahlweise Helmut Reinalter (Hg.): *Der Illuminatenorden (1776–1785/87). Ein politischer Geheimbund der Aufklärungszeit*, Frankfurt a. M. / Berlin / Bern / New York / Paris / Wien 1997; Norbert Schindler: *Der Geheimbund der Illuminaten: Aufklärung, Geheimnis und Politik*, in: *Freimaurer und Geheimbünde im 18. Jahrhundert*, S. 284 ff.; Richard van Dülmen (Hg.): *Der Geheimbund der Illuminaten. Darstellung – Analyse – Dokumentation*, Stuttgart / Bad Cannstatt 1975; Horst Möller: *Die Bruderschaft der Gold- und Rosenkreuzer. Struktur, Zielsetzung und Wirkung einer anti-aufklärerischen Geheimgesellschaft*, in: *Freimaurer und Geheimbünde im 18. Jahrhundert*, S. 199 ff.; Roland Edighoffer: *Die Rosenkreuzer*, München 1995;

Die Ziele des Illuminatenordens, der 1776 von Adam Weishaupt, Professor für Kanonisches Recht an der Universität Ingolstadt, gegründet wurde, waren eingebunden in einen universalen geschichtsphilosophischen Begründungszusammenhang, wonach die Aufklärung als eine Entwicklungsstufe eines naturwüchsigen Geschichtsprozesses verstanden wurde, dessen Ursprung in einem vorhistorischen Naturzustand lag. Ziel dieses Geschichtsprozesses war ein Endzustand, der sich mit dem Ausgangspunkt der Gesellschaft, dem Naturzustand, deckte. Dabei handelte es sich um eine kosmopolitische Weltordnung ohne Staaten, Fürsten und Stände. Die Aufklärer, die sich – wie der Illuminatenorden – zu organisieren begannen, fassten die Wiederherstellung der menschlichen Rechte und die Förderung von Aufklärung und Moral ins Auge, um so jegliche Herrschaft langsam abzubauen. Die Vernunft sollte das „alleinige Gesetzbuch der Menschen", das Menschengeschlecht „dereinst eine Familie und die Welt der Aufenthalt vernünftiger Menschen" werden.[38] Unter Aufklärung verstand Weishaupt weniger eine geistige Bewegung als vielmehr eine moralische und politische Qualität. Sie war bei ihm nicht identisch mit theoretischen abstrakten Problemen, sondern verändert Menschen und ihre Gesellschaft, trägt zur Vervollkommnung der Menschen bei und bessert das „Herz". Die Moral wird bei ihm mit der Lehre Jesu und seinen Jüngern gleichgesetzt. Sie führt die Menschen zur höchsten Vollendung.

Helmut Reinalter: *Geheimbünde in Tirol. Von der Aufklärung bis zur Revolution 1848/49*, Innsbruck 2011, S. 75 ff., S. 94 ff. und S. 181 ff.

38 Vgl. dazu Helmut Reinalter: *Die Freimaurer*, S. 80 ff.; ders.: *Weishaupt, Adam*, in: *Freimaurerische Persönlichkeiten in Europa*, S. 164 f.

Die christliche Forderung der Nächstenliebe und der Gütergemeinschaft reflektiert nach seiner Auffassung den Naturzustand des Menschen und ermöglicht erst die Freiheit.[39]

Unverkennbar schließt sich hier Weishaupts Lehre an das utopische Potenzial der christlichen Botschaft an. Durch die aufkommende Fürstenherrschaft, den weltlichen Despotismus und die zunehmende Zivilisation wurde jedoch das menschliche Naturparadies zerstört, und die Priesterherrschaft, der geistliche Despotismus und die Theokratie haben die Lehre Jesu depraviert. Die wesentlichste Aussage des Urchristentums sei in der „Hülle der Freimaurerei" erhalten geblieben, zumal diese durch die Verbreitung der Lehre Jesu und der Aufklärung der Vernunft ein tätiges Christentum verkörpere. Die Freimaurerei habe sich aber im Laufe der Zeit durch Eigennutz und die Erfindung von neuen Graden, Goldmacherei und Zeremonien von ihrer ursprünglichen Idee so weit entfernt, dass die Illuminaten Vernunft und Moral retten mussten. Letztlich wollte der Orden, den die menschliche Natur depravierenden Despotismus überwinden und einen kosmopolitischen Republikanismus errichten, in dem die aufgeklärte Vernunft den Naturzustand des Menschen von Gleichheit und Freiheit wiederherstellen werde. Damit wurde zum ersten Mal unter Berufung auf die Aufklärung der Geltungsanspruch vernünftiger Normen auf den staatlichen Bereich erweitert und in der Forderung nach einem Vernunftstaat eine politische Utopie konzipiert, die die politische Seite des aufgeklärten Denkens nun auch verwirklichen sollte.[40]

---

39 Helmut Reinalter: *Die Freimaurer*, S. 81.
40 Ebd.

Anfang 1780 begann sich der Orden, der ursprünglich ein geheimer Studentenbund war, über Bayern hinaus zu verbreiten. Mit dem Eintritt Adolph Freiherr von Knigges wurde er neu strukturiert und durch eine Reform des Ordenssystems gestärkt. Knigge konnte durch unermüdlichen Einsatz und zahlreiche persönliche Beziehungen dem Orden weitere Mitglieder zuführen. Die Ziele, die der Freiherr verfolgte, waren darauf gerichtet, eine stärkere Verbindung zwischen dem Orden und der Freimaurerei herzustellen, weshalb er die Unterwanderung der bestehenden Logen und die Einverleibung in den eigenen Orden vorsah. In das Gradsystem des Illuminatenordens wurde daher die Freimaurerei bewusst als zweite Klasse aufgenommen, weil dies der Absicht entgegenkam, die bestehenden Logen systematisch zu unterwandern. Die Freimaurerei sollte auf diese Weise stärker für die politischen Ziele des Illuminatenordens eingesetzt werden. Für diese bewusste Unterwanderung war vor allem Weishaupt, während Knigge, der sehr enge Kontakte zur Freimaurerei unterhielt, für eine Vereinigung beider Gesellschaften eintrat, um seinen freimaurerischen Reformplan, die Strikte Observanz zu reinigen, besser realisieren zu können.[41]

Auf dem Höhepunkt seines Aufbaus umfasste der Illuminatenorden 600 bis 700 Mitglieder in ganz Deutschland, die sich größtenteils aus Beamten, Professoren und Weltgeistlichen, darunter auch ein hoher Anteil an Adeligen, zusammensetzte, während Kaufleute und Kleinbürger unterrepräsentiert waren. Die verschiedenen Gegensätzlichkeiten, persönlichen Kämpfe und die Aufdeckung sowie Verfolgung

41 a.a.O., S. 81 f.

1784/85 führten schließlich zum Verfall und zur Auflösung des Geheimbundes. Mit der Aufdeckung des Ordens bekam die reaktionäre Entwicklung in Deutschland neuen Auftrieb und zudem den Beweis in die Hand, dass die Aufklärung religions- und staatsfeindlich eingestellt war. So wurden die Illuminaten als politische Feinde des bestehenden Systems denunziert und nach 1789 als Jakobiner und Urheber der Französischen Revolution verketzert. Schüchterne Wiederbelebungsversuche, wie z. B. Carl Friedrich Bahrdts „Deutsche Union", blieben nur kurze Erscheinungen.[42]

Der wesentlichste Unterschied zwischen dem Illuminatenorden und der Freimaurerei lag trotz personeller Verknüpfung im Charakter und der Zielsetzung beider Gesellschaften. Die Freimaurerei war in erster Linie eine esoterische Gemeinschaft ohne Ideologie, die Rituale und Symbole sehr betonte, während der Geheimbund der Illuminaten ein rational-aufgeklärtes System mit ideologisch-politischer Zielsetzung besaß. Daher ist der Illuminatenorden stärker den politischen Geheimbünden zuzuordnen. In der Zeitschriften „Eudämonia" von 1796 hieß es über die Illuminaten, dass die Absichten dieses „abscheulichen Bundes" darauf ausgerichtet seien, „die Altäre umzustürzen, die Throne zu untergraben" und die Moral zu verletzen, die gesellschaftliche Ordnung in Frage zu stellen und jede bürgerliche und religiöse Einrichtung zu zerstören. Diese als „Verschwörungstheorie" in die Forschung eingegangenen Vorstellungen eines weiten Netzes radikaler Wühlarbeit des Illuminatenordens haben sich heute als konterrevolutionäre Erfindung herausgestellt, was sich am Beispiel des Illumi-

42 a.a.O., S. 83 ff.

natenordens anschaulich belegen lässt. Der Geheimbund der Illuminaten hat allerdings die gewaltsame Revolution abgelehnt, da er die Herrschaft der Moral auf konspirativem Weg erreichen wollte, ohne den absolutistischen Staat revolutionär zu bedrohen.[43]

Zwischen der älteren Rosenkreuzerbewegung und der im 18. Jahrhundert entstandenen Bruderschaft der Gold- und Rosenkreuzer bestand kein direkter Zusammenhang. Der erste Hinweis auf die Gold- und Rosenkreuzer ist eine Schrift von Sincerus Renatus (Samuel Richter) aus dem Jahre 1710. Ab diesem Zeitpunkt gab es die Verbindung von Rose und Kreuz mit dem Gold, die die Zweiteilung rosenkreuzerischen Geheimwissens in Theologie und Philosophie zum Ausdruck brachte und das im „Stein der Weisen" zu einer Einheit zusammengeführt wurde.[44]

Die älteste Quelle über die Gold- und Rosenkreuzer-Bruderschaft stammt aus dem Jahre 1761. Sie enthält Statuten, ein Ritual und wurde zum Teil wörtlich aus der 1749 in Leipzig herausgekommenen Schrift des Johann Heinrich Schmidt, der sich Hermann Fictuld nannte, abgeschrieben. Vor 1767 bestand die Bruderschaft organisatorisch aus einem Kaiser und Vizekaiser, die aber nach der Ordensreform nicht mehr erwähnt wurden, und aus sieben Klassen, die sich aus 77 Magi, 700 Majoratsmitgliedern, 1.000 Adepti Exemti, 1.000 Jüngern und aus dem jüngst Aufgenommenen zusammensetzten.

Der Orden wurde 1764 durch die Aufhebung des Prager Zirkels öffentlich bekannt. Aus diesem Kreis existierte

---

43 a.a.O., S. 83.

44 a.a.O., S. 77 ff.; zur älteren Rosenkreuzerbewegung s. a.a.O., S. 69 ff.

bereits eine enge Verbindung zwischen den Rosenkreuzern und der Freimaurerei.[45]

Das Eindringen der Rosenkreuzer in die Freimaurerlogen wurde vor allem durch das Hochgradsystem begünstigt, das sich gegen die aufgeklärten Ziele der Freimaurerei richtete. Die Rosenkreuzer gaben sich innerhalb dieses Systems als die höchste Stufe der Freimaurerei aus. Das Herrschaftssystem des Ordens wurde durch eine Hierarchie des Wissens ideell gefestigt, die vom freimaurerischen Hochgradsystem beeinflusst war. Es gliederte sich in neun Grade, die dem jeweiligen Stand in der rosenkreuzerischen Ausbildung und der praktischen sowie theoretischen Kenntnis der Lehre der Bruderschaft entsprachen. Das Anliegen des Ordens war religiöser und politischer Natur. Im Zentrum der Philosophie stand eine pansophische Emanationslehre, wonach die Natur ein „Ausfluss der Schöpferkraft Gottes und somit selbst ein Stück Gottheit" sei.[46] Dazu kam dann später eine starke Politisierung im Zuge des Differenzierungsprozesses der Aufklärung. Dabei standen eine ausgeprägte Personalpolitik und die Bildung einer sozialintegrierenden elitären Gruppe im Vordergrund. Das Beispiel der Politik des preußischen Ministers Johann Christoph von Wöllner zeigt, dass das Anliegen der Rosenkreuzer nach der erfolgten Politisierung des Ordenszweckes religiös orientiert blieb. Die Auseinandersetzung mit der Aufklärung, die den Inhalt der rosenkreuzerischen Politik ausfüllte, war ein Kampf gegen Irreligiosität, Deismus und Naturalismus. Politischen

45 a.a.O., S. 77 ff.
46 a.a.O., S. 79.

Einfluss gewann der Orden vor allem in Preußen und mit Abschwächung auch in Bayern.[47]

Waren die italienischen Geheimgesellschaften vor der Französischen Revolution noch stark der Ideologie der Aufklärung verpflichtet, so wurden sie nach dem Sturz Napoleons politischer und spielten künftig besonders in der italienischen Nationalbewegung eine Rolle. Der „Köhler-Bund", die „Carboneria", entstand in Italien höchstwahrscheinlich durch rückwandernde Flüchtlinge, die in Frankreich oder in der Schweiz von den „Fendeurs" (Holzfällern) gehört hatten oder vielleicht auch Mitglieder dieses Bundes waren. Möglich wäre auch, dass die Carboneria in Süditalien mit den „Charbonniers" der Franche-Comté in Verbindung stand. Schon 1797 musste sich der neapolitanische Polizeiminister Salicetti mit einer „Verschwörung" befassen, die er als „carbonaristisch" bezeichnete.[48]

1809 schlossen sich die verstreuten Einzelgruppen der Carbonari-Bewegung in einer ersten Hauptloge „Vendita" in Capua zusammen. Joseph Bonaparte und Joachim Murat könnten die Carboneria nach Süditalien gebracht haben. Pierre Joseph Priot, einer der politisch engagiertesten „alten" Jakobiner, hatte sich schon in Frankreich für ein geeintes Italien eingesetzt. Als Kommissar der französischen Regierung auf Elba entfaltete er ein besonderes Interesse für die Armen und Benachteiligten, wurde in Italien bald in Chieti Intendent der Abruzzen und dann in Cosenza Intendent Kalabriens. In beiden Städten übernahm er auch die höchsten Ämter der Freimaurerei. In Frankreich war er Mit-

47 Ebd.
48 a.a.O., S. 88 ff.

glied der „Société secrète des Bones Cousins Charbonnier“, die in der Franche-Comté wirkte. Vielfach wurde Priot als der eigentliche Gründer der neapolitanischen Carboneria angesehen, weil die ersten „Geschäfte“ der Bewegung mit seiner Ankunft in den Abruzzen und in Kalabrien entstanden.

Die Carboneria verbreitete sich schnell unter den Kleinbürgern und Handwerkern der Haupt- und Provinzstädte. Zu dieser raschen Verbreitung trug sicher das einfache Ritual bei, das auf den christlichen Glauben und der Verehrung des Hl. Theobald, des Schutzheiligen der Kohlenhändler, aufbaute. Die Sektionen der Organisation bezeichnete man als „Geschäfte“. Sie unterstanden sogenannten „Muttergeschäften“, die ihrerseits von einem „hohen Geschäft“ mit Sitz in Salerno oder Neapel abhingen. Es gab die Grade des Lehrlings und des Meisters, die ein philanthropisches, unabhängiges und konstitutionelles Programm vertraten. Noch vor 1818 kam ein dritter Grad, der Großmeister der Carboneria, hinzu, der aber nur wenigen Auserwählten vorbehalten blieb. Dieser Grad propagierte die Landverteilung (lex agraria) und die Gütergemeinschaft. Wegen seiner politischen Stoßrichtung erregte dieses Programm Aufsehen und erzeugte auch Unruhe in den eigenen Reihen, sodass dieser Grad wieder zurückgenommen werden musste. An seine Stelle traten sieben Grade nach dem Vorbild der Freimaurerei und ein neuer Geheimbund, der sich „Guelvia“ nannte. Dieser Bund entstand mit der Absicht, dem ursprünglich radikalen Programm des dritten Grades entgegenzuwirken. Von Neapel aus verbreitete sich die Carboneria im Kirchenstaat, in der Emilia, in der Toskana, in Ligurien, im Piemont und entlang der Seehandelsroute Neapel – Portoferraio – Livorno – Genua.[49]

Die napoleonischen Logen wurden mit der Ankunft der Österreicher in Lombardo-Venetien sofort geschlossen. An ihre Stelle trat jedoch eine Reihe neuer Geheimorganisationen mit politischer Zielsetzung. Im Norden waren es vor allem die von Buonarroti aus Genf angeführten „Adelfi" und im Süden Italiens der Geheimbund der Carbonari. Neben diesen beiden Organisationen existierten kleinere Bünde, die zum Teil selbstständig oder auf Initiative der beiden großen Gruppen entstanden. Diese bedienten sich der kleineren Bünde, um eigene Aktivitäten zu verschleiern und den Verfolgungen der Polizei zu entgehen.[50]

So gab es verschiedene Organisationen, wie z. B. die der „Spillanera", der „Cavallieri del Sole" und der „Decisi", deren Mitglieder nicht wussten, dass sie von größeren Bünden gelenkt wurden. Sie alle verfolgten ein klar umrissenes politisches Ziel: die Errichtung einer Republik oder konstitutionellen Monarchie und die Freiheit sowie Unabhängigkeit vom Ausland. Nach dem Sturz Napoleons bemühten sich die „Adelfi" im Piemont um eine Rückkehr des Herrschers und des Revolutionärs Buonarroti, bisher ein entschiedener Gegner Napoleons, und unterstützten von Genf und Grenoble aus die Einberufung von Freiwilligen gegen die wiedereingesetzten Bourbonen. Gleichzeitig formierte sich in der Lombardei die erste Verschwörung gegen Österreich, die vor allem von Offizieren des aufgelösten napoleonischen Heeres getragen wurde und bei der sich erstmals die Ge-

49 a.a.O., S. 89.

50 Ebd.; Helmut Reinalter: *Buonarroti, Filippo Michele*, in: *Freimaurerische Persönlichkeiten in Europa*, S. 29 ff.

heimgesellschaft der „Centri“ hervortat, die den Sturz des österreichischen Gouvernements und die Errichtung einer Monarchie unter Murat oder Viktor Emanuel I. von Savoyen ins Auge fasste. In Italien blieb die politische Situation, wenn man von einigen kleineren Umsturzversuchen absieht, bis zu den großen Unruhen 1820/1821 ruhig.[51]

In Neapel erreichten die unzufriedenen Aufständischen 1820 durch eine von der Carboneria angeregte friedliche Massenkundgebung vom König die Bewilligung einer Konstitution. Die Erhebung der Carbonari unter General Pepe war vor allem gegen die Misswirtschaft König Ferdinands I. gerichtet. Die Aufständischen wollten eine Landesreform und versuchten, die Unruhen auf das übrige Italien auszuweiten. Um dieses Ziel zu erreichen, reisten Emissäre ins Piemont, in die Lombardei und in den Kirchenstaat. Der Umsturz, anfänglich erfolgreich, wurde später von der österreichischen Armee niedergeschlagen, wobei mitentscheidend war, dass das konstitutionelle Parlament in Neapel mehrheitlich aus gemäßigten, alten Anhänger Murats und reichen Großgrundbesitzern zusammengesetzt war, die die politische Macht mit dem Monarchen teilen wollten und den Reformvorstellungen der Carbonari eher skeptisch gegenüberstanden.[52]

Zur selben Zeit brach auch im Piemont eine Revolte aus, um die fremde Besatzung aus Italien zu vertreiben. Sie scheiterte aber, da schon sehr früh Kontroversen unter den Aufständischen ausgebrochen waren. Die Unruhen beunruhigten die Herrscher der Heiligen Allianz in hohem

51 Helmut Reinalter: *Die Freimaurer*, S. 90 f.
52 Ebd., S. 90 f.

Maße, sodass harte Strafmaßnahmen und Prozesse gegen die Geheimorganisationen folgten. Besonders die Prozesse gegen die Geheimbünde in Lombardo-Venetien deckten die Reichweite des Netzes der „Adelfi“ und „Federati“ auf. Ein schwerer Schlag traf Philippe Buonarroti und seine Organisation, als ein Beauftragter in Mailand verhaftet wurde und das gesamte dokumentarische Material in die Hände der Polizei fiel. Buonarroti wurde daraufhin aus Genf ausgewiesen und flüchtete nach Brüssel. Auch im Kirchenstaat und im Reich beider Sizilien ging die Polizei massiv gegen die Geheimbünde vor. Die Carboneria in Süditalien konnte aber, wie die weitere Entwicklung zeigte, nicht zerschlagen werden.

Schon gegen Ende der 20er-Jahre des 19. Jahrhunderts machten sich in Ober- und Mittelitalien erneut umstürzlerische Bewegungen bemerkbar. 1827 begann Giuseppe Mazzini seine Tätigkeit in der Carboneria als Sekretär des „Geschäfts“ („La Speranza“) in Genua. Er breitete sein Verbindungsnetz von Genua bis in die Toskana und in die Lombardei aus. Auch im Piemont hatten Gruppen der Carboneria mit Exilierten Kontakt aufgenommen, die im Ausland zum Teil alte Organisationen der Carboneria wieder aufbauten, teils neue Organisationen gründeten und in Brüssel in enger Verbindung zu Buonarroti standen. Unter den wiedererrichteten Geheimgesellschaften überwog die Carboneria, mit der die Erinnerung an den Aufstand in Neapel 1820/21 eng verbunden blieb. Beim Ausbruch der französischen Julirevolution 1830 eilte Buonarroti nach Paris, wo er mit den Revolutionären Kontakt aufnahm. Gemeinsam mit anderen Immigranten gründete er Anfang 1831 die „Giunta liberatrice italiana“, die ein geeintes Italien unter dem Zeichen demokratischer Freiheit anstrebte. Auch in Mittel- und Norditalien kam es zu neuen Aufständen. In Genua wurde von der Polizei eine Verschwörung der Carboneria aufgedeckt und ihr führender Kopf, Mazzini, konnte dabei verhaftet werden. Weitere Unruhen brachen in Florenz und in Modena aus, doch alle diese Aufstände wurden, wie schon vorher, durch den österreichischen Eingriff und strenge Polizeimaßnahmen niedergeschlagen.[53]

Zahlreiche Patrioten fanden in Frankreich Exil, von wo aus sie auf eine Wiederaufnahme der revolutionären Aktivitäten hofften. Mazzini plante während seiner Gefängniszeit eine neue Vereinigung, die, um den Nachstellungen der Polizei zu entgehen, auf die bisher erprobten Methoden der Geheimgesellschaften verzichten sollte. Er war der Überzeugung, dass Riten und Zeremonien einem offenen Gespräch aller Mitglieder im Wege stünden. Sein Motto lautete: „Überlegung und Aktion." Als er sich 1831 entweder für einen Zwangswohnsitz oder für das Exil entscheiden musste, wählte er Letzteres und ging nach Marseille, wo er die Vereinigung „Giovine Italia" gründete. Ihr Programm umfasste den Kampf für ein von Fremdherrschaft befreites Italien und eine durch ein allgemeines Wahlrecht errichtete einheitliche demokratische Republik. Das „Junge Italien" trug bereits Züge einer modernen politischen Partei und verdrängte langsam die Carbonari-Bewegung in Italien. Buonarroti, der zunächst mit dieser neuen Vereinigung zusammenarbeiten wollte, leitete aufgrund ihres Erfolges gezielt Gegenmaßnahmen ein und gründete eine neue, nur für

53 a.a.O., S. 91 f., Helmut Reinalter: *Mazzini, Giuseppe*, in: *Freimaurerische Persönlichkeiten in Europa*, S. 113 ff.

Italien bestimmte Geheimgesellschaft („Veri Italiani"), die zwar auf die äußeren Formen der Carboneria verzichtete, dennoch aber an den Grundsätzen einer geheimen Lenkung und eines sozial-revolutionären Umsturzes in Italien festhielt. Diese Neugründung hatte zudem die wichtige Aufgabe, der italienischen Nationalbewegung eine sozialistische Prägung zu geben. Die Unterschiede der beiden Organisationen und ihrer Mentoren, Mazzini und Buonarroti, traten dabei immer deutlicher hervor und steigerten sich bis zum offenen Bruch 1833.[54]

Diese hier aufgezeigten Beispiele über den politischen, gesellschaftlichen und kulturellen Einfluss der Freimaurerei auf das 18. Jahrhundert zeigen, dass die Freimaurerei im Entwicklungsprozess des 18. Jahrhunderts nicht ohne gewisse Wirkung geblieben ist. Sie konnte z. T. die Gesellschaft zumindest indirekt mit ihren humanitären Zielen beeinflussen. Man sollte aber ihre Bedeutung in diesem Zusammenhang nicht überschätzen.[55]

Es gibt noch immer relativ wenige wissenschaftliche Untersuchungen über den Einfluss der Freimaurerei auf die Entwicklung der Gesellschaft. Auch viele Biografien über bedeutende Freimaurer klammern häufig die politische, kulturelle und gesellschaftliche Bedeutung der betreffenden Persönlichkeit aus. Es steht zweifelsohne außer Diskussion, dass neben politischen, ökonomischen und gesellschaftlichen Strukturen in der Freimaurergeschichte auch einzelne Persönlichkeiten eine zentrale Rolle spielen. Allerdings ist es, wie die moderne Freimaurerhistoriografie betont, nicht

54 Helmut Reinalter: *Die Freimaurer*, S. 92.

55 Vgl. allgemein Helmut Reinalter: *Die Rolle der Freimaurerei und Geheimgesellschaften im 18. Jahrhundert*, Innsbruck 1995.

einfach, die Wirkungsgeschichte der Freimaurerei im gesellschaftlichen Entwicklungsprozess seit der Frühen Neuzeit zu erklären. Ein direkter Einfluss der Freimaurerei auf Staat, Politik und Gesellschaft lässt sich eben nur schwer nachweisen, weil die Freimaurerei nach wie vor den Charakter eines Geheimbundes aufweist. Die Gegner der Freimaurer haben die Wirkung und Bedeutung immer dämonisiert und auch als politische Macht missverstanden.[56] Eine einigermaßen seriöse und realistische Einschätzung der gesellschaftlichen Wirkung der Freimaurerei müsste sich in erster Linie auf die Selbstbildung als Persönlichkeiten und die Kongruenz ihres Selbsterziehungsprogramms sowie ihrer Ziele mit den wichtigen Denkströmungen der jeweiligen Zeit beziehen.[57]

Dabei zeigt sich bei aller Vorsichtigkeit in der Beurteilung und Einschätzung der Wirkungen, dass die freimaurerischen Persönlichkeiten bei der Auflösung der frühneuzeitlichen Dogmen, in der Aufklärung und Säkularisierung im Modernisierungsprozess sowie in den bürgerlichen Revolutionen und Reformen eine gewisse Rolle gespielt haben. Diese war zweifelsohne nicht als tragende Wirkung zu bezeichnen, wenngleich die freimaurerischen Ideen der Aufklärung, der Humanität und der Toleranz in den geistesgeschichtlichen und politischen Entwicklungen seit der

---

56 Vgl. dazu Helmut Reinalter: *Die Weltverschwörer. Was Sie eigentlich nie erfahren sollten*, Salzburg 2010; Helmut Reinalter: *Die Freimaurer*, München 7. Aufl. 2016, S. 110 ff.; Helmut Reinalter (Hg.): *Verschwörungstheorien. Theorie – Geschichte – Wirkung*, Innsbruck 2002; Helmut Reinalter (Hg.): *Typologien des Verschwörungsdenkens*, Innsbruck 2004.

57 Helmut Reinalter: *Die Freimaurer*, S. 128 ff.; Helmut Reinalter (Hg.): *Freimaurerische Persönlichkeiten in Europa*, Innsbruck-Wien / Bozen 2014, S. 9 f. (Vorwort).

Frühen Neuzeit bedeutsam waren. Die Freimaurer traten nicht als Beweger und Auslöser in Erscheinung, wohl aber als Ermutiger und Verstärker, gleichsam wie Katalysatoren. Ein konkretes Beispiel dafür wäre der komplexe Zusammenhang zwischen Freimaurerei, Aufklärung und Revolution. Die Logen in der Aufklärung und am Beginn der Französischen Revolution waren weder Zentren der Konspiration noch ideologische Kommissionen oder „Generalstäbe des Umsturzes, sondern in erster Linie Treffpunkte, Diskussionsrunden und Kommunikationszentren, Orte des persönlichen Kontakts, Umschlagplätze für Ideen und Schriften, Anlaufstellen und Transmissionen für die Ideen der Aufklärung und Revolution".[58] In diesem Sinne war die Freimaurerei mit ihren Ideen und Handlungen bei den geistigen Vorbereitungen von gesellschaftlichen Entwicklungen durch das kulturelle, humanitäre und ethische Engagement ihrer Mitglieder beteiligt, wie auch deren Wirken in den verschiedenen aufgeklärten und gelehrten Gesellschaften bzw. Akademien im 17. und 18. Jahrhundert zeigt. Diese Beteiligung an der Entwicklung der Gesellschaft steigerte sich vor allem dann, wenn die gesellschaftlichen und politischen Verhältnisse im Gegensatz zu den freimaurerischen, humanitär-ethischen Anliegen standen.[59]

Wie bereits erwähnt, hatten der Amerikanische Bürgerkrieg und die Revolution auf die Freimaurerei in den USA großen Einfluss, da auch mehrere Präsidenten Freimaurer waren. Andrew Jackson wurde vor 1800 Mitglied der St. Tammany Lodge No. 1 in Nashville/Tennessee, die später

58 Helmut Reinalter: *Die Freimaurer*, S. 9 f.
59 Ebd.

ihren Namen auf Harmony Lodge No. 1 änderte. Regulär wird Jackson in den Akten der Großloge von North Carolina und Tennessee 1805 als Mitglied erwähnt. 1813 wurde er Großmeister der Freimaurer von Tennessee. Theodore Roosevelt, der auch den Friedensnobelpreis als Vermittler im Russisch-Japanischen Krieg bekam, wurde 1900 in der Loge Matinecocke Lodge 806 in Oyster Bay auf Long Island rezipiert, und gleichzeitig wurde er auch Ehrenmitglied der Loge „Rienzi“ in Rom. William Howard Taft profilierte sich als hervorragender Richter und leistungsfähiger Verwaltungsbeamter. Er wurde 1909 Mitglied der Kilwinning-Lodge No. 365 in Cincinnati im Bundestaat Ohio. Warren Gamaliel Harding berief als Präsident die Washingtoner Abrüstungskonferenz ein und wurde in die Marionlodge No. 70 in Marion/Ohio als Freimaurer aufgenommen. Er engagierte sich auch ganz im freimaurerischen Sinne um die Gleichheit der Rassen und trat auch für Friedensverträge ein. Harry S. Truman galt als besonders aktiver Freimaurer und war von den freimaurerischen Zielen stark beeinflusst. Rezipiert wurde er in der Belton Lodge No. 450 in Grandview/Missouri. 1911 gründete er mit einigen Freimaurerbrüdern die Grandview Lodge No. 618 und war dort erster Stuhlmeister. Im Jahre 1940 erfolgte seine Wahl zum Großmeister der Großloge von Missouri.[60]

Der amerikanische Staatsmann Benjamin Franklin, Buchdrucker, später Buchhändler, Schriftsteller und Erfinder des Blitzableiters, war nicht nur überzeugter Aufklärer, sondern auch einer der Hauptbegründer der amerikanischen Unabhängigkeit. Mit den Ideen der Freimaurerei wurde er in

60 http://freimaurer-wiki.de.

London konfrontiert, von denen er sofort begeistert war.[61] Seine Chancen, in eine Loge aufgenommen zu werden, waren zunächst gering. 1731 wurden jedoch die Widerstände aufgegeben, sodass seine Rezeption erfolgen konnte. Dort widmete er sich sehr intensiv der Königlichen Kunst. In den USA erschienen aus seiner Feder in der „Pennsylvania Gazette“ verschiedene Logennachrichten, und 1734 gab er dort eine Ausgabe der Konstitution von James Anderson heraus. Schon vorher 1732, wurde er Zweiter Großaufseher. Zwei Jahre stand er als Provinzial-Großmeister an der Spitze der Bruderschaft. Als er nach dem Unabhängigkeitskrieg als Gesandter der 13 Vereinigten Staaten nach Paris reiste, schloss er sich dort der berühmten Loge „Les neufs sœurs“ an. 1778, erst sehr spät, wurde der französische Philosoph Voltaire im ehemaligen Noviziat des aufgehobenen Jesuitenordens, dem Sitz der Großloge von Frankreich, feierlich in diese Eliteloge aufgenommen. Das Aufnahmezeremoniell wurde wegen des hohen Alters und der Gebrechlichkeit Voltaires verändert. Auf Franklin gestützt, wurde er mit unverbundenen Augen in den Tempel geführt. Er beantwortete Fragen zur Philosophie und Moral, ehe er zum Meister vom Stuhl der Loge Lalande geführt wurde, der ihm den Eid abnahm und Zeichen, Griff und Wort des Lehrlings mitteilte. Von 1779 bis 1782 war Franklin Stuhlmeister. Als amerikanischer Politiker und Patriot wurde ihm in Paris große Verehrung zuteil, und die beiden Enzyklopädisten Diderot und d’Alembert nannten ihn sogar die Verkörperung praktischer Weisheit. Sein freimaurerischer Einfluss ist nicht nur in den

61 Vgl. Benjamin Franklin: *Autobiographie*. Mit einem Nachwort von Klaus Harpprecht, München 2016.

USA, sondern auch im Vorfeld der Französischen Revolution in Paris von einiger Bedeutung gewesen.

Die Amerikanische Revolution, die mit der Boston Tea Party 1763, einem Aufstand gegen die britische Kolonialherrschaft, begann, führte dann in mehreren Schlachten zur Geburt der amerikanischen Nation. Freimaurerische Ideen flossen vor allem in die Unabhängigkeitserklärung vom 4. Juli 1776 ein. Erst im Zeitraum von 1812 bis 1815 fand dann die Revolution im britisch-amerikanischen Krieg ihr Ende. Die Geschichte der Amerikanischen Revolution ist gekennzeichnet von zahlreichen Widersprüchen, sodass die neuere Forschung davon ausgeht, dass es sich bei ihr um ein Mosaik handelt, das kein geschlossenes Bild entwickelt. Dies hängt natürlich mit der Janusköpfigkeit von Revolutionen allgemein zusammen, „die auf der einen Seite ganz dem frühneuzeitlichen, partikularistischen und rückwärts gewandten Denken verpflichtet war, auf der anderen Seite aber das Potential zu einem der Zukunft zugewandten, folgenreichen Universalismus in sich barg, eine Revolution also, die sich historisch präzise in der Zeit des Übergangs zur Industriemoderne verorten lässt“.[62] Zweifelsohne entfalteten die Ideen der Revolution, insbesondere die Freiheitsideale und die Menschen- und Bürgerrechte nicht nur in den USA, sondern auch darüber hinaus eine globale Wirkung. In der Unabhängigkeitserklärung der Vereinigten Staaten von Amerika wurde von den 13 britischen Kolonien in Nordamerika am 4. Juli 1776 die Trennung von Großbritannien und ihr Recht, einen eigenen souveränen Staa-

62 Michael Hochgeschwender: *Die Amerikanische Revolution*, S. 21.

tenbund zu gründen, proklamiert. Dieser Text war eigentlich die Gründungsurkunde der USA und stellt heute eines der wirkungsmächtigsten Dokumente der demokratischen Staatsphilosophie dar. Der Erfolg der Amerikanischen Revolution war nicht zuletzt in der Tatsache begründet, dass die Bevölkerungsmehrheit in den 13 Kolonien im Zeitraum von 1760 bis 1790 den liberalen Staatstheorien John Miltons, John Lockes, James Harringtons und Algernon Sydneys die Zustimmung erteilte.

Die unveräußerlichen Rechte des Menschen wurden als Grund des Staatsrechtes zuerst 1776 in der von Freimaurern beeinflussten Unabhängigkeitserklärung der Vereinigten Staaten von Nordamerika festgeschrieben: „Wir erachten es als selbstoffenbare Wahrheit, dass alle Menschen gleich geschaffen sind, dass sie von ihrem Schöpfer mit gewissen unveräußerlichen Rechten begabt sind; dass zu diesen Leben, Freiheit und das Streben nach Glück gehöre; dass, diese Rechte zu sichern, Regierungen unter den Menschen eingesetzt sind, welche ihre gerechten Befugnisse von der Einwilligung der Regierten ableiten, dass, sooft eine Regierungsform gegen diese Zeile zerstörend wirkt, es das Recht des Volkes ist, sie zu ändern oder abzuschaffen, eine neue Regierung einzusetzen und sie auf solche Grundsätze zu bauen, ihre Befugnisse solchergestalt einzurichten, als sie ihn am meisten geeignet erscheint, seine Sicherheit und sein Glück zu bewirken“.[63]

Im 19. Jahrhundert werden die Menschenrechte ergänzt durch die sozialen Grundrechte im Einflussfeld der Indust-

63 Eugen Lennhoff / Oskar Posner / Dieter A. Binder: *Internationales Freimaurer-Lexikon*, S. 1024 f.

riellen Revolution. Im Verlauf dieses Jahrhunderts werden sie in den Verfassungen der europäischen Nationalstaaten zunehmend nationalisiert. Die historische Entwicklung der Menschenrechtsidee erfolgte in drei aufeinanderfolgenden Phasen: Die erste Etappe wird markiert durch das bereits erwähnte philosophische Naturrecht des 17. und 18. Jahrhunderts, die zweite Phase setzt ab Mitte des 18. Jahrhunderts ein und ist eng verbunden mit den Menschenrechten der Philosophen und der bürgerlichen Revolutionen, und die dritte Etappe beginnt nach dem Zweiten Weltkrieg, womit die Menschenrechte einen grundlegend anderen rechtlichen Status annehmen, in dem sie nach 1945 zum Gegenstand eines international gültigen Rechtssystems werden. Die Grundlage dieses Rechtssystems bildet die „Allgemeine Erklärung der Menschenrechte“ von 1948, die zunächst eine zwischenstaatliche Absichtserklärung war, aber in den folgenden Jahrzehnten eine Serie von völkerrechtlich verbindlichen Pakten bringt. Zusätzlich etablieren sich schrittweise völkerrechtliche Instanzen und Mechanismen oberhalb der einzelnen Staaten, deren Aufgabe es ist, die Menschenrechtslage innerhalb der Staaten zu kontrollieren. Die Standarderzählung der Menschenrechte sieht den Rechtsstaat als neutrales Instrument zur Realisierung menschenrechtlicher Ideen.

Menschenrechte sind heute berechtigte Ansprüche an die öffentliche politische Ordnung. Kern ist die Berechtigung jedes Menschen „in einer politischen Ordnung zu leben, die ihre Mitglieder als Gleiche berücksichtigt und ihnen damit gleichermaßen gewährleistet, dass ihre grundlegenden Ansprüche erfüllt werden".[64] Zwei Konzeptionen sind dabei von Bedeutung, die moralische und die politische. Der Unterschied zwischen diesen beiden Konzeptionen der Menschenrechte bezieht sich auf den Grundbegriff, der die Menschenrechte erklärt, einerseits gleiche moralische Achtung oder freie politische Selbstbestimmung. Die traditionellen Begründungsformen für Menschenrechte haben sich heute in drei Modellen verdichtet: das Modell des Gesellschaftsvertrags, das Vernunft- und das soziale Modell. Über die moralische und die politische Konzeption der Menschenrechte gibt es verschiedene Kontroversen, die noch nicht ausgeräumt sind und weiter bestehen.

Eng mit den Menschenrechten ist auch die Menschenwürde verbunden, die dem ethischen Wert der menschlichen Persönlichkeit entspringt, die jedem Menschen wegen seines Menschentums zukommt. Die Menschenwürde bildet auch die Basis der ethischen Freiheit, die sich darin manifestiert, dass der Mensch keinem anderen Gesetz verpflichtet ist, als seinem eigenen. „Handle so, dass du die Menschheit sowohl in deiner Person als in der Person eines jeden anderen jederzeit zugleich als Zweck, niemals bloß als Mittel brauchst." Dieser Imperativ von Immanuel Kant hat sehr viel mit der Idee der Menschenwürde zu tun. Jeder Mensch ist würdig, als Zweck des moralischen Handelns zu dienen. Zur eigenen Würde zählen Eigenschaften wie die Tugend der Selbsterkenntnis, Selbstbeherrschung und Selbstveredelung. Alles das sind auch freimaurerische Tugenden und Verhaltensweisen. Auch die Würde des Mitmenschen, die Tugend

64 Christoph Menke / Arnd Pollmann: *Philosophie der Menschenrechte zur Einführung*, Hamburg 2007, S. 42.

der Gerechtigkeit und Liebe zählen wesentlich dazu. Die Freimaurerei achtet die Menschenwürde entsprechend ihres humanen Menschenbildes, die jedem Menschen zukommt, ohne Rücksicht auf seine Weltanschauung und seinen Glauben.

Systematisch betrachtet, weisen die Menschenrechte drei wichtige Merkmale auf: die politisch-rechtlichen Standards, der universale Geltungsanspruch und die Durchsetzung gleicher Freiheit bzw. gleichberechtigter Partizipation, die in der Anerkennung der Würde des Menschen wurzeln. Menschenrechte stellen in diesem Sinne eine politisch-rechtliche Kategorie dar. Ihr Geltungsanspruch ist nicht auf einen humanitären Appell begrenzt, sondern nimmt in politisch-rechtlichen Institutionen und Verfahren konkrete Gestalt an. Im modernen Verfassungsstaat finden die Menschenrechte eine Verankerung als einklagbare Grundrechte. Ein erfolgreiches Beispiel für die regional-völkerrechtliche Normierung von Menschenrechten ist die Europäische Menschenrechtskonvention, die im Rahmen des Europarates 1950 entstand. In Kraft trat sie 1953. Der Begriff der Menschenrechte inkludiert auch einen universalen Geltungsanspruch. Weil die Menschenrechte für jeden Menschen gleichermaßen Gültigkeit haben, verstehen sie sich auch als Gleichheitsrechte. „Die menschenrechtliche Gleichheit meint allerdings nicht Uniformität, sondern gleiche Freiheit, und zwar nicht nur gleiche persönliche oder private Freiheit, sondern auch gleichberechtigte Mitwirkung an den Belangen der Gemeinschaft, vor allem der politischen Gemeinschaft."[65]

65 Heiner Bielefeldt: *Menschenrechte*, in: *Metzler Lexikon Religion*

Die Menschenrechte stellen nicht nur eine Form des gemeinsamen Nenners aller Grundwerte dar, die man in den unterschiedlichen Religionen oder Kulturen findet, sondern sie fordern auch einen universalen und zugleich eigenständig modernen Freiheits- und Gleichheitsanspruch. Dieser Anspruch kann mit religiösen Traditionen durchaus in Konflikt geraten, wie viele Beispiele zeigen. Die Anerkennung der Menschenrechte vonseiten der Weltreligionen erfordert daher Bereitschaft zur Selbstkritik und zu Reformen. „Nur dadurch ist es möglich, den humanen Anspruch der Menschenrechte – konzentriert im Bekenntnis zur unantastbaren Würde jedes Menschen – als Chance für die (Neu-)Erschließung freiheitlicher Sinnpotentiale in religiösen Traditionen wahrzunehmen und religiösen Glauben gleichzeitig als Motiv für menschenrechtliches Engagement einzubringen.“[66] Heute wird die Modernität der Menschenrechte stark hervorgehoben, was allerdings nicht die Propagierung einer fortschrittsideologischen Zivilisationsmission zu Lasten religiöser Traditionen und Vielfalt bedeutet. Was die Verbreitung und Propagierung der Menschenrechte betrifft, hatten die Freimaurerlogen eine tragende Funktion, weil sie mit dem humanitären Wirken der Freimaurerei in enger Verbindung standen. Die Freimaurerei wirkte primär nicht als Organisation und macht ihren Einfluss auch nicht über Großlogen oder Logen geltend, sondern über die einzelnen Brüder in ihrem jeweiligen Wirkungsbereich. Sie hatten eine katalysatorische Wirkung bei ihrer Verbreitung und waren ein wichtiger Weg für den Weltfrieden.

Bd. 2, hg. von Chr. Auffahrth u. a., Stuttgart-Weimar 1999, S. 432.

66 a.a.O., S. 436.

Die Grundideen der Aufklärung, die von der englischen Entwicklung des 17. Jahrhunderts ausgingen, erfassten nicht nur Kontinentaleuropa, sondern insbesondere auch die Vereinigten Staaten. Diese beeinflussten, wie bereits angedeutet, nicht nur die Amerikanische Revolution, sondern auch den Liberalismus und die Demokratie im 19. Jahrhundert. Die Grundlagen des Liberalismus waren mit der Aufklärung sehr eng verbunden. Zu einem Hauptanliegen des Liberalismus wurde die Entfaltung des Individuums, die so umfassend sein sollte, wie es der Handlungsraum anderer Individuen und die Allgemeinheit überhaupt zulassen. Daher versuchte der Liberalismus generell, diese individuelle Entfaltung gegen alle formellen und informellen Eingriffe sowie Behinderungen zu schützen. Die wichtigsten politischen Grundsätze des Liberalismus, wie Grundrechte, Rechtsstaatlichkeit und Gewaltenteilung, die schon im 19. Jahrhundert in den USA ausgeprägt waren, finden sich heute in allen Verfassungen westlicher Demokratien als fester Bestandteil. Die Universalisierung liberaler Ideen geht zurück auf die Folgen der Amerikanischen Revolution, die europäische Aufklärung und die Französische Revolution. In diesem Zusammenhang ist die historische Entwicklung liberaler Positionen und Argumentationszusammenhänge seit der Amerikanischen Revolution, der Aufklärung und Französischen Revolution für die Herausbildung politischer Richtungen von besonderer Bedeutung.[67]

---

67 Vgl. dazu Helmut Reinalter (Hg.): *Aufklärungsprozesse seit dem 18. Jahrhundert*, Würzburg 2006, S. 49 ff.; zum Liberalismus s. auswahlweise Hans-Joachim Lieber (Hg.): *Politische Theorien von der Antike bis zur Gegenwart*, Bonn 1991, S. 362 ff.; Hans Fenske u.a.: *Geschichte der politischen Ideen*, Frankfurt/M. 1981; Helmut Reinalter: *Von der Aufklärung zum frühen Libe-*

Die erwähnten liberalen Forderungen steigerten sich später zu liberalen Vorstellungen über die politische und gesellschaftliche Ordnung, wobei es vor allem um die Gestaltung einer Ordnung der Freiheit nach liberalen Grundsätzen ging. Vorbild waren hier immer die Vereinigten Staaten. Zu den entscheidenden liberalen Forderungen zählte vor allem eine schriftliche Verfassung, die dem Staat gewährt werden sollte und in der die Organisation der politischen Herrschaft sowie die Rechte und Partizipationsmöglichkeiten der Bürger festgelegt sind. Wichtige Impulse gingen hier auch von den Freimaurern aus, die größtenteils diese Grundlagen förderten und ihre Logen selbst als Demokratie im Kleinen betrachteten.[68] Den Orientierungsrahmen dazu bildeten die freie, ungehinderte Entfaltung des Individuums, die Möglichkeit allgemeiner und umfassender Bildung und eine ökonomische Betätigung bis hin zum Manchester- und Neoliberalismus. Durch die Entwicklung politischer Durchsetzungskraft zur Gestaltung einer gesamtgesellschaftlichen Ordnung ergaben sich für den Liberalismus erhebliche Probleme. So wurde es zunehmend fraglicher, ob die besitzen-

ralismus, Sozialismus und Konservativismus. Zur historischen Entwicklung des Ideologiebegriffs und zu den Anfängen ideologisch-politischer „Strömungen", in: *Ideologien im Bezugsfeld von Geschichte und Gesellschaft*, hg. von Anton Pelinka, Innsbruck 1981, S. 63 ff.; Lothar Gall (Hg.): *Liberalismus*, Kronberg/Ts. 1989; Jörn Leonhard: *Liberalismus. Zur historischen Semantik eines Deutungsmusters*, München 2001; Helmut Reinalter: *Die Geschichte der Demokratie seit dem 18. Jahrhundert*, in: *Interdisziplinäre Demokratieforschung*, hg. von Anton Pelinka und Helmut Reinalter, Wien 1998, S. 5 ff.

68 Vgl. dazu Helmut Reinalter: *Freimaurerei und Demokratie im 18. Jahrhundert*, in: Helmut Reinalter: *Aufklärung und Moderne*, Innsbruck 2008, S. 265 ff.

de und gebildete Gruppe gegenüber den nachdrängenden Schichten noch dominieren und die für die gebildeten und besitzenden günstige Ordnung verteidigen konnte. Der Liberalismus wurde sich auch in der sozialen Frage als strukturelle Folgewirkung einer nach liberalen Grundsätzen gestalteten Gesellschaft mit freier Entfaltung des Kapitals im 19. Jahrhundert bewusster. Während im ursprünglichen Liberalismus die Unterschiede von Armut und Reichtum als natürliche Folge verschiedener eingesetzter Fähigkeiten und Arbeitsintensitäten bei vorausgesetzter Chancengleichheit galten, wird im sozialen Liberalismus diese Rechtfertigungsposition aufgehoben. So wurde der Staat gefordert, zugunsten der sozial Schwachen, die ohne eigenes Verschulden grundsätzlich benachteiligt waren, kompensierend einzugreifen. In England wurde dieser Positionswechsel des Liberalismus am stärksten bei Mill sichtbar, in Deutschland gegen Ende des 19. Jahrhunderts bei Naumanns nationalsozialem Liberalismus.

Sozial war der Liberalismus eng mit der Entwicklung des Bürgertums verbunden. Er wurzelte in der Interessenslage und Lebensführung der ökonomisch sich entfaltenden und an Bildung interessierten Mittelschichten. Liberales Gedankengut fand sich zwar auch – zumindest partiell – bei Angehörigen der Oberschichten, prägend war aber die Einstellung und Interessenslage des Wirtschafts- und Besitzbürgertums. Der zentrale Kernbestand des Liberalismus – freie Entfaltung des Individuums, verstanden als Ausbildung aller seiner Fähigkeiten – war zunächst interessanterweise unpolitisch, aber rasch politisch abzusichern, womit er politische Folgen provozierte. Liberales Denken war zwar nicht genuin demokratisch, aber die repräsentative Demokratie stellte einen Kompromiss zwischen der liberalen und demokratischen Position dar. Die Freimaurer waren in ihrer gesellschaftspolitischen (nicht parteipolitischen) Einstellung oft an diesem Kompromiss in ihrem Denken beteiligt.

Die neuzeitliche Geschichte der Demokratie hat ihren geografischen Schwerpunkt zweifelsohne im angloamerikanischen Raum. Sie ist eng mit dem Aufstieg der nordamerikanischen Kolonien zur Nation verknüpft. Andererseits beinhaltet der moderne Begriff der Demokratie einiges, das nicht vorwiegend mit der amerikanischen Entwicklung erklärt werden kann. Bekanntlich umfasst der Demokratiebegriff nicht nur den modernen Staatstypus, sondern auch eine gesellschaftliche Organisations- und Lebensform. Im Hinblick auf die Entwicklung des Gleichheits- und Solidaritätspostulats belegen französische Quellen schon sehr früh und stärker als in anderen Räumen, dass sich mit dem Aufkommen des Revolutionsgedankens die radikale Forderung nach Freiheit und Gleichheit in starkem Ausmaß verbindet. Es steht heute außer Zweifel, dass die politische Spätaufklärung in Europa und die Französische Revolution neben der Amerikanischen Revolution die entscheidenden Grundlagen der frühen Demokratieentwicklung schufen.[69]

Wie schon am Beginn erwähnt, ist die Wirkungsgeschichte der Freimaurerei nicht einfach zu erforschen, weil die Bruderkette sich nur indirekt und seltener direkt am

69 Vgl. dazu Helmut Reinalter: *Die Geschichte der Demokratie*, S. 5 ff.; Walter Schlangen: *Demokratie und bürgerliche Gesellschaft*, Stuttgart 1973; Horst Dippel: *Die Amerikanische Revolution 1763–1787*, München 1985; Willi Paul Adams: *Republikanische Verfassung und bürgerliche Freiheit. Die Verfassungen und politischen Ideen der amerikanischen Revolution*, Darmstadt-Neuwied 1973.

Entwicklungsprozess der Geschichte beteiligt hat. Sicher ist, dass die Freimaurer – wie bereits betont – an der Herausbildung der westlichen Demokratien und des modernen Parlamentarismus, des Liberalismus und des modernen Sozialstaats wenigstens ansatzweise beteiligt waren. Die Freimaurerei trat auch für die Verbreitung der Menschenrechte und für den Weltfrieden ein und war in diesem Bemühen nicht erfolglos. Heute arbeitet sie weltweit an einer Weiterentwicklung ihrer zentralen Ideen, wie Humanität, Aufklärung, Freiheit und Toleranz weiter. In den geistigen Strömungen der Gegenwart ist sie bemüht den geistigen Ort ihres Bundes im Spannungsfeld zwischen Moderne, Postmoderne und Postdemokratie näher zu bestimmen. Im Verhältnis zwischen dem heutigen Vernunftdiskurs und seinen Gegenwelten orientiert sich die geistige Arbeit der Freimaurerei nicht am Gegensatz zwischen Moderne und Gegenmoderne, sondern an der Entsprechung zwischen den verschiedenen Wertsphären der Moderne, die sich im Diskurs über Moderne und Gegenmoderne heute herausgebildet haben.[70]

70 Vgl. dazu Helmut Reinalter: *Die Freimaurer*, S. 128 ff.; Helmut Reinalter: *Freimaurerei und Moderne*, in: *Beobachter und Lebenswelt*, Thaur 1996, S. 239 ff.; Helmut Reinalter: *Der aufgeklärte Mensch. Das neue Aufklärungsdenken*, Würzburg 2017. – Zur Wirkungsgeschichte der Freimaurerei allgemein bereitet der Verfasser eine Monografie vor.

3. Ethik und Werte in einer globalisierten Welt aus freimaurerischer Perspektive[71]

Fragen der Ethik, der Tugenden und Werte stoßen heute auf zunehmendes Interesse, weil die Diskussionen über Sinn- und Orientierungskrisen und die Krise der Aufklärung und Vernunft an Intensität zugenommen haben, die Folgen der Globalisierung und Risikogesellschaften deutlich hervortreten, der fortschreitende Wertewandel und Werteverlust beklagt werden und eine Rehabilitierung der praktischen Philosophie erfolgt.

Die Frage der Werte

Wesentlich ist in diesem Zusammenhang die Frage, ob Werte in unserer heutigen globalisierten Welt noch zeitgemäß sind. Zweifelsohne stehen wir mitten in einer Phase des Wertewandels, und unter den Bedingungen der Globalisierung bilden sich im Entwicklungsprozess neue Ansätze zu einer globalen Ethik heraus, wie das Projekt „Weltethos" des Tübinger Theologen Hans Küng, die transkulturelle Ethik von Leonardo Boff oder die planetarische Ethik des

71 Festrede des Autors anlässlich „30 Jahre Service-Clubs" 2011 in Meran.

Club of Rome verdeutlichen. Die weltweite Wirtschafts- und Finanzkrise manifestiert, dass die Weltwirtschaft unbedingt ethische Maßstäbe braucht, um eine humane Zukunftsgesellschaft gestalten zu können. Richtig verstandene Ökonomie kann heute nur im größeren Rahmen der Kultur gesehen werden. Humanismus und Kapitalismus scheinen sich auf den ersten Blick unversöhnlich gegenüberzustehen. Während der Humanismus auf ethischen Werten aufbaut, die den Menschen in seiner Würde und Ganzheit und als soziales Wesen betrachten, steht im Kapitalismus die Mehrung des wirtschaftlichen Wertes im Zentrum. Der Mensch wird hier auf die Maximierung des eigenen Nutzens reduziert. Aber: Nur wenn die Werte unserer Kultur in der Welt der Globalisierung stärker verankert werden, können wir eine bessere und humanere Zukunft unserer Gesellschaft erwarten.

Wichtige Grundwerte unserer Gesellschaft

Die wesentlichsten Grundwerte unserer Gesellschaft sind heute das Prinzip der Humanität, die Gewaltlosigkeit und Achtung vor dem Leben, die Menschenwürde und Menschenrechte, die Gerechtigkeit, die Solidarität und die Toleranz. Diese ethischen Grundhaltungen und Maßstäbe für das menschliche Zusammenleben bedürfen im Zeitalter der Globalisierung einer neuen Orientierung. Werte sind für eine humane Entwicklung unserer Gesellschaft von höchster Priorität, zumal ein Wertevakuum die Gefahr darstellt, zum Spielball verschiedenster Kräfte, Ideologien und Bewegungen zu werden. Die Hoffnung auf eine Wiederbelebung und Neuausrichtung der Werte gründet hauptsächlich auf der Idee des Dialogs zwischen den Kulturen und Religionen. Dieser Dialog erfordert eine aktive Toleranz, die mehr bedeutet als nur die Duldung oder Respektierung anderer Standpunkte. Auf allen Ebenen unserer Gesellschaften müssen zudem Instrumente entwickelt werden, die die Spielräume für Fahrlässigkeit, Gier und Missbrauch verkleinern und die gesellschaftliche Verantwortung fördern.

Glückliches Leben

Auch die ethische Frage nach einem „glücklichen, gelingenden Leben“ ist in diesem Zusammenhang wichtig geworden. Dafür gibt es mehrere Gründe: ein wachsendes Bedürfnis nach Orientierung im Zusammenhang mit individueller Lebensführung und die gegenwärtigen philosophischen Diskurse über das „gute Leben“. Was macht das Leben überhaupt wertvoll? Es sind bestimmte Verhaltensweisen im menschlichen Zusammenleben, wie Aufrichtigkeit, Redlichkeit, Zuverlässigkeit, Freundschaft, gesundes Leben, Verbundenheit mit der Natur und die sogenannten alten Tugenden: Weisheit, Tapferkeit, Gerechtigkeit, Maßhaltung, Friedfertigkeit und Dankbarkeit. Zweifelsohne spielt heute auch der Wertewandel eine zentrale Rolle, worunter wir den permanenten Übergang von „alten“ zu „neuen“ Werten, bedingt durch gesamtgesellschaftliche Veränderungen, verstehen. Werteorientierung bedeutet eine Lebensgestaltung, die sich an ethischen Werten ausrichtet und eine wichtige Grundlage für unser Handeln darstellt. Globalisierung erfordert auch neue kulturelle Orientierungen. Unterschiedliche Traditionen und Lebensformen ringen heute weltweit um Anerkennung und müssen sich den Erfordernissen einer universellen Geltung von Normen und Werten stellen. Dabei sollten Unterschiede der menschlichen Welt- und Selbstdeutung berücksichtigt werden. Dazu bedarf es einer neuen Besinnung auf das Menschsein des Menschen in seiner anthropologischen Universalität, aber auch in seiner Verschiedenheit und Wandelbarkeit.

Neue Werte

Es geht bei den „neuen Werten“ um einen menschlichen Humanismus, um Menschlichkeit in ihrer kulturellen Vielfalt und um transkulturelle Werte, die wir in unseren Überlegungen berücksichtigen müssen. In diesem Zusammenhang muss auch die Frage gestellt werden, ob man die Entstehung neuer Werte überhaupt prognostizieren kann. Ohne Zweifel haben traditionelle Religionen im 20. Jahrhundert in vielen Teilen der Welt massiv Anhänger verloren, doch gleichzeitig findet eine außergewöhnliche Diversifizierung der persönlichen oder kollektiven Suche nach spirituellem Sinn statt. Die Frage ist allerdings, ob die Überzeugungen starke Werte in sich bergen, die sich in der Zukunft als relevant und als Quelle der Erneuerung erweisen können.

Gleichzeitig werden wir auch Zeugen einer anderen Entwicklung. Auch wenn der gesellschaftliche Zusammenhang angesichts der fortschreitenden Globalisierung und der wachsenden Bedeutung einer immer radikaleren Individualisierung bröckelt, die traditionelle Bindungen und etablierte Identitäten zerstört, werden wir Zeugen eines noch nie dagewesenen Aufschwungs neuer Formen der Vergesellschaftung, der Geburt eines neuen Typus von Solidarität. Doch auf welchen Werten basieren diese neuartigen Netzwerke der Affinität, der Bündnisse, der Kommunikation, die von der technologischen Innovation angetrieben werden? Können wir in einer Welt, die immer mehr von wirtschaftlichen Interessen und materialistischen Werten des Konsums, des Hedonismus und der kurzfristigen Befriedigung geleitet ist, das Aufkommen alternativer Werte überhaupt erkennen?

In der Geschichte der Menschheit diente die Technik dem Menschen zum Überleben und die Kultur dem Zusammenleben. Heute hingegen dient die Technik mehr und mehr dem menschlichen Zusammenleben. Und man hat gute Gründe zu fragen: Sichert die Kultur das Überleben? Das Überleben unserer Werte, unserer Gesellschaft? Die Technik wird diese Fragen nicht von alleine lösen können. Nur wenn wir die Werte unserer Kultur in der Welt des technischen Zusammenlebens dauerhaft und immer wieder neu verankern, wird ihre Rolle eine heilsame sein und nicht eine, die unsere Gesellschaft zersplittert und unseren Gemeinsinn zerstört.

Humanes Wirtschaften

Integrität, Offenheit, gesellschaftliche Verantwortung, Respekt – die selbst auferlegten ethischen Programme der großen Wirtschaftsunternehmen erinnern heute auffällig an die wichtigsten Werte der europäischen humanistischen Tradition: das Wohlergehen des einzelnen Menschen und der Gesellschaft sowie den Respekt vor der Würde des Menschen. So muss unsere Welt zu einer Weise des Wirtschaftens gelangen, die nachhaltiger und verantwortungsvoller erscheint. Dieses Umdenken betrifft den Staat, die Unternehmen, die Banken und Bürger gleichermaßen. Gefordert ist ein neues unternehmerisches Ethos. Auf allen Ebenen müssen Instrumente entwickelt werden, mit deren Hilfe die gesellschaftliche Verantwortung gefördert werden kann. Auch die Freimaurerei vertritt und lebt Wertvorstellungen, die für unsere Gesellschaft von großer Bedeutung sind. Ein Grundprinzip stellt die sogenannte „Goldene Regel“ dar: „Verhalte Dich so, wie Du erwartest, dass sich Deine Mitmenschen Dir gegenüber verhalten.“ Neben dieser „Goldenen Regel“ gibt es noch weitere Grundsätze, die auf humanen und geistigen Werten aufbauen, wie die Anwendung hoher Maßstäbe im sozialen, gesellschaftlichen und beruflichen Leben, die Gewinnung dauerhafter Freundschaften, die Anwendung der „Goldenen Regel“ in allen zwischenmenschlichen Beziehungen und die Mitarbeit am Aufbau einer öffentlichen Meinung, um Rechtschaffenheit, Gerechtigkeit und Loyalität in einem freien Staatswesen zu fördern.

Projekt „Weltethos“

Das Projekt „Weltethos“, das von Hans Küng entwickelt wurde, geht von drei wesentlichen Postulaten aus:

„Kein Überleben ohne Weltethos,
kein Weltfriede ohne Religionsfriede,
kein Religionsfriede ohne Religionsdialog.“

In diesem Zusammenhang spielt, wie schon erwähnt, die „Goldene Regel“ eine entscheidende Rolle. Küng geht es u. a. um die Beantwortung der Frage, warum wir heute ein globales Ethos brauchen. Im Mittelpunkt dieses Projekts steht der Grundkonsens über gemeinsame Werte, Haltungen und Maßstäbe, die alle Menschen in ihren eigenen Traditionen wiederfinden können, sowie die Verpflichtung auf eine Kultur der Gewaltlosigkeit, der Solidarität, der Toleranz und Partnerschaft von Mann und Frau. In diesem Zusammenhang kommt vor allem den Weltreligionen eine besondere Verantwortung zu, den Dialog zwischen den Religionen und mit den maßgebenden Persönlichkeiten anzuregen und zu führen. Küng kann sich eine neue Weltordnung ohne ein Weltethos nicht vorstellen. Auch in der Erklärung zum Weltethos des Parlaments der Weltreligionen wird ausdrücklich darauf hingewiesen: „Wir alle haben eine Verantwortung für eine bessere Weltordnung. Unser Einsatz für die Menschenrechte, für Freiheit, Gerechtigkeit, Frieden und die Bewahrung der Erde ist unbedingt geboten. Unsere sehr verschiedenen religiösen und kulturellen Traditionen dürfen uns nicht hindern, uns gemeinsam einzusetzen gegen alle Formen der Unmenschlichkeit und für mehr Menschlichkeit. Die in dieser Erklärung ausgesprochenen Prinzipien können von allen Menschen mit ethischen Überzeugungen, religiös begründet oder nicht, mitgetragen werden."

Unter Weltethos wird keine neue Ideologie, auch keine neue einheitliche Weltreligion jenseits aller bestehenden Religionen verstanden, auch nicht die Herrschaft einer Religion über alle anderen, sondern ein Grundkonsens bezüglich bestehender verbindlicher Werte, unverrückbarer Maßstäbe und persönlicher Grundhaltungen. Weltethos will auch keine neue Moral erfinden, um sie dann den verschiedenen Religionen von außen aufzudrängen, sondern nur das bewusst machen, was schon heute den Religionen in West und Ost, Nord und Süd gemeinsam ist, was aber durch Fundamentalismus, dogmatische Auseinandersetzungen und durch Rechthaberei häufig verdunkelt wird. Beim Projekt „Weltethos“ geht es letztlich um ein Ethos, das für das Überleben der Menschheit und für eine neue, friedlichere Weltordnung notwendig ist.

Dass in diesem Zusammenhang dem interreligiösen und interkulturellen Dialog große Bedeutung zukommt, ist evident. Im Projekt „Weltethos“ stellt Hans Küng ganz konkrete Maßstäbe und Anforderungen an den Dialog der Weltreligionen. Seine Grundthese lautet: Ohne eine Verantwortungsethik ist die Lösung der bedrängenden und bedrohlichen Zukunftsprobleme undenkbar, denn eine verbindliche Ordnung käme sonst nicht zustande. Folglich ist der Weltfriede ohne Religionsfriede nicht möglich. In ihm kennen die Religionen die Menschenwürde als universales Kriterium einer verpflichtenden Ethik an. In der Weltethos-Erklärung des Parlaments der Weltreligionen von Chicago 1993 sind die Humanitätsregel „Jeder Mensch muss menschlich behandelt werden“ und die „Goldene Regel“ akzeptiert worden, die von Konfuzius bis Kant in allen großen religiösen und philosophischen Traditionen bis heute erhalten ist. In dem von den Vereinten Nationen herausgegebenen Report der Kommission für „Global Governance“ wird ausdrücklich betont, dass die Politik supranationaler Organisationen nicht nur das Management ökonomischer Globalisierung einschließlich ihrer tiefgreifenden sozialen und politischen Nebenfolgen beabsichtigt, sondern es wesentlich auch darum geht, eine neue Ethik globaler Demokratie und Menschenrechte durchzusetzen.

Ethisch orientierte Weltpolitik

Das neue Paradigma internationaler Beziehungen weist wesentliche ethische Voraussetzungen auf, die sich deutlich erkennen lassen. Es bündelt die gemeinsam religiös-philosophischen Ressourcen der Menschheit, die nicht gesetzlich auferlegt, sondern bewusst gemacht werden. Weltpolitik muss aus Weltverantwortung hervorgehen. Eine ethisch orientierte Weltpolitik ist keine blinde Unterordnung der Politik unter die Ethik, weil dies der Eigengesetzlichkeit der Politik nicht gerecht und zu einem Moralismus führen würde, der die Ethik überfordert. Andererseits widerspricht eine ethisch orientierte Weltpolitik entschieden einer vollständigen Ablösung der Politik von der Ethik. Eine solche Politik würde die allgemeine Gültigkeit der Ethik verletzen und zu einem Amoralismus führen. Angesichts einer weitgehend individualistischen Gesellschaft und einer militarisierenden Außenpolitik ist ethische Verantwortung mit Nachdruck einzumahnen, eine Ethik der Verantwortung, die realistisch nach den voraussehbaren Folgen, besonders auch nach den unbeabsichtigten schwerwiegenden Nebenfolgen der Politik fragt. Die Kunst der Politik in diesem neuen Paradigma besteht darin, das politische Kalkül und das ethische Urteil überzeugend zu verbinden.

Demokratie und Globalisierung

Viele zeitkritische Beobachter stellen sich heute die wichtige Frage, ob es den nationalstaatlichen Demokratien gelingen wird, die Gefahren der Globalisierung in den Griff zu bekommen. Ängste, Vermutungen und Spekulationen über eine bevorstehende Ökodiktatur nehmen deutlich zu. Verstärkt werden diese Befürchtungen noch durch den gegenwärtigen Strukturwandel des Arbeitslebens und -marktes, durch Globalisierung und rigide Rationalisierung. Visionen einer Sozialwelt werden konkreter, in der Humandienstleistungen in das Zentrum menschlicher Tätigkeiten rücken. Neben dem Staat und dem Markt entwickelt sich der „Dritte Sektor" der Gemeinwirtschaft zu einem zentralen Lebensbereich heraus. Wenig konkret ist in diesem Zusammenhang allerdings der Übergang in diese neue Sozialwelt. Die politischen Systeme reagieren auf diese Probleme ziemlich hilflos. Die abnehmende Problemlösungsfähigkeit der Politik geht aber nicht nur auf diese hier erwähnten Veränderungen zurück, sondern auch auf den zunehmenden Verfall von Orientierungsbedingungen. So wird heute ausdrücklich betont, dass die gegenwärtige Krise der Demokratie gleichzeitig auch eine kulturelle Orientierungskrise sei. Die krisenhaften Züge der Demokratie umfassen die schleichende Auszehrung von innen, die wachsende Distanz des Bürgers zum Staat und zu den politischen Parteien, die Endsolidarisierung, die zunehmenden Verluste an Orientierungsbedingungen, die zunehmende Komplexität der politischen und gesellschaftlichen Probleme und der Vertrauensverlust in die Handlungsfähigkeit der Politik. Das Phänomen der Globalisierung veränderte eine wesentliche Existenzbedingung der Demokratie, weil sich die demokratische Ordnung bisher im staatlichen Rahmen verwirklicht hat. Heute sprengen die Aufgaben und vielfältigen Herausforderungen die Grenzen des Nationalstaates. Die Globalisierung entzieht sich dem Zugriff jener Instanz, auf die hin Demokratie konzipiert und praktiziert wurde. Daraus ergibt sich die Folgerung, dass das internationale Leben in Zukunft nach der Idee der Demokratie gestaltet werden muss, weil diese einen existenziellen Wert der Gesellschaft darstellt. Dabei ist allerdings zu bedenken, dass keine politische Ordnung, auch die Demokratie, endgültig fixiert ist. Sie muss jeweils neu auf ihre Legitimation, Bedeutung und Wirksamkeit kritisch befragt und geprüft werden.

Dies alles setzt Toleranz voraus, die nur dann verwirklicht werden kann, wenn die Politik über die Fortschreibung der klassischen Instrumentarien der Machtpolitik hinaus gelangt. Die Politik erfüllt diese wichtigen Aufgaben kaum, da sie vor allem auf die Regelung technischer Systemprobleme ausgerichtet ist. Eine wichtige Herausforderung und Aufgabe für die Demokratie der Zukunft ist daher, Politik so zu gestalten, dass sie den Angehörigen der fernöstlichen Kulturen, der islamischen Welt, aber auch Afrikas oder Lateinamerikas nicht als Instrumente der westlichen Hegemonie erscheinen, sondern als Verfahren kultureller Verständigung. Dabei spielen Werte und kulturelle Orientierungen in unserer Gesellschaft für die Zukunftsentwicklung eine entscheidende Rolle.

Neuere Ethikforschungen

Fragen der Ethik stoßen heute wieder auf großes Interesse, weil die Diskussion über Sinn und Orientierungskrisen und die Krise der Vernunft an Intensität zugenommen haben, die Folgen der Risikogesellschaften heute deutlicher hervortreten, der fortschreitende „Wertewandel“ beklagt wird und eine Rehabilitierung der praktischen Philosophie erfolgt, wie die vielen neuen Publikationen über Ethik beweisen.[72]

1. Allgemeine theoretische Ethik

In der neueren Forschung werden verschiedene Typen ethischer Theorien unterschieden, wie z. B. Modelle einer deskriptiven Ethik, einer normativen Ethik und neue Formen feministischer Ethik. Als deskriptiv sind jene Theorien in der Ethik zu bezeichnen, die sich mit der Frage auseinandersetzen, wie die menschliche Praxis analysiert und interpretiert werden kann, damit die Bedeutung des Moralischen im Handlungskontext deutlich hervortritt. Innerhalb der deskriptiven Ethik unterscheidet man verschiedene Ansätze:

a. der phänomenologische Ansatz (Wertethik)
b. der sprachanalytische Ansatz (Metaethik)
c. der evolutionäre Ansatz.

Die normative Ethik analysiert und beschreibt nicht moralische Geltungsansprüche und Normen, sondern begründet diese entweder durch ein „höchstes Moralprinzip“ oder

72 Vgl. dazu H. Reinalter (Hg.): *Perspektiven der Ethik*, Studienverlag, Innsbruck / Wien / München 1999.

durch die Annahme eines verbindlichen „höchsten" Gutes. Auch hier werden verschiedene Ansätze unterschieden:

a. der transzendental philosophische Ansatz (Willensethik, konstruktive, sprachpragmatische und generative Ethik)
b. der existentialistische Ansatz (Daseinsethik)
c. der eudämonistische Ansatz (hedonistische und utilitaristische Ethik)
d. der vertragstheoretische Ansatz (Gerechtigkeitsethik)
e. der materialistische Ansatz (physiologische und marxistische Ethik).

Die gegenwärtige Auseinandersetzung zeigt das Problem der grundsätzlichen Tragweite der einzelnen Begründungsstrategien. Das Neue an der Begründungstheorie ist der Anspruch, dass alle Handlungen von ihren vorhersehbaren Folgen her beurteilt werden sollen. Dagegen wurden mehrere Einwände erhoben, dass eine teleologische Begründung sittlicher Normen menschlichen Handeln ganz nach dem Modell der Nutzenmaximierung gesehen wird. Weitere Begründungen sind die durch Schlussfolgerung aus moralischen Prinzipien (deontologische Argumentation) und durch Auslegung anthropologischer Sinnwerte (hermeneutische Argumentation).[73]

Vor einigen Jahrzehnten (noch im letzten Jahrhundert) wurden aus der feministischen Philosophie heraus Ansätze zu einer weiblichen Ethik entwickelt. Diese kritisieren die

---

73 Marcus Düwell / Ch. Hübenthal / Micha H. Werner (Hg.): *Handbuch Ethik*, J. B. Metzler, Stuttgart 2002; Peter Fischer: Ein*führung in die Ethik*, W. Fink, München 2003; Michael Quante: *Einführung in die Allgemeine Ethik*, Wissenschaftliche Buchgesellschaft, Darmstadt 2003.

einseitig männerorientierte und z. T. frauenverachtende traditionelle Ethik und formulieren ihre eigenen spezifischen Themen. Das Ziel dieser Bemühungen liegt dabei nicht in erster Linie in einer geschlechtsspezifischen Ethik, sondern in den Interessenschwerpunkten der ethischen Reflexion von Frauen im Zusammenhang mit moralphilosophischen Diskursen und im Abbau von Vorurteilen auf argumentativer Basis. Ziel dieser Bemühungen ist eine Korrektur der bisherigen Fehleinschätzungen in Bezug auf Frauen.[74]

Gegenstand der Ethik bildet die Moral. Ethiken sind demnach Theorien, die sich mit den verschiedenen Aspekten und Ebenen der Moral beschäftigen. Zum Phänomen Moral gibt es sehr unterschiedliche Zugänge und Methoden, sodass sich verschiedene Typen von Ethiken bzw. Moraltheorien herausgebildet haben, wie normative Ethiken, deskriptive Ethiken und die Metaethik als Grundlage für die beiden anderen Ethiken. Zu den wichtigsten Fragestellungen der Metaethik zählen heute sprachphilosophische, ontologische und epistemologische Probleme sowie Fragen aus dem Bereich der Philosophie des Geistes.[75] Die Metaethik befasst sich mit Fragen nach dem Status und der Begründbarkeit von Theorien der moralischen Beurteilung. Es handelt sich dabei nicht nur um erkenntnistheoretische Probleme, sondern auch um die Bedeutungsanalyse moralischer Ausdrücke und ontologischer Fragen. Wie sich die Metaethik von anderen moralphilosophischen Disziplinen

---

74 Annemarie Pieper: *Gibt es eine feministische Ethik?*, W. Fink, München 1998; vgl. auch Herta Nagl-Docekal / Herlinde Pauer-Studer (Hg.): *Jenseits der Geschlechtermoral. Beiträge zur feministischen Ethik*, Frankfurt/M. 1993.

75 Ernst Tugendhat: Vorlesungen über Ethik, S. Suhrkamp, Frankfurt a. M. 1993.

genauer abgrenzen lässt und welche Aufgaben und Methoden sie hat, darüber gibt es keinen Konsens. Wenn man jedoch davon ausgeht, dass sie keine normativen Aussagen trifft und ihre Aufgabe in der Entwicklung einer Theorie der formalen Aspekte moralischer Urteile liegt, ist eine inhaltliche Festlegung einfacher, weil in weiten Bereichen dieselben theoretischen Instrumentarien Anwendung finden wie in anderen philosophischen Analysen.

Dies betrifft vor allem vier Felder der Metaethik, die begrifflich unterscheidbaren Aspekten moralischer Urteile entsprechen. Zu erwähnen sind hier die Sprachphilosophie, die sich mit der Bedeutung sprachlicher Äußerungen befasst, die Philosophie des Geistes, bei der es um die Analyse moralischer Überzeugungen und Gefühle geht, die Ontologie, die sich mit dem Status moralischer Eigenschaften und der Existenz moralischer Tatsachen auseinandersetzt, und die Epistemologie, die sich vor allem auf die Rechtfertigung und Begründbarkeit moralischer Urteile bezieht. Die Metaethik ist daher auch als Wissenschaftstheorie der Ethik bezeichnet worden, weil sie sich auf die Struktur der ethischen Reflexion konzentriert.[76]

Evolutionäre Ethik bestimmt den Menschen als Produkt evolutiver Anpassung. Evolutionäre Erkenntnistheorie und evolutionäre Ethik stimmen in der Aussage überein, dass „Erkennen eine Gehirnfunktion und als solche zugleich ein Ergebnis der biologischen Evolution“ sei (G. Vollmer). Daraus ergibt sich die Aufgabe der evolutionären Ethik, die

76 Vgl. dazu David O. Brink: *Moral Realism and the Foundation of Ethics*, Cambridge 1989; William K. Frankena: *Analytische Ethik*, München 1972; Friedrich Kaulbach: *Ethik und Metaethik*, Darmstadt 1974.

Phylogenese der Moral wissenschaftlich zu erklären. Aus der Perspektive dieser Ethik geschieht die Entwicklung der Moral analog zur Entwicklung kognitiver Fähigkeiten des Menschen. Sie versucht, die Grenzen der Formbarkeit menschlichen Verhaltens durch Moral aufzuzeigen. Moral ist aber nicht ausschließlich genetisch determiniert. Evolutionäre Ethik liefert einen wichtigen Beitrag zur Erklärung der Durchsetzbarkeit von Moral. Sie kann Auskunft über Triebkräfte menschlichen Handelns geben und ist in der Lage, eine wissenschaftliche fundierte Moral zu entwickeln, weil sie auf der allen Menschen gemeinsamen biologischen Grundlage aufbaut. Innerhalb der evolutionären Ethik gibt es vier unterschiedliche Positionen: den klassischen Ansatz von Darwin, die sozialdarwinistische Richtung, den soziobiologischen und den evolutionistischen Ansatz. Grundproblem der evolutionistischen Ethiken ist der Versuch, Moral natürlich zu erklären. Dabei tritt die Gefahr des naturalistischen Fehlschlusses auf.[77]

Der Utilitarismus ist die am weitesten ausgearbeitete und international viel diskutierte Variante der konsequentialistischen Ethik. Heute ist er nicht mehr als monolithische normative Theorie zu sehen, sondern als Theorie „verwandter" Ansätze, Positionen und Unterpositionen mit einem gemeinsamen Kern. Die utilitaristische Ethik stellt den Versuch dar, verbindliche Normen wissenschaftlich zu begründen – ohne letzte Berufung auf politische und religiöse Autoritäten. In seiner Standardform weist er fünf wesentliche Eigenschaften auf: Konsequentialismus, Teleologie, Ein-

77 Kurt Bayertz (Hg.): *Evolution und Ethik*, Reclam, Stuttgart 1993.

Gut-Axiologie, Maximierungsprinzip und Universalismus. In ihm beruht, wie in allen konsequentialistischen Ansätzen – die moralische Beurteilung menschlichen Handelns (mit Unterlassungen) auf der Beurteilung der (wahrscheinlichen) Handlungsfolgen. Diese bestehen einerseits aus der Beurteilung der „wahrscheinlichen" Handlungsfolgen nach dem Ausmaß, in dem sie gut oder schlecht, wünschenswert oder vermeidenswert sind, und andererseits aus der Beurteilung der Handlung und des Ausmaßes, in dem sie auf dem Hintergrund der Folgenbewertung als moralisch geboten, erlaubt oder verboten gelten müssen. Von daher ist die utilitaristische Ethik in einen axiologischen (werttheoretischen) und in einen normativen (pflichttheoretischen) Teil gegliedert. Da für sie die moralische Beurteilung von Handlungen ausschließlich vom außermoralischen Wert der Handlungsfolgen abhängt, zählt sie zu den teleologischen Ethikkonzeptionen.

Die Axiologie der utilitaristischen Ethik geht von einem einzigen Wert aus: dem Nutzen, der sich als absolute Größe versteht. Unter den verfügbaren Handlungsalternativen ist für den Utilitarismus jene Handlung moralisch, die absehbar das maximale Übergewicht der positiven über die negativen Folgen bewirkt (Maximierungsprinzip). Der klassische Utilitarismus Benthams bezieht das Nützlichkeitsprinzip auf Einzelhandlungen und wird deshalb als Handlungsutilitarismus dem Regelutilitarismus gegenübergestellt.[78]

Der Begriff „Verantwortung" spielt heute in der Ethik eine zentrale Rolle. Der Terminus „Verantwortung" steht

78 Vgl. dazu Norbert Hoerster: *Utilitaristische Ethik und Verallgemeinerung*, Freiburg/Br. / München 1971; Otfried Höffe (Hg.): *Einführung in die utilitaristische Ethik*, Tübingen 1992.

mit der Ethik in einem Konnex, der eine spezifische Entdeckung im Bereich der Moral darstellt, die mit dem Beginn der gesellschaftlichen Differenzierung der Moderne eng zusammenhängt. Unter Verantwortungsethik versteht man den Versuch, die Grenzen ethischer Lösungskompetenz im Sinne vormoderner „metaphysischer Einheitsschau“ (J. Römelt), aber auch im Sinne neuzeitlicher „formal-radikaler Autonomiekonzeption“ zu bewältigen. Sie will dem Problem der Komplexität moderner Wirklichkeitserfahrung mit ihren auftretenden Eigengesetzlichkeiten in den gesellschaftlichen Bereichen der Wirtschaft, des Sozialen, der Politik und Kultur ethisch gerecht werden. Die Verantwortungsethik ist sich darüber bewusst, dass es einen unvermeidlichen Bruch zwischen Gesinnung und Effektivität gibt und unterscheidet sich deshalb von der „Gesinnungsethik“. Durch die Komplexität der Strukturen, die Unübersichtlichkeit der Abhängigkeiten und Interaktionen ist sie ein auf kleine Schritte ausgerichteter moralischer Pragmatismus und Ausdruck des seiner Begrenztheit bewusst gewordenen menschlichen Handelns. So bemüht sie sich um eine sachgerechte Umsetzung moralischer Ziele unter den komplexen Bedingungen moderner Wirklichkeitserfahrung. Grundlage dieses Verständnisses von Ethik bildet die kulturelle und moraltheoretische Entwicklung von Kant bis Max Weber.

Heute haben sich verschiedene Formen von Verantwortungsethiken entwickelt, wie die Verantwortungsethik als Pragmatik in der komplexen Wirklichkeit, die strukturelle Verantwortungsethik unter den Bedingungen systemischer Komplexität moderner Gesellschaften und die verantwortungsethische Denkform im Kontext moderner Friedensdiskussion und ökonomischer Pragmatik sowie die

Rückbindung der Verantwortung an die existentielle Vorstellungskraft bei Hans Jonas.[79]

Die meisten Reflexionen über Probleme von Verallgemeinerungsethiken haben einen sachlichen Bezug zur Moralphilosophie Kants (Kategorischer Imperativ). Die angelsächsische Diskussion über die Universalisierung (Verallgemeinerung) in metaphysischer Perspektive beschäftigt sich mit der begrifflichen Logik moralischer Ausdrücke und Urteile und versteht Universalisierung als Herstellung von Konsistenz. Darüber hinaus bemüht sie sich auch aus normativ-ethischer Perspektive um materiale Normen und Prinzipien, die allerdings der Forderung nach inhaltlicher Verallgemeinerung entsprechen müssen. Die moralphilosophische Debatte im deutschsprachigen Raum befasst sich hingegen stärker mit der Grundlegungsproblematik der Ethik und hier in erster Linie mit der Frage nach der Art der Rationalität des ethischen Diskurses. Kants „Kategorischer Imperativ" wird bei diesen Bemühungen als paradigmatisch für ethische Universalisierung betrachtet.

Heute können drei Verwendungsweisen des Begriffs „Universalisierung", drei Typen normativ-praktischer Rationalität unterschieden werden: Universalisierung als Herstellung von Transsubjektivität durch Argumentation (Diskursrationalität), Universalisierung als Herstellung von Konsistenz (formale Rationalität) und Universalisierung als Erzeugung und Begründung von materialen Rechts- und

79 Kurt Bayertz (Hg.): *Verantwortung: Prinzip oder Problem?*, Wissenschaftliche Buchgesellschaft, Darmstadt 1995; Hans Jonas: *Das Prinzip Verantwortung. Versuch einer Ethik für die technologische Zivilisation*, Frankfurt/M. 1984; Josef Römelt: *Verantwortungsethik*, in: Perspektiven der Ethik, hg. von Helmut Reinalter, Innsbruck 1999, S. 112 ff.

Moralnormen mit Verfahren und Prinzipien, die terminologisch als Verallgemeinerungs- oder als Universalisierungsprinzipien bezeichnet werden.

Gegen universalistische Konzeptionen der Ethik allgemein und gegen die ethische Universalisierung im Besonderen wurden verschiedene Einwände formuliert, wie die Frage einer speziellen Urteilsfähigkeit für die Beurteilung der Angemessenheit und Triftigkeit einer Norm, wenn mehrere Normen miteinander konkurrieren. Die „Situationsethik", die im Umfeld des Existentialismus entstanden ist, entwickelte die These, dass Normen aufgrund der Einmaligkeit jeder Situation und der in sie verwickelten Personen für die moralische Beurteilung der Situation unangemessen seien. Andere Einwände leugnen überhaupt die Möglichkeit allgemeingültiger Begründung und Rechtfertigung sowie die Sinnhaftigkeit des Strebens danach. Moderatere Kritiken heben innere Grenzen konkreter Programme des Universalismus hervor, soweit diese undurchschaubare Partikularismen enthalten.[80]

Integrative Ethik geht über die Sollens- und Pflichtethik hinaus und erweitert die Ethik durch eine Lebenskunstlehre, eine Strebens- oder Glücksethik. Sie versucht jene Bedingungen herzustellen, unter denen eine Erneuerung dieses Ethiktypus überhaupt möglich ist und dessen Grundlegung unter den Voraussetzungen der Moderne und Postmoderne vorzunehmen. Sie berücksichtigt die Geschichtlichkeit und paritätische Pluralität von Lebensformen, ohne den präskriptiven Anspruch der Ethik aufzugeben. Die Grund-

80 Marcus Düwell / Christoph Hübenthal / Mischa H. Werner (Hg.): *Handbuch Ethik*, Stuttgart 2002, S. 517 ff.

legung der integrativen Ethik grenzt sich kritisch von vorschnellen Verkürzungen der zeitgenössischen Diskussion ab, insbesondere vom Monopolanspruch der Moralphilosophie und von illusionären Versuchen entgegengesetzter Art, die die Strebens- und Selbstethik an die Stelle der Moralphilosophie setzen oder beide zu einer undifferenzierten Einheitsethik verbinden. Die integrative Ethik geht davon aus, dass Moralphilosophie und Glücksethik zwei Perspektiven darstellen und deshalb als zwei Ethiktypen zu differenzieren sind, die erst in einer integrativen Ethik sekundär verbunden werden können.

Der Zuordnung beider Ethiktypen geht eine Phänomenanalyse der Moral voraus, die sich von traditionellen Beschreibungs- und Erklärungsmodellen unterscheidet und sich an der postteleologischen und nachmetaphysischen Situation der Gegenwart orientiert. Dabei zeigen sich rationalistische Moralkonzeptionen und Alternativen wie die von „Moralität“ oder „Sittlichkeit“ als nicht sachadäquat. Aus dem Programm der integrativen Ethik lassen sich noch systematische Folgerungen ableiten, die die vertikale Struktur der Ethik betreffen: Sie ist nicht auf Prinzipientheorie reduzierbar, sondern umfasst gleichberechtigt eine spezielle (nicht angewandte) Ethik und eine Methodologie der Beratung und Einübung.[81]

Die Diskursethik ist eigentlich keine Bereichsethik, sondern beansprucht den Status einer „Allgemeinen Ethik“. Sie soll nicht nur klären, wie innerhalb von Diskursen richtig zu handeln ist, sondern versucht, eine Antwort auf die Frage zu

---

81 Hans Krämer: *Integrative Ethik*, S. Suhrkamp, Frankfurt/M. 1992; vgl. weiters Martin Endreß (Hg.): *Zur Grundlegung einer integrativen Ethik*, Frankfurt a. M. 1995.

geben, woran wir das Handeln überhaupt orientieren sollen. Bei der Beantwortung dieser Frage nimmt sie stark Bezug auf die Diskurspraxis: Sie versucht, das diskursethische Moralprinzip durch eine Reflexion auf die Diskurspraxis zu begründen. Weiters betont das diskursethische Moralprinzip auch inhaltlich die Praxis des argumentativen Diskurses. Daraus resultiert die Schlussfolgerung, dass vor allem jene Handlungsweise moralisch richtig ist, der alle Teilnehmer und Teilnehmerinnen und von dieser Handlungsweise Betroffenen eines zwanglos geführten argumentativen Diskurses zustimmen können. So scheint es wichtig, vor allem bei moralischer Ungewissheit reale Diskurse zu führen, um herauszufinden, welche Handlungsweise moralisch richtig ist.

Zweifelsohne handelt es sich bei der Diskursethik um eine Prinzipienethik im Sinne Kants. Allerdings lässt sich das diskursethische Moralprinzip als eine Modifikation des kantischen Moralprinzips verstehen. Im Rahmen von Prinzipienethiken kantischen Typs hat die Begründung des Moralprinzips große Bedeutung. Aus der Perspektive der Diskursethik ist es nicht ausreichend, dass das Moralprinzip den Angesprochenen lediglich plausibel erscheint, weil zum Sinn moralischer Verpflichtungen ihre unbedingte Verbindlichkeit zählt. Die Diskursethik ist eine Weiterentwicklung der Ethik Kants, die im Kontext des umfassenden Projekts einer als „postmetaphysisch" bezeichneten Transformation der kantischen Transzendentalphilosophie steht (K.-O. Apel, J. Habermas).[82]

82 Jürgen Habermas: *Theorie des kommunikativen Handelns*, 2 Bde., Frankfurt a. M. 1981; Jürgen Habermas: *Erläuterungen zur Diskursethik*, Frankfurt/M. 1991; Mischa H. Werner: *Diskursethik*, in: *Handbuch Ethik*, hg. von Marcus Düwell u. a.,

2. Angewandte Ethik

Die Angewandte oder anwendungsorientierte Ethik ist mit dem Grundproblem konfrontiert, dass sie apriorisch entwickelte formale Positionen einer Allgemeinen Ethik auf konkrete Felder und Fälle übertragen soll. Dabei muss sie sich mit den Anforderungen einer sich dynamisch entwickelnden Lebenswelt auseinandersetzen und sich in gewisser Weise von der ausschließlich fachphilosophischen Prinzipienreflexion lösen. Gleichzeitig muss sie auch die Aufgabe übernehmen, selbst – ausgehend von der praktischen Erfahrung innerhalb ihres jeweiligen Anwendungsbereiches – ihren Beitrag zur Theorie der philosophischen Ethik zu leisten, um Antworten auf spezifische Probleme ihrer Anwendungsgebiete zu finden.

Angewandte Ethik lässt sich nur in enger Anlehnung an den Begriff der Allgemeinen Ethik und im Gesamtkontext der Ethik als wissenschaftliche Disziplin genauer bestimmen. Sie ist die Reflexion über moralischen Handlungsbedarf und über den Rückgriff auf eine normativ-ethisch begründete Norm sowie über die Anwendung des Moralprinzips auf die problematischen Fälle des Lebens. In diesem Sinne ist Angewandte Ethik spezielle normative Ethik und weist eine doppelte Bedeutung auf: die systematische Anwendung normativ-ethischer Prinzipien auf Handlungsräume, Berufsfelder und Sachgebiete sowie das Beziehen auf

---

Stuttgart 2002, S. 140 ff.; Mischa H. Werner: *Diskursethik als Maximenethik. Von der Prinzipienbegründung zur Handlungsorientierung*, Würzburg 2003; Niels Gottschalk: *Diskursethik. Theorien, Entwicklungen, Perspektiven*, Berlin 2000; Karl-Otto Apel: *Diskurs und Verantwortung. Das Problem des Übergangs zur postkonventionellen Moral*, Frankfurt a. M. 1988.

die Vielzahl der angewandt-ethischen Normenkataloge, für die die Fokussierung auf ein jeweils konkretes Thema kennzeichnend ist (vgl. die Bereichsethiken). Die Notwendigkeit Angewandter Ethik ergibt sich aus zwei Gründen:

a. Wissenschaft und Technik haben völlig neue technologische Horizonte eröffnet.
b. Der sich in den Industriestaaten herausbildende Individualismus, der sollensethische Fragen zunehmend mit strebensethischen Behandlungen beantwortet. Dazu kommt noch, dass das autoritäre Gewissen von einem autonomen abgelöst wird.

Da sich Angewandte Ethik auch mit den Grenzbereichen verschiedener Wissenschaften beschäftigt, muss sie einen Wissenstransfer zwischen der philosophischen Ethik und den anderen Wissenschaften ermöglichen. Dabei geht es vor allem um die Bereitstellung von Orientierungswissen und Entscheidungshilfen für fachspezifisch ethische Probleme. Angewandte Ethik ist daher ein Projekt der Aufklärung, zugleich darf sich aber der Diskurs Angewandter Ethik nicht der Gefahr aussetzen, der rationalistischen Versuchung einer Neuerfindung des Moralischen zu erliegen.[83]

In der neuen Reihe „Ethik transdisziplinär“ (bisher sieben Bände) werden verschiedene Felder der Angewandten Ethik dargestellt, wie z. B. die Medizin- und Bioethik, die politische Ethik, die Sozialethik und Sozialpolitik, die Wirt-

83 Hans Lenk: *Einführung in die Angewandte Ethik*, Kohlhammer, Stuttgart 1997; Andreas Vieth: *Einführung in die Angewandte Ethik*, Wissenschaftliche Buchgesellschaft, Darmstadt 2006; Julian Nida-Rümelin (Hg.): *Angewandte Ethik. Die Bereichsethiken und ihre theoretische Fundierung*, Kröner, Stuttgart 1996; Annemarie Pieper / Urs Thurnherr (Hg.): *Angewandte Ethik. Eine Einführung*, C. H. Beck, München 1998.

schafts- und Unternehmensethik und die Rechtsethik. Ein Band setzt sich mit Tabus und Grenzen der Ethik kritisch auseinander. Weitere wichtige Bereichsethiken fehlen allerdings in dieser Reihe, wie z. B. die Wissenschaftsethik, ökologische Ethik, Technikethik, Medienethik etc.[84]

Die Wissenschaftsethik reflektiert den moralischen Anspruch, unter dem Forscher und Forscherinnen Wissenschaft betreiben. Ihre Verantwortung ist eine doppelte: eine interne und eine externe. Für die interne spielt das Berufsethos eine große Rolle. Die Wahrheitssuche und -findung unterliegen international geltenden Standards des korrekten wissenschaftlichen Arbeitens. Dazu zählen Regeln der Fairness, der Unbestechlichkeit, der kritischen Distanz, Präzision und Zuverlässigkeit, die zum Berufsethos gehören. Die externe Verantwortung gegenüber der Gesellschaft umfasst vor allem die Sensibilität im Hinblick auf potenzielle Risiken und Projekte sowie die Warnung vor möglichen Gefahren durch Missbrauch.[85]

Medizinethik befasst sich mit Problemen des moralisch Gesollten, Erlaubten und Zulässigen im Umgang mit menschlicher Krankheit und Gesundheit. Für die medizi-

84 Michael Fischer / Kurt S. Zänker (Hg.): *Medizin- und Bioethik*, Peter Lang, Frankfurt/M. 2006; Michael Fischer / Heinrich Badura (Hg.): *Politische Ethik I. und II.*, Frankfurt a. M. 2006; Michael Fischer / Nikolaus Dimmel (Hg.): *Sozialethik und Sozialpolitik*, Frankfurt/M. 2006; Michael Fischer / Richard Hammer (Hg.): *Wirtschafts- und Unternehmensethik*, Frankfurta. M. 2007; Michael Fischer / Michaela Strasser (Hg.): *Rechtsethik*, Frankfurt a. M. 2007; Michael Fischer / Reinhard Kacianka (Hg.): *Tabus und Grenzen der Ethik*, Frankfurt a. M. 2007.

85 Christoph Hubig: *Technik- und Wissenschaftsethik*, Berlin / Heidelberg / New York 1993; K. Steigleder / Dietmar Mieth (Hg.): *Ethik in den Wissenschaften*, Tübingen 1991.

nische Ethik ist die Tätigkeit des Arztes eine Konkretisierung der allgemeinen Norm, hilfsbedürftigen Menschen in angemessener Weise zu helfen. Der Arzt übernimmt die Pflicht, zur Erhaltung und Wiederherstellung der Gesundheit wirksame Mittel einzusetzen, ohne dem Kranken zu schaden oder ihn gegen seinen Willen zu behandeln. Der Arzt muss dabei bedenken, dass der Patient einen berechtigten Anspruch auf eine humane Zuwendung und Betreuung hat. Die Medizinethik ist allerdings durch verschiedene Voraussetzungen komplexer geworden: durch die Verfügbarkeit vieler medizinischer Eingriffsmöglichkeiten, durch eine wachsende Pluralität der Lebensstile und Moralvorstellungen und durch den Verlust ethischer Autorität von Ärzten und der Medizinforschung. Dazu kommt noch, dass in einer pluralistischen Gesellschaft ethische Normen weitgehend ihre Verbindlichkeit eingebüßt haben und durch eine Vielzahl von Wertvorstellungen und Prinzipien ersetzt wurden. Zu den wichtigsten Problemfeldern der Medizinethik zählen heute der Schwangerschaftsabbruch, die Euthanasie, die Apparatemedizin, die Manipulation am Erbmaterial, Humanexperimente, die künstliche Erzeugung von Menschenleben, die Gehirnchirurgie, die Organverpflanzung, die Genkartierung, die Informationspflicht und der Paternalismus.[86] In neueren Forschungen geht es auch um eine philosophische Erklärung des Gebots, nicht alles, was technisch möglich ist, in Technologien umzusetzen.[87]

86 Kurt Bayertz (Hg.): *GenEthik. Probleme der Technisierung menschlicher Fortpflanzung*, Rowohlt, Reinbek b. Hamburg 1987; Hans Martin Sass (Hg.): Medizin und Ethik, Reclam, Stuttgart 1989.

87 Michael J. Sandel: *Plädoyer gegen die Perfektion. Ethik im Zeitalter der genetischen Technik*, University Press, Berlin 2008.

Die Bioethik umfasst als Gegenstand das gesamte Leben, nicht nur das menschliche, sondern auch das Leben aller in der Natur vorkommenden Organismen. Besondere Aktualität und Brisanz erfuhr sie durch die modernen Gentechnologien und die Molekularbiologie. Auch bestimmte Innovationen in verschiedenen Disziplinen, insbesondere in der Biologie und Medizin, haben die Notwendigkeit einer Bioethik als interdisziplinäre Ethik unterstrichen. Heute bedeutet Bioethik in einem weiter gefassten Sinn die ethische Reflexion auf alles Lebendige, wie es sich in den alltäglichen Bezügen der Lebenswelt und in den theoretischen und praktischen Kontexten von Wissenschaft und Forschung manifestiert. Für biomedizinische Ethik stehen die Schwerpunktbereiche der Humangenetik, Embryonenforschung, Fertilisationstechnik, Transplantationsmedizin und Intensivmedizin im Zentrum. Weitere Probleme der biomedizinischen Ethik werden mit dem Begriff „Allokation" beschrieben, bei dem es um die Frage der gerechten Verteilung medizinischer Hilfsgüter und Versorgungsleistungen unter den Bedingungen der Knappheit geht.

Auch die Tierethik ist ein Zweig der Bioethik. Zu ihren wichtigen Themenbereichen gehören die Massentierhaltung, Tierversuche, das Töten von Tieren zu Forschungs- und Ernährungszwecken und im Rahmen von Sportarten wie Jagen und Angeln, die Nutzung von Tieren zu Ausstellungszwecken und in Kampfsportarten. Durch Innovationen in der Gentechnologie und durch Transplantationstechniken sind zu diesen Themen neue Fragestellungen dazu gekommen, unter denen die Erzeugung und Haltung „transgener" Tiere und die „Xenotransplantation" im Mittelpunkt stehen. Die Bioethik ist vor allem dort gefordert, wo in Wissenschaft und Forschung schwer einschätzbare Gefahren für Körper und Leben, für Freiheit und Würde des Menschen durch die erwähnten Technologien drohen.[88]

Die Sozialethik ist das Gegenstück zur Individualethik, weil sie die Rechte und Pflichten betont, die der einzelne Mensch nicht gegenüber sich selbst, sondern gegenüber der menschlichen Gemeinschaft hat. Der Mensch als soziales Wesen ist, um seine Bedürfnisse befriedigen zu können, auf die Hilfe und Anerkennung anderer Menschen angewiesen, weshalb sich verschiedene Formen des Zusammenlebens und Handelns herausgebildet und institutionalisiert haben. Zu nennen wären hier vor allem die Ehe, Familie, Gesellschaft und der Staat. Ihre Ordnungsprinzipien resultieren aus den ethischen Grundprinzipien der Freiheit, Gleichheit, Gerechtigkeit und Menschenwürde. Sie fordern ein soziales Verhalten, das nicht nur das physische Überleben der Gemeinschaft ermöglicht, sondern auch zu deren Glück und Wohlergehen beiträgt. Für die Sozialethik sind daher Humanität und Nächstenliebe, Mitleid und Toleranz, Rücksichtnahme und Solidarität wichtige Eigenschaften und Verhaltensweisen, um den Sozialisationsprozess auch moralisch zu beeinflussen. Die Sozialethik versteht sich als spezielle Ethik von Normen, Institutionen und sozialen Systemen, die gesellschaftlich übergreifend sind. Heute besteht eine der wichtigsten sozialethischen Aufgaben darin, eine Entwicklung einzuleiten, die sich an der gesellschaftlichen Verwirklichung der subjektiven Freiheit aller und ihres vernünftigen Selbstbestimmungswillens orientiert.[89]

---

88 Eva-Maria Engels: *Biologie und Ethik*, Reclam, Stuttgart 1999.

89 Vgl. dazu Wilhelm Dreier: *Sozialethik*, Düsseldorf 1983; Otfried Höffe: *Sittlich-politische Diskurse*, Frankfurt a. M. 1981;

Die Wirtschaftsethik prüft normativ die ökonomische Realität. Sie versucht, durch ethische Reflexion ökonomischen Handelns zu einer Erweiterung des ökonomischen Rationalitätsbewusstseins beizutragen. Dabei geht es im Einzelnen um die Thematisierung wichtiger Probleme, wie z. B. das Verhältnis von wirtschaftlicher und ökologischer Realität, die ethischen Beurteilungsverfahren, ökonomisches Handeln und moralische Qualität, die Verantwortung für wirtschaftliches Handeln und die Adressanten für ethische Sollensansprüche. Wirtschaftsethik versucht im Grunde die ethischen Prinzipien eines „guten Lebens" mit den Ansprüchen des Wirtschaftshandelns, wie Effizienz, Nutzenwachstum und Wertsteigerung zu verbinden. Wegen der zunehmenden Umweltprobleme, Megafusionen und der damit verbundenen durch Rationalisierungsmaßnahmen knapper werdenden Arbeit wird zunehmend eine gerechtere und solidarischere Wirtschaftsordnung gefordert. Dabei ist nicht nur der Einzelne herausgefordert, die Wirtschaftlichkeit seines Handelns über das Eigeninteresse (Profitsteigerung, Gewinnmaximierung) hinaus im Kontext der gesamtgesellschaftlichen Praxis zu prüfen, sondern auch die Betriebe sollten unternehmensethisch arbeiten, um ihrer Verantwortung gegenüber den Mitarbeitern und den Kunden sowie den Konkurrenzbetrieben nachzukommen.

Als Spezialthemen haben sich heute in der Wirtschaftsethik herausgebildet: Theorien ökonomischer und ethischer Werte, Möglichkeiten einer Beschränkung ökonomischer Macht, ökonomische und ethische Güterlehre, ethische Verpflichtungen in der freien Marktwirtschaft, Legitimation

---

Arno Anzenbacher: *Christliche Sozialethik*, Paderborn 1998.

zweckrationalen und technokratischen Handelns, ökonomische und moralische Kompetenz, Modelle einer integrativen Wirtschaftsethik und Ökonomie als integraler Bestandteil der Kultur. Innerhalb der Wirtschaftsethik haben sich sog. Bereichsethiken durch Differenzierungsprozesse entwickelt, wie die Unternehmensethik, Marketingethik, Managementethik, Führungsethik und Ethik in der ökonomischen Entscheidungsfindung.[90]

Bei der ökologischen Ethik geht es um den richtigen Umgang des Menschen mit der Natur. Anlass für dieses neue ethische Interesse bildeten die ökologischen Probleme, die seit einigen Jahrzehnten besonders in den Industriestaaten deutlich wurden. Als Reaktion darauf sind Forderungen nach einer neuen Ethik der Verantwortung für die Umwelt erhoben worden. Die Umweltethik macht ein Umdenken notwendig, weil der Umgang mit der Natur nicht mehr ausschließlich von menschlichen Interessen und Bedürfnissen bestimmt wird, sondern wieder mehr Ehrfurcht vor der Natur empfunden wird. Die Werte, die hinter den Diskursen über ökologische Ethik stehen, werden allerdings unterschiedlich ausgelegt. Einerseits wird die Natur als eine Ressource für den menschlichen Gebrauch angesehen, die besser gemanagt werden müsse, andererseits wird ein Paradigmenwechsel im Naturverhältnis gefordert, der die Natur nicht mehr als Instrument des Menschen zu seinen Zwecken

90 Peter Bendixen: *Das verengte Weltbild der Ökonomie*, Wissenschaftliche Buchgesellschaft, Darmstadt 2003; Hans Lenk / Matthias Maring (Hg.): *Wirtschaft und Ethik*, Reclam, Stuttgart 1992; vgl. weiters Norman E. Bowie / Ronald F. Duska (Hg.): Business Ethics, New Jersey 1990; Peter Ulrich: *Integrative Wirtschaftsethik. Grundlagen einer lebensdienlichen Ökonomie*, Bern 1997.

betrachtet, sondern als Eigenwert. Zu den wichtigsten Zielen der ökologischen Ethik zählen heute die sorgfältige Analyse der Ursachen aktueller ökologischer Probleme, die Bereitstellung und Begründung von normativen Orientierungen unseres Handels gegenüber der Natur. Die Verpflichtungen aus dem verantwortungsvollen Umgang mit dem Ökosystem Erde resultieren aus der Solidargemeinschaft mit allen Menschen unter Einbeziehung der Nachkommen. Dabei geht es nicht nur darum, den menschlichen Lebensraum zu erhalten, sondern auch, die Güter dieser Welt gerechter zu verteilen.[91]

Moderne Hochtechnologien und Systemtechniken sind in ihrer Spezifik durch eine große Eingriffstiefe geprägt. Bei der Abschätzung und Bewertung ihrer Folgen (z. B. Ressourcenverbrauch, Folgelasten, verstärkte Zukunftspräformierung bezüglich Chancen und Risiken) gibt es unterschiedlich gelagerte Probleme des Umgangs mit Technik, wie Entwicklung, Fertigung, Vermarktung, Nutzung und Entsorgung. In diesem Zusammenhang sind drei Typen von Möglichkeiten (Ch. Hubig) zu unterscheiden: reale Möglichkeiten, hypothetische und Metamöglichkeiten. Bei der ersten geht es um klassische Theorien des Entscheidens und der auf diesen aufbauenden Ethiken, bei der zweiten um die Diskussion über brisante Fragen hypothetischer Chancen und Risiken und bei der dritten um die Erweiterung, Einschränkung, Elimination oder Neukonstituierung von Definitionsbereichen.

91 Dieter Birnbacher (Hg.): *Ökologie und Ethik*, Reclam, Stuttgart 1996; Dietmar von der Pfordten: *Ökologische Ethik*, Rowohlt, Reinbek b. Hamburg 1996; A. Krebs (Hg.): *Naturethik*, S. Suhrkamp, Frankfurt a. M. 1996.

Technikethik ist eine wichtige Bereichsethik innerhalb der Angewandten Ethik geworden, weil die wissenschaftlich geleistete Technik die Arbeits- und Lebenswelt der Menschen im globalen Maßstab immer nachhaltiger beeinflusst und umgestaltet. Primäre Problemfelder praktischer Verantwortung und ethischer Reflexion sind heute die Sicherung der globalen Umwelt der Menschen, die Klärung der moralischen Erlaubtheit/Nichterlaubtheit der militärischen und zivilen Nutzung der Kernenergie in Bezug auf Folgen, Lasten und Risiken ihrer Verwendung, die Sicherung artgerechten tierischen Lebens wie der menschlichen Würde und die Abschätzung von Gefahren und Chancen der Prägung, Bildung, Manipulation und Deformation des Menschen durch die modernen Medien und die Computertechnik sowie die Sicherung einer humanen Arbeitswelt im Zuge der Globalisierung der Ökonomie.[92]

Zwischen Ethik und Recht gibt es vielfältige Beziehungen, die Gegenstand philosophischer Kontroversen sind. Die wesentliche Frage der Rechtsethik lautet: „Welches Recht ist gerecht?" Die Rechtsethik konkretisiert die ethische Grundfrage, welches menschliche Verhalten für das Recht gerechtfertigt ist. Erkenntnisziel bildet dabei nicht die Beschreibung des Rechts oder eine kausale Erklärung seiner Entstehung, sondern die normative Rechtfertigung oder Kritik des bestehenden und künftigen Rechts. Damit teilt sie den normativen Status der Allgemeinen Ethik. Die Rechts-

92 Hans Lenk / Günter Ropohl (Hg.): *Technik und Ethik*, Reclam, Stuttgart 1993; vgl. weiters Heiner Hastedt: *Aufklärung und Technik. Grundprobleme einer Ethik der Technik*, Frankfurt a. M. 1991; Christoph Hubig: *Technik- und Wissenschaftsethik*, Berlin / Heidelberg 1993.

ethik ist einerseits als Bereich der Angewandten Ethik Teil der Ethik und auch normativer Teil der Rechtsphilosophie.

Zum Verhältnis zwischen Rechtsethik und Recht hat sich heute eine Kategorisierung von vier Grundpositionen herausgebildet: rechtsethischer Nihilismus, rechtsethischer Reduktionismus, rechtsethischer Normativismus und rechtsethischer Essentialismus. Was die materialen Theorien der Rechtsethik anbelangt, stehen das Naturrecht, Kant und der Neukantianismus, der Utilitarismus, Hobbes und der Subjektivismus, neue Vertragstheorien, der Kommunitarismus, die Diskursethik, die ökonomische Analyse des Rechts, Critical Legal Studies und Interessenethik zur Rechtfertigung des Rechts im Vordergrund des Interesses. Als weiterer Schritt in der Konkretisierung entstanden materiale Gerechtigkeitsprinzipien. Diese werden zur Beantwortung der rechtsethischen Grundfrage nach einer gerechten Rechtsentscheidung für jedes Gerechtigkeitsverhältnis (Staat – Bürger, Bürger – Staat, Bürger – Bürger) herangezogen.[93]

Politische Ethik befasst sich mit dem Leben und den Strukturen der Gemeinschaft. Da sich die Politik mit der richtigen Gestaltung von Freiheit und Ordnung beschäftigt, ist der Rahmen ihres Reflexions- und Handlungsbedarfs von der Verhinderung des Abstiegs in die Unfreiheit bis zur Schaffung eines guten, geordneten und toleranten Lebens der Bürger sehr weit gestaltet. Politische Ethik kümmert sich darüber hinaus auch um die Ethizität der Verfassung und Gesetze, um die Moral der politischen Auseinandersetzung und um die Sicherung eines „guten“ Lebens der Bürger

93 Jürgen Habermas: *Faktizität und Geltung*, S. Suhrkamp, Frankfurt a. M. 1992.

im weiteren Sinne. Eine der großen Herausforderungen der politischen Ethik ergibt sich durch die Machtverlagerung von den politischen Entscheidungsträgern in den Bereich der ökonomischen Entscheidungszentren.

Heute wird der ethische Gehalt von Staatsverfassungen in erster Linie unter der Perspektive der Menschenrechte gesehen. Die politische Orientierungskrise verdeutlicht, dass eine Politik, die moralisch akzeptiert werden möchte, die Frage nach dem Verhältnis von Moral und Politik neu stellen muss. In diesem Zusammenhang treten vor allem zwei Probleme hervor: die Klärung dessen, was überhaupt sinnvolle Prinzipien ethischer Bewertung sind, und die Anwendung dieser Grundsätze auf politische Handlungen und Institutionen. Ethische Politik steht auch immer im Spannungsverhältnis von zwei Aufgabenfeldern: Sie muss sich um moralische Staatszwecke bemühen und gleichzeitig auch die Möglichkeit haben, diese zu verwirklichen und das angestrebte Ziel zu erreichen. Die dafür eingesetzten Mittel müssen moralisch zu bewerten sein, sowohl in der Innen- wie auch in der Außenpolitik.

Der hauptsächliche Gegenstandsbereich politischer Ethik umfasst heute die Ethik politischer Institutionen, der Bürgerschaft und der internationalen Beziehungen. Wesentlich ist hier vor allem die Frage nach der Gerechtigkeit politischer Ordnungen und Institutionen. Gerechtigkeit ist eine Art Leitmotiv und ein Zentralbegriff der politischen Ethik geworden. Die Ethik der internationalen Beziehungen versteht sich als integraler Bestandteil der politischen Ethik, wobei sich das Völkerrecht in erster Linie auf das Problem des „gerechten“ Krieges konzentriert. Insgesamt geht es aber um mehr als nur um diesen Kernbestand. Genannt werden müssen auch die Ausweitung des politischen Interesses an Entwicklungen außerhalb des eigenen Staates und die Demokratisierung der Außenpolitik.[94]

Gegenstand der Medienethik sind Kommunikationsmittel, insofern sie Institutionen für die Vermittlung von Informationen, Meinungen und Kulturgütern darstellen. Als bereichsspezifische Ethik befasst sie sich mit den verschiedenen Medientechniken und den damit handelnden Personen, aber auch mit den vieldimensionalen gesellschaftlichen Wirkungen der Medien. Im Bereich der Sachtechnik stehen Fernsehen, Hörfunk und Presse als Massenmedien im Zentrum der medienethischen Diskussion. Wichtig sind auch Film und Kinoindustrie. Diese Schwerpunkte wurden erweitert um die Informations- und Kommunikationstechnik und insbesondere um das Internet. Auf der Ebene der Akteure in den Medienbereichen muss zwischen den individuell und den korporativ Handelnden unterschieden werden. Als individuell handelnde Personen sind vor allem die Journalisten zu sehen. Im Mediengeschehen kommt ihnen als Vermittlungsinstanz zwischen Publikum und Berichterstattungsobjekt eine wichtige Rolle zu. Zu den individuell Mitwirkenden am Medienereignis zählen jedoch auch die Rezipienten der Massenmedien, wie auch in noch stärkerem Maß die Nutzer der interaktiven Onlinemedien. Der Einfluss des Rezeptionsverhaltens auf das Mediengeschehen und auch Verantwortungsprobleme hinsichtlich der Inter-

94 Kurt Bayertz (Hg.): *Politik und Ethik*, Reclam, Stuttgart 1996; Otfried Höffe: *Ethik und Politik*, Frankfurt a. M. 1979; Vittorio Hösle: *Moral und Politik. Grundlagen einer politischen Ethik für das 21. Jahrhundert*, C. H. Beck, München 1997; Dennis F. Thompson: *Political Ethics and Public Office*, Harvard/Mass. 1987.

netnutzung werden von der Medienethik kritisch reflektiert. Den Medien steht als kommunikationstechnisch generiertem Handlungszusammenhang die Medienkritik und -kontrolle gegenüber. Die Objektivierung des Mediengeschehens wird durch eine deskriptive und eine normative Perspektive versucht. Die Medienethik fasst dabei wichtige Aspekte der Individualethik, der Berufsethik und Sozialethik zusammen.[95]

3. Ethik als praktische Philosophie und das „gute" Leben

Bei der Ethik als praktische Philosophie geht es um deren Beziehung zu nichtphilosophischen wissenschaftlichen Disziplinen, für die der Praxisbezug relevant ist. Konkret gemeint ist hier vor allem die Verdeutlichung der wechselseitigen Angewiesenheit der Ethik und Psychologie, Soziologie, Theologie, Rechtswissenschaften und Pädagogik. Der Ethik kommt dabei die Aufgabe zu, jene Bedingungen zu konstruieren, die menschliches Handeln als moralisch begreifen lassen. Sie reflektiert das Verhältnis von Moral und Moralität im Zusammenhang mit menschlicher Praxis und ist daher mit anderen praxisbezogenen Wissenschaften eng verbunden. Ethik versteht sich in diesem Zusammenhang als Teil der praktischen Philosophie.[96]

95 Eberhard Schockenhoff: *Zur Lüge verdammt. Politik, Medien, Medizin, Justiz, Wissenschaft und die Ethik der Wahrheit*, Herder, Freiburg/Br. 2000; Klaus Wiegerling: *Medienethik*, J. B. Metzler, Stuttgart 1998, vgl. auch Michael Haller / Helmut Holzhey (Hg.): *Medien-Ethik*, Opladen 1992.

96 Vgl. Reinalter: *Perspektiven der Ethik*, Innsbruck 1999, S. 9 ff.

Die Ethik als Frage der Lebensgestaltung ist mit der Philosophie der Lebenskunst eng verbunden. Dabei geht es nicht so sehr um eine praktisch ausgeübte philosophische Lebensform, sondern mehr um eine theoretische Reflexion des Lebens, wie es bewusst gelebt werden könnte. Unter Lebenskunst versteht man die Möglichkeit bzw. den praktischen Versuch, das Leben reflektiert zu führen. Lebenskunst ist die Rückkehr zum Selbst, zum einzelnen Individuum, das neu versucht, sich selbst zu gestalten, das Leben zu formen und ein reflektiertes Verhältnis zu sich selbst zu entwickeln. M. Foucault versteht darunter „Ästhetik der Existenz".

Der ethische Aspekt der Philosophie der Lebenskunst bzw. der Lebensgestaltung besteht in einer Individualethik, im kunstvollen Vollzug der Existenz auf der Grundlage der Reflexion von Bedingungen und Möglichkeiten, die für den Vollzug bedeutsam sind. Diese Ethik als reflektierte Lebenskunst ist ausgerichtet auf die Ausbildung des Selbst und das Erlernen der Lebensgestaltung. Ethik in diesem Verständnis ist mit der Form verbunden, die das Individuum sich selbst gibt, und mit der Wahl, die es für sich selbst trifft. Damit ist auch die Frage der Klugheit verbunden, weil eine „gute" Wahl zu treffen ist. Diese Überlegungen sind im Begriff der „Ästhetik der Existenz" enthalten, wobei dieser mit vier wesentlichen Aspekten erklärt werden kann: ästhetische Rationalität, Urteilskraft, Treffen der Wahl auf der Basis der Urteilskraft und neben der Beziehung des Selbst auch die zum Anderen.[97]

97 Michel Foucault: *Ästethik der Existenz. Schriften zur Lebenskunst*, S. Suhrkamp, Frankfurt a. M. 2007; Otfried Höffe: *Lebenskunst und Moral oder macht Tugend glücklich?*, C.H. Beck, München 2007; Wilhelm Schmid: *Ethik als Frage der Lebensge-*

Die Frage nach einem glücklichen gelingenden oder „guten“ Leben ist heute wieder zu einem wichtigen Thema der praktischen Philosophie geworden. Dafür gibt es mehrere Gründe: ein wachsendes Bedürfnis nach Orientierung auch in Fragen individueller Lebensführung und die Krise der modernen aufgeklärt-liberalen Moral, die durch die Trennung von Moral und Glück gerade gesichert werden sollte. In der gegenwärtigen philosophischen Diskussion sind Reflexionen über das „gute“ Leben vor allem durch die Kritik an der modernen Moral vorgenommen worden, die aber zur Problematik des „guten“ Lebens wenig beigetragen haben.

Die Probleme beginnen bereits mit dem Sinn der Frage nach dem „guten“ Leben. Oft ist diese Frage als eine nach dem „Glück“ aufgefasst worden. Der Begriff „Glück“ ist aber mehrdeutig, ein Aspekt des „guten“ Lebens und mit diesem nicht identisch. „Gutes“ Leben kann ein sinnvolles, ein bewundernswertes oder auch ein moralisch wertvolles sein. Häufig wird „gutes“ mit „glücklichem Leben“ gleichgesetzt, wie „gutes“ mit moralisch „gutem“ Leben. Deshalb wurde statt „gutem“ Leben auch der Begriff „gelingendes“ Leben in die Diskussion eingeführt. Die Frage, wie eigentlich zu leben ist (Platon), hängt sehr eng mit ihrem spezifischen Ganzheitsbezug zusammen und ist mit Gründen verbunden, die für eine Lebensform entscheidend sind. In diesem Zusammenhang werden auch inhaltliche Elemente und Bedingungen für ein „gutes“ Leben genannt und zwei

---

staltung. Überlegungen zu einer Ethik im Anschluss an Foucault, in: Perspektiven der Ethik, hg. von Helmut Reinalter, Innsbruck 1999, S. 166 ff.; Wolfgang Kersting / Claus Langbehn (Hg.): *Kritik der Lebenskunst*, S. Surkamp, Frankfurt a. M. 2007; W. Schmid: *Philosophie der Lebenskunst*, S. Suhrkamp, Frankfurt a. M. 1998.

Wege eingeschlagen: der reflektierte Subjektivismus und die objektive Theorie des „guten" Lebens.

Wie die Rehabilitierung des „guten" Lebens als Gegenstand der Ethik ist auch die Glücksphilosophie wieder stärker in den Mittelpunkt der praktischen Philosophie gerückt. Sie knüpft an entsprechende Ansätze aus der griechischen Antike und Klassik an. Die Glücksthematik ist für die Ethik in zweifacher Hinsicht von Bedeutung: moralphilosophische Ansätze müssen sich daran prüfen lassen, inwieweit sie das menschliche Glück fördern oder hindern, und ethische Positionen kommen ohne eine inhaltliche Bestimmung des „guten" Lebens und des menschlichen Glücks nicht aus. Zudem muss auch geklärt werden, wie sich ein „gutes" Leben zu einem moralisch guten Leben verhält. Für die Ethik ist die Alternative von Strebens- und Willenshandeln noch grundlegender, weil durch sie zwei verschiedene Formen von Moralprinzipien entstehen: das Prinzip Glück und das der moralischen Freiheit.[98]

98 Kurt Bayertz: *Warum überhaupt moralisch sein?*, C. H. Beck, München 2004; Otfried Höffe: *Lebenskunst und Moral oder macht Tugend glücklich?*, München 2007; vgl. weiters Holmer Steinfath (Hg.): *Was ist ein gutes Leben? Philosophische Reflexionen*, S. Suhrkamp, Frankfurt/M. 1998; Martin Seel: *Versuch über die Form des Glücks. Studien zur Ethik*, Frankfurt a. M. 1995; Joachim Schummer (Hg.): *Glück und Ethik*, Würzburg 1998; Ursula Wolf: *Die Philosophie und die Frage nach dem guten Leben*, Reinbek b. Hamburg 1999.

4. Gegenwartsprobleme der Ethik

Mit der Globalisierung, der Ausbildung der Wissensgesellschaft und dem Fortschritt von Technik und Wissenschaft treten heute auch ethische Fragen wieder stärker in den Vordergrund. So hat sich die Ethik in den letzten Jahrzehnten im Einflussfeld der Globalisierung zu einer „Schlüsselwissenschaft“ entwickelt, deren Bedeutung die Grenzen der Philosophie und Technologie sprengte. Auch Theorien und Modelle sind für die Ethik unter den Bedingungen der Globalisierung kritisch reflektiert worden. Allerdings sind diese heute durch praktische Vorschläge zu ergänzen, wobei es vor allem um die Frage geht, wie das „Gute“ in einer globalisierten Welt überhaupt möglich erscheint. Das „Gute“ wird in diesem Zusammenhang als das „glückende“ Leben verstanden. Insgesamt verstärkt sich der Eindruck, dass heute immer mehr eine problemorientierte, kritische Ethikbestimmung gefragt ist, die davon ausgeht, dass die moderne Wissenschaft und Technik die realen Lebensverhältnisse und ihre normativen Einschätzungen verändern.

Es gibt verschiedene Ansätze zu einer Regulierung der Globalisierung aus der Perspektive der Ethik, wie z. B. K.-O. Apels Transzendentalpragmatik und J. Habermas' Diskursprinzip, H. Fahrenbachs anthropologisch-ethisch zentrierte Philosophie kommunikativer Vernunft, O. Höffes Bestimmung des interkulturellen Diskurses oder das Projekt Weltethos von H. Küng.

Schon seit einiger Zeit werden durch die Globalisierung Forderungen nach einer globalen Ethik, nach einem Weltethos stärker. Es geht dabei vorrangig um Grundlagen für ein besonnenes und verantwortungsvolles Leben in einer global vernetzten, aber unstabilen Welt. Das Leben unter diesen neuen Bedingungen erfordert andere Denk- und Handlungsweisen. Das Projekt Weltethos orientiert sich an der Grundüberzeugung, dass es unter den Nationen keinen Frieden ohne Frieden unter den Religionen gibt. Wie kann ein globales, universales Ethos überhaupt begründet werden? Wie vermittelt man dieses den Menschen? Welche Bedeutung hat ein Menschheitsethos für die Gesellschaft und Politik? Die Grundlagenforschungen von H. Küng fanden ihr erstes Resultat in der „Erklärung zum Weltethos", die das Parlament der Weltreligionen 1993 in Chicago verabschiedete und deren Entwurf am Institut für ökumenische Forschung der Universität Tübingen entstand. Mit dieser Erklärung haben sich erstmals Vertreter aller Religionen über Prinzipien eines Weltethos verständigt und sich dabei auf vier wesentliche Postulate verpflichtet:

1. Verpflichtung auf eine Kultur der Gewaltlosigkeit und der Ehrfurcht vor allem Leben
2. Verpflichtung auf eine Kultur der Solidarität und eine gerechte Wirtschaftsordnung
3. Verpflichtung auf eine Kultur der Toleranz und ein Leben in Wahrhaftigkeit
4. Verpflichtung auf eine Kultur der Gleichberechtigung und die Partnerschaft von Mann und Frau.

Das Projekt Weltethos verfolgt das Ziel, das Trennende und Gemeinsame in den Religionen herauszuarbeiten. Dies geschieht durch die Förderung des interreligiösen Dialogs und die Grundlagenforschung. Beide Wege zeigen bisher, dass alle Religionen trotz verschiedener Differenzen in den wichtigsten ethischen Prinzipien weitgehend übereinstimmen. Bei der Idee Weltethos handelt es sich nicht um

Moral und moralisches Verhalten, sondern um eine besondere Grundeinstellung, um einen Grundkonsens bestehender und verbindender Werte, Maßstäbe und persönlicher Grundhaltungen und nicht um eine neue Weltideologie oder Welteinheitsreligion. Weltpolitik und Weltwirtschaft brauchen dringend diese neue globale ethische Grundorientierung, um eine friedlichere, gerechtere und humanere Welt zu ermöglichen.[99]

Die vielen Ethikpublikationen und -diskussionen der Gegenwart, die zunehmend auf neue Felder übergreifen, können als Preis bezeichnet werden, der für die Moderne mit ihren verstärkten wissenschaftlich-technischen Eingriffsmöglichkeiten in das persönliche und gesellschaftliche Leben bezahlt werden muss. Dazu kommen noch die Kritik und Infragestellung der traditionellen Normen und Werte sowie die Globalisierung mit ihren Folgen für Politik, Gesellschaft und Kultur, die neue Formen und Ansätze zu einer globalen Ethik entstehen lassen. Ob die essentialistischen

99 Dimas Figueroa: *Philosophie und Globalisierung*, Königshausen & Neumann, Würzburg 2004; Otfried Höffe: *Demokratie im Zeitalter der Globalisierung*, C. H. Beck, München 1999; Otfried Höffe: *Wirtschaftsbürger. Staatsbürger. Weltbürger. Politische Ethik im Zeitalter der Globalisierung*, C. H. Beck, München 2004; Hans Küng: *Weltethos für Weltpolitik und Weltwirtschaft*, Piper, München 1997; Hans Küng / Dieter Senghaas (Hg.): *Friedenspolitik. Ethische Grundlagen internationaler Beziehungen*, Piper, München 2003; Hans-Martin Schönherr-Mann: *Miteinander leben lernen. Die Philosophie und der Kampf der Kulturen*, Piper, München 2008; vgl. weiters Helmut Reinalter (Hg.): *Humanität und Ethik für das 21. Jahrhundert. Herausforderungen und Perspektiven*, Studienverlag, Innsbruck 2004; Helmut Reinalter (Hg,): *Projekt Weltethos. Herausforderungen und Chancen für eine neue Weltpolitik und Weltordnung*, Studienverlag, Innsbruck 2006; Helmut Reinalter (Hg.): *Ethik in Zeiten der Globalisierung*, W. Braumüller, Wien 2007.

oder begriffsgeschichtlichen und die positionalen Ethikbestimmungen die notwendigen Aufgaben einer Ethik für das 21. Jahrhundert erfüllen können, ist mehrfach bezweifelt worden. Eine problemorientierte Perspektive geht wenigstens von der Tatsache aus, dass Wissenschaft und Technik gemeinsam mit der Aufklärung die realen Lebensverhältnisse und ihre normative Einschätzung radikal verändert haben. Ethik kann in solchen gesellschaftlichen Situationen tiefer Orientierungsveränderungen keine festen Lösungen mehr anbieten. Dazu kommen noch drei Entwicklungen, die die Ethikdiskussion heute kritisch beeinflussen, wie die u. a. von Freud und Lacan geleistete Kritik der Ethik, die Ansätze außerhalb moralischer Evidenzen entwickelt hat, und die angloamerikanische Ethiktheorie bzw. das Erstarken des ethischen Relativismus.

Eine problemorientierte Ethik für die Gegenwart und Zukunft sollte drei Aufgaben erfüllen: Analyse und Kritik jener Grundlagen, auf denen die gegenwärtige Ethikdiskussion beruht, Bezug dieser Grundlagen auf aktuelle ethische Problemfelder und die Herausarbeitung der Bedeutung der Ethik in verschiedenen gesellschaftlichen Feldern (Angewandte Ethik). Dabei kann es aber nicht um Handlungsanweisungen und Lebenshilfen gehen, sondern um Möglichkeiten ethischer Reflexion, Sensibilität, Urteilskraft und Artikulationsfähigkeit. Die wichtigsten Problemfelder einer modernen Ethik liegen vor allem in den heute maßgeblichen Bereichen: Ethik und Moral, Ethik als Konfliktlösung, Freiheit und Verantwortung, Ziele der Ethik, das „gute" Leben und die Integration von Gütern.[100]

100 Wilhelm Vossenkuhl: *Die Möglichkeit des Guten. Ethik im 21. Jahrhundert*, C. H. Beck, München 2006.

5. Freimaurerische Ethik

Die alten Weltreligionen und Glaubensbekenntnisse sind stark dogmatisch und erscheinen zum Teil unversöhnlich, obwohl sie ähnliche ethische Wertvorstellungen haben. Die Freimaurerei vertritt die Ansicht, dass es keine Ethik getrennt von religiösen Vorstellungen geben kann. Eine solche allgemeingültige Bindung, symbolisch verkörpert im „Großen Baumeister" aller Welten, bildet die Basis der mitmenschlichen Ethik. Diese ist gleichsam eine undogmatische, intuitive und individuelle Ahnung eines Transzendenten, die nur in Symbolen ausdrückbar ist. Diese Einstellung, unabhängig von jedem individuellen Glaubensbekenntnis, sichert der Freimaurerei ein Zusammenleben ohne Störung durch trennende weltanschauliche und religiöse Diskussion. Kabbalistische Religiosität ist schon sehr früh von der Freimaurerei aufgenommen worden und hat dort eine lange Tradition. Sie bildete nicht nur das Vorbild für die Deutung freimaurerischer Symbole, sondern war und ist auch Ausgleich und Ergänzung zum aufklärerischen Vernunftglauben.

Die universelle Ethik der Freimaurerei baut auf Werten auf, die nicht von religiösen Vorstellungen losgelöst sind. Die Freimaurerei besitzt ein Menschenbild, das die Verfolgung einer ethischen Zielsetzung verlangt, die sich letztlich in initiatischer Weise am Transzendenten orientiert. Die Freimaurerei bietet eine ganz bestimmte praktische Philosophie bezüglich des Menschen, seiner Natur und Bestimmung. Bei der Darlegung ihres Menschenbildes beschränkt sie sich vor allem auf jene Aspekte, die in Beziehung zur ethischen Vervollkommnung des Menschen stehen. Die freimaurerische Anthropologie beschränkt sich daher auf die ethische Perfektionierung des Menschen. Sie wird ergänzt durch die Idee des Transzendenten, des „Großen Baumeisters" aller Welten, um die gemeinsamen Wertvorstellungen zu garantieren, die der ethischen Vervollkommnung des Freimaurers zugrunde liegen. Die freimaurerische Ethik, die sich im Ritual besonders als „Einübungsethik" manifestiert, ist keine Erfolgs- oder Gesinnungsethik, sondern eine Verantwortungsethik auch im Hinblick auf die Verwirklichung freimaurerischer Werte in der Gesellschaft. Dies bedeutet konkret Verantwortung für die Mitwelt, für die Umwelt und die Nachwelt sowie die Aufforderung, in globalen Zusammenhängen zu denken und sozial-humanitär zu handeln. Dabei ist zu bedenken, dass der Freimaurer, wenn er ethisch handelt, nicht unökonomisch denkt. Seine Verantwortungsethik ist eine krisenprophylaktische.

Zur freimaurerischen Ethik gehört aber auch das Postulat der gegenseitigen Hilfeverpflichtung unter Brüdern. Die Idealnorm fordert uneigennützige Hilfeleistung an Brüder, die in Not geraten sind. Abgelehnt wird die „Geschäftsmaurerei", das heißt die Nutzung des Freimaurerbundes für wirtschaftliche, gesellschaftliche oder gar politische Transaktionen. Die Normen gegen die „Geschäftsmaurerei" und das Selbstverständnis der Freimaurerei als „Männer von gutem Ruf" hält viele Freimaurer davon ab, bei gegenseitiger Hilfe normative Grenzen zu überschreiten. Dazu kommt noch, dass die Freimaurerei selbst organisatorische Mechanismen besitzt, Normenbrecher aus ihren Reihen auszuscheiden. Auch das Aufnahmeverfahren sorgt für eine Selektion, die Vorteilssuchern mit zweifelhafter persönlicher Ethik wenig Chancen einräumt. Wo die Ethik der Freimaurerei mit den legistischen Normen einer modernen demokratischen Gesellschaft stark in Berührung kommt, weist sie sehr enge Nähe zu den Normen dieser Gesellschaft auf, insbesondere zu den Normen der Bildungsschichten und der Funktions-Eliten. Die Freimaurerei hat dabei zweifelsohne eine Vorreiter-Rolle, weil sie in ihrem zentralen ethischen Postulat, der Toleranz, von Anfang an Werte einer offenen pluralistisch-demokratischen Gesellschaft und des humanitären Individualismus vertritt. Damit begibt sich die Freimaurerei in eine Konfliktstellung zu den Vertretern einer „geschlossenen Gesellschaft" mit absolutem Wahrheitsanspruch. Ein starkes Hindernis für eine eigene Ideologisierung der Freimaurerei in einer offenen Gesellschaft liegt vor allem im traditionellen Ritual. Seine liturgisch-symbolischen Elemente sind geprägt von Esoterik und Aufklärung, und die Gruppen-Ethik der Freimaurerei verteidigt diese Liturgie gegen alle Neuerungsversuche. Ohne diese Spielregeln einer unzeitgemäßen „Geschlossenheit" und „Absonderung" von der sozialen Realität wäre die Freimaurerei heute nur eine Organisation unter anderen und zwischen den Parteiungen zersplittert. Die Ethik der Freimaurerei nähert sich in ihren Ideal-Normen sehr stark den großen Tendenzen der westlichen Demokratien. Die Freimaurer sehen sich im Ritual als einzelne Glieder einer „Weltenkette" und wenden allen Menschen, auch den sozial Schwachen, ihre „allgemeine Menschenliebe" zu.

Literatur:

L. C. Becker / C. B. Becker (Hg.): *Encyclopedia of Ethics*, 2 Bde., New York 1992.

Hans Krämer: *Integrative Ethik*, Frankfurt a. M. 1992.

Julian Nida-Rümelin (Hg.): *Angewandte Ethik. Die Bereichsethiken und ihre theoretische Fundierung*, Stuttgart 1996.

W. Schmid: *Philosophie der Lebenskunst*, Frankfurt a. M. 1998.

A. Pieper / U. Thurnherr (Hg.): *Angewandte Ethik*, München 1998.

Helmut Reinalter (Hg.): *Perspektiven der Ethik*, Innsbruck 1999.

A. Pieper: *Einführung in die Ethik*, Tübingen/Basel 2000.

M. Düwell / Ch. Hübenthal / M. H. Werner (Hg.): *Handbuch Ethik*, Stuttgart / Weimar 2002.

Otfried Höffe (Hg.): *Lexikon der Ethik*, München 2002.

P. Fischer: *Einführung in die Ethik*, München 2003.

M. Quante: *Einführung in die Allgemeine Ethik*, Darmstadt 2003.

G. Schweppenhäuser: *Grundbegriffe der Ethik*, Hamburg 2003.

Wilhelm Vossenkuhl: *Die Möglichkeiten des Guten. Ethik im 21. Jahrhundert*, München 2006.

4. Humanität und Toleranz – grundlegende freimaurerische Werte und Haltungen

Die Terroranschläge vom 11. September auf das World Trade Center in New York und das Pentagon in Washington waren ein Verbrechen gegen die Menschheit, Humanität und Zivilisation. Mit diesen erschütternden Ereignissen hat das Thema des Kongresses „Humanität und Ethik für das 21. Jahrhundert: Herausforderungen und Perspektiven", der am 19. und 20. Oktober 2001 im ORF-Landesstudio Tirol stattfand, besondere Aktualität erfahren. In den 70er Jahren des letzten Jahrhunderts hat der Club of Rome auf die Grenzen des Wachstums hingewiesen und wichtige Gesellschaftsanalysen in Auftrag gegeben. Zu Beginn des 21. Jahrhunderts werden diese wichtigen Aktivitäten durch die Entwicklung von Maßstäben für Denken und Handeln, für ethische Fragen und Zukunftsvisionen ergänzt. Es geht dabei um Grundlagen für ein besonnenes und verantwortungsvolles Leben in einer global vernetzten, aber unstabilen Welt. Das Leben unter diesen neuen Bedingungen erfordert andere Denk- und Handlungsweisen. Dies ist nicht unproblematisch, denn die Geschwindigkeit, mit der das postmoderne Zeitalter über uns hereingebrochen ist, hat uns kaum Zeit gelassen, zu den notwendigen Einsichten zu gelangen und ein entsprechendes Verhalten zu entwickeln. Daher liegt eine der großen Herausforderungen unserer Zeit vor allem darin, brauchbare Lebens- und Handlungsweisen für das 21. Jahrhundert zu entwickeln.

Heute ist im Zeitalter der Globalisierung eine erweiterte Verantwortung erforderlich, die über die Verursacherverantwortung hinausgeht. Es ist dabei grundsätzlich keine neue Form der Verantwortungsethik gefragt, sondern Beteiligungsmodelle der Verantwortlichkeit, die den Rahmen von bloß formalistischer Übernahme der Verantwortung sprengen. Diese Beteiligungsmodelle müssen allerdings analytisch begrifflich differenziert und auch gesellschaftlich, politisch und rechtlich konkretisiert und institutionalisiert werden.

Die durch ökologische, ökonomische und technische Risiken notwendig gewordene Gemeinschaftsverantwortung kann heute nicht mehr auf der Grundlage von Appellen erreicht werden, sondern durch das Prinzip der konkreten Humanität, das nicht nur auf Menschen, sondern auch auf Mitgeschöpfe bezogen wird. Die Moral einer konkreten Humanität schließt die Forderung nach einem humanen, menschlichen Vorgehen in der Lebenspraxis mit ein und kann sich nicht nur in der Analyse von Ethikformen erschöpfen. Entscheidend ist dabei eine Leitorientierung, die auf konkrete Handlungsentscheidungen und -beurteilungen ausgerichtet ist und stark auf das praktische Leben Bezug nimmt. Sie kann allerdings nicht auf praktische Regeln und auf einen ethischen Pflichtenkatalog reduziert werden. Konkrete Humanität beachtet stets das menschliche Maß, die weise Beschränkung, berücksichtigt die Bedingtheiten und Beschränkungen hinsichtlich der anderen Menschen, zersplittert nicht den Menschen, sondern beachtet die Ganzheitlichkeit, betont die personale Argumentation und lässt dem Anderen einen Freiraum. Dazu gehören auch Toleranz, Gerechtigkeit als Fairness, praktizierte Fairness im Leben und Mitmenschlichkeit. Konkrete Humanität erkennt im Menschen nicht nur die rationale Seite, sondern auch das mitfühlende, mitleidende und mitteilende Wesen und achtet auf eine lebenswerte Umwelt, beachtet den humanen Umgang mit dieser Umwelt und mit anderen Lebewesen, nimmt die persönliche Verantwortung wahr, die Selbstachtung und Verantwortlichkeit für die eigene Person, umfasst und verfeinert ästhetisch den eigenen Geschmack, das persönliche Erleben und Gestalten des Wertens und Empfindens. Diese Grundsätze gelten auch für den achtungsvollen Umgang der Menschen miteinander. Das konkret Humane verwirklicht sich letztlich nur im zwischenmenschlichen Leben und in der Kommunikation, da jedes Erleben Begegnung ist (Martin Buber). Die Idee der konkreten Humanität fordert schließlich konkrete oder wenigstens konkretisierbare Operationalisierung der Verantwortlichkeiten. Konkrete Humanität kann die allgemeine Idee der Humanität dann operational gestalten, wenn die sie konstituierende konkrete Verantwortung gleichzeitig situationsangemessen, beteiligungsoffen und prospektiv ist.

Die Idee der Humanität hängt sehr eng mit Menschenbildern zusammen, die sich im Laufe der Geschichte wandeln. Humanität, Menschlichkeit sind nicht nur Werte, sondern vor allem konkrete, gelebte Praxis. Humanität gründet nicht im Wissen und in der Kenntnis von einer besseren Welt, sondern resultiert aus dem ungeschönten Blick auf die unverdeckten Tatsachen des menschlichen Lebens. Inhumane Daseinsbedingungen bilden keine unabänderliche Konstante, sondern können durch kluge Ideen und Handlungen verbessert werden. Auf die Frage nach dem Wesen des Menschen und der Humanität sollte nicht durch eine neue Theorie reagiert, sondern stärker die persönliche Erfahrung mit Menschlichem berücksichtigt werden. Humanität ist keine abstrakte Idee oder ein theoretisches Konstrukt, sondern vor allem von menschlicher Praxis geprägt. In diesem Sinne könnte man Humanität als veredelnde menschliche Praxis bezeichnen. Humanität muss von einer abstrakten Forderung zu einem konkreten Programm weiterentwickelt werden.

Albert Schweitzers Idee war es, die persönliche Ethik stärker hervorzuheben und als die einzig „wirkliche" Ethik, nämlich die konkrete Humanitätsethik besonders zu betonen. Diese Humanität ist eindeutig gegen die Überbetonung der Gesellschaftsethik, gegen legalistische und abstrakte Auffassungen der Gerechtigkeitsethik, der Pflichtenethik, der deonthologischen Ethik und der universellen Gesinnungs- und Prinzipienethik, die in der Tradition Kants steht, gerichtet. Das Ziel wäre hier ein humaneres, menschengerechteres, am einzelnen Menschen und Mitgeschöpf orientiertes Handeln im Leben und nicht das Realisieren ethischer absoluter Prinzipien.

Fragen der Ethik stoßen heute wieder auf großes Interesse, weil die Diskussionen über Sinn und Orientierungskrisen und die Krise der Vernunft an Intensität zugenommen haben, die Folgen der Risikogesellschaften deutlich in Erscheinung treten, der fortschreitende „Wertewandel" beklagt wird und eine Rehabilitierung der praktischen Philosophie erfolgt. Fragen des richtigen Handelns stellen sich eigentlich in allen Bereichen einer von Wissenschaft, Technik und Ökonomie geprägten Gesellschaft. Ethik kann kein dogmatischer Problemlöser sein, sie hat sich aber in den letzten Jahrzehnten als „Schlüsselwissenschaft" etabliert, deren Bedeutung die Grenzen der Philosophie sprengt. So entstanden neben neuen Formen der Ethik viele Bereichsethiken, die die fortschreitende Spezialisierung und Differenzierung der Ethikforschung und der angewandten Ethik verdeutlichen. So ist z. B. die Medizinethik zu einer eigenständigen akademischen Disziplin aufgestiegen, die sich zum Ziel setzt, Orientierungshilfen anzubieten. In vielen gesellschaftlichen und wissenschaftlichen Bereichen stellen sich alte ethische Probleme neu, insbesondere auch in der Medizin. Die Medizinethik hat durch die rasche Entwicklung der Forschung einen Strukturwandel erfahren, der neue Fragestellungen provoziert und praktikable ethische Orientierungshilfen fordert. Besonders die angewandte Ethik in Form der praktischen Aufklärung formuliert heute ethische Richtlinien für verschiedenste Bereiche der modernen Gesellschaft. Verschiedene Gründe scheinen für die Renaissance der Ethik wichtig zu sein: die Sorge, dass die normative Kraft des Faktischen die Menschen in einer unkontrollierbaren Weise an die Regeln einer nicht mehr beherrschbaren Realität ausliefert, die Bemühungen, eigene Entscheidungen rational zu legitimieren, die Erfahrung, dass die bisher für tragfähig gehaltenen Normen entweder ganz abgelehnt werden oder sich als unzureichend herausgestellt haben, und schließlich die Erfahrung eigener Orientierungslosigkeit in einer immer komplexer werdenden Gesellschaft. Auch die Rehabilitierung der praktischen Philosophie, die öffentlichen Diskussionen über Grundwerte in Staat und Gesellschaft, den Umweltschutz und den Begriff der Lebensqualität so wie die angewandte Forschung (z. B. Gentechnik und Biowissenschaften) haben wesentlich dazu beigetragen, dass Fragen der Ethik heute wieder auf ein gesteigertes Interesse stoßen. Bioethische Fragestellungen bewegen sich nicht nur im rein akademischen Bereich, sondern betreffen und berühren eine breite Öffentlichkeit. Einer der wichtigsten Gründe bzw. Anlässe für die Entstehung einer Bioethik liegen einerseits in den negativen und unerwünschten Folgeerscheinungen der spezifischen Weise menschlichen Lebens und Handelns im Zeitalter der fortschreitenden Industrialisierung und Technisierung unserer Gesellschaft, die für Pflanzen und Tiere und den Menschen zu einer Existenzbedrohung geworden sind. Andererseits haben Innovationen in der Wissenschaft, insbesondere in Biologie und Medizin, die Entstehung einer Bioethik entscheidend beeinflusst. Eve-Marie Engels betonte in diesem Zusammenhang, dass „bioethische Vorstellungen von der Natur und vom Menschen wesentlich ihre Konturen durch ihre Beziehung zur Biologie gewinnen ..." Zweifelsohne hat sich die Biologie heute unter den Naturwissenschaften zu einer Leitwissenschaft entwickelt. Allerdings muss hier gleich einschränkend hinzugefügt werden, dass es die Bioethik im Sinne eines einheitlichen und allgemeinverbindlichen Lösungsansatzes für die Bewältigung der Probleme unserer wissenschaftlich-technischen Zivilisation zurzeit noch nicht gibt. Dieses Fehlen einer einheitlichen bioethischen Konzeption darf jedoch nicht als Indiz für die Beliebigkeit von Natur- und Menschenbildern und damit für einen Relativismus interpretiert werden. Im bioethischen Diskurs der letzten Jahrzehnte haben sich bestimmte Positionen als konsensunfähig herausgebildet, andererseits gibt es rationale Beurteilungs- oder Bewertungsmaßstäbe, für die Fragen verschiedenster Erfahrungsbereiche und Disziplinen von großer Relevanz sind. Im Zentrum der heutigen bioethischen Diskussion steht u. a. vor allem die Frage der Berechtigung des Anthropozentrismus, weil als Ursache der Probleme unserer technisch-industriellen Gesellschaft die anthropozentrische Einstellung des Menschen gesehen wird, in der die Natur nur unter dem Gesichtspunkt der Verwertbarkeit für menschliche Interessen und Bedürfnisse betrachtet wird. Im bioethischen Diskurs nimmt daher die Suche nach begründbaren Alternativen dazu einen großen Raum ein. Mit der biomedizinischen Forschung verbindet sich die Hoffnung auf Heilung von bisher als unheilbar geltenden Krankheiten. Wunschträume nach einem besseren und gesünderen Leben können allerdings dann zu Alpträumen werden, wenn sie mit eugenischen Ideen und Verletzungen der Menschenwürde verbunden sind. Wichtig erscheint in diesem Zusammenhang, wie sich die Bilder vom Menschen und die Werte in der Gesellschaft vor dem Hintergrund dieser Entwicklungen verändern.

Ethik darf nicht auf den engeren Bereich der „Moral" eingegrenzt werden, sondern bezieht das rechte Handeln mit seinen sozialen und politischen Dimensionen mit ein. Jede Ethik soll heute an der leitenden Idee einer humanen Gesellschaft ausgerichtet sein. Bei aller Ungewissheit über die Zukunft der Ethik ist heute doch weitgehend sicher, dass im 21. Jahrhundert Weltpolitik und Weltwirtschaft eine ethische Grundorientierung brauchen, die für alle Menschen verbindlich ist. Der Theologe Hans Küng meinte dazu: „Sowohl im Bereich der Politik wie im Bereich der Wirtschaft geht es um einen neuen Sinn für Verantwortung: eine Politik aus Verantwortung, welche die immer neu zu findende prekäre Balance zwischen Idealen und Realitäten zu verwirklichen sucht; eine Wirtschaft aus Verantwortung, welche ökonomische Strategien mit ethischer Überzeugung zu verbinden weiß." Der hier angesprochene Bewusstseinswandel zählt zu den wichtigsten Aufgaben des 21. Jahrhunderts.

Angewandte Ethik ist nach ihrer leitenden Absicht eine Intervention. Ihre situationsbezogene Berechtigung basiert darauf, dass wir moralische Irritationen, die in bestimmten Bereichen unserer Lebenspraxis auftreten, als gravierend auffassen und uns zutrauen, mit Hilfe sozialer Intelligenz die Verhältnisse zu verbessern. (Angewandte) Ethik ist prinzipiell eine mitmenschliche und tendenziell auch eine universelle, keine Erfolgs- oder Gesinnungsethik, sondern eine Verantwortungsethik für die Mitwelt, die Umwelt und die Nachwelt. Praktische Handlungen sollen auf ethischen Grundsätzen aufbauen, die nicht nur auf Geboten beruhen, sondern besonders auf Folgen von Handlungen achten. Der Ethikbegriff ist heute sehr differenziert, wie die vielen Bereichsethiken verdeutlichen. So gelten für verschiedene Felder menschlicher Praxis unterschiedliche normative Kriterien, die sich nicht auf ein einziges System moralischer Regeln reduzieren lassen. Gegenwärtig erleben wir einen fundamentalen Wandel in der Ethik durch die rapide Entwicklung von Wissenschaft und Technik und eine Veränderung des Selbstverständnisses von Ethik. An die Stelle einer prinzipienorientierten deduktiven Ethik tritt immer mehr eine „hermeneutische Ethik" (Walther Ch. Zimmerli), die eine Wendung zum Pragmatismus vollzieht. Die verschiedenen Modelle der Anwendung von Ethik in verschiedensten Praxisbereichen bleiben aber nach wie vor umstritten. Angewandte Ethik im heutigen Sinne hat zweifelsfrei eine doppelte Bedeutung: als Begriff für eine philosophische Disziplin meint dieser Terminus zum einen die systematische Anwendung normativer Prinzipien auf Handlungsräume, Berufsfelder und Sachgebiete, zum anderen bezieht er sich – im Plural verwendet – auf die Vielzahl der angewandtethischen Diskurse bzw. entsprechender Normenkataloge, denen die Fokussierung auf ein jeweils ganz bestimmtes Thema eigentümlich ist. Es geht bei der angewandten Ethik als hermeneutische Ethik jedoch auch um die eigenständige Entwicklung spezifischer Normen innerhalb bestimmter Handlungskontexte. Das Ergebnis der angewandten Ethik ist daher ein spezialisiertes Normen- und Regelpanorama für exemplarische Themenfelder. Ethik lässt sich nicht nur als autonome, sondern auch als angewandte Wissenschaft betreiben. Dabei wird sie durch Anwendung ethischer Prinzipien auf bestimmte Lebens- und Handlungsbereiche zu einer speziellen, konkreten, nämlich angewandten Ethik. Modelle der Anwendung von Ethik in verschiedenartigen Praxisbereichen stoßen aber nicht nur auf Zustimmung, sondern auch auf Skepsis und Ablehnung. Dass die praktisch werdende Philosophie für die Bürgergesellschaft neue Sensoren in sensiblen Problemzonen entwickelt (Stichwort moderne Medizin oder Wirtschaft), wird durchaus begrüßt, andere befürchten allerdings, dass jene gesellschaftliche Reformbewegung, die als „angewandte“ oder „praktische“ Ethik in Erscheinung tritt, auf nichts anderes hinausläuft, als auf bürokratische Logik und Expertenideologie, auf ideologische Akzeptanzbeschaffung für sozialtechnische Großprojekte, auf Entzauberung, Enttabuisierung und Entsolidarisierung im Dienste der Modernisierung. Damit wird angewandte Ethik dann zum Politikum.

Freimaurerische Humanität

Mit dem freimaurerischen Menschenbild hängt auch sehr eng die Idee der Humanität zusammen. Die Freimaurer bauen, wie aus ihrer Ritualistik hervorgeht, am Bau des Tempels der allgemeinen Menschenliebe. Dies ist kein theoretisches Lehrgebäude und keine festgelegte Morallehre, der sich der Freimaurer anpassen sollte. Humanität erlebt der Freimaurer in der Loge und im profanen Leben, indem er sich als Mensch unter Menschen zu begreifen versteht und daraus auf die gesamte Menschheit schließt. Humanität, Menschlichkeit, Mitgefühl und Mitglied sind daher für den Freimaurer nicht bloße Werte oder gar leere Worte, die während der rituellen Arbeit formelhaft nachgesprochen werden, sondern vor allem konkrete Praxis. Humanität ist demnach eine veredelnde menschliche Praxis. Die menschliche Qualitäten erfährt und erlebt er dadurch, dass er sich in symbolisch-rituellen Handlungen die erwähnten Qualitäten versinnbildlicht.

Der Mensch als leidendes, liebendes und endliches Wesen ist auch vernunftbegabt – eine wichtige Erkenntnis für die freimaurerische Humanität. Der Freimaurer erfährt in szenischen Darstellungen, was es bedeutet, ein Individuum zu sein, andere Menschen um sich zu erleben und ihnen ebenbürtig zu begegnen. Er erfährt schließlich auch, was es bedeutet, dass er sterblich ist. Die Humanität beginnt beim Freimaurer mit der Erkenntnis seiner eigenen Leidenschaften, Wünsche und Sinnfragen. In seinen rituellen Arbeiten manifestieren sich diese Qualitäten des Menschseins, die er als handelnder Bruder erlebt. Weil die Freimaurerei vor allem Praxis ist, kann von ihr nicht verlangt werden, dass sie auch einem Nicht-Eingeweihten vollständig vermittelbar wäre, weil dieser mit ihren rituellen Praktiken nicht vertraut ist. In den szenischen Handlungen des Rituals wird dem Freimaurer die Antwort auf die Frage „Was ist der Mensch?“ in der Form mitgeteilt, dass ihm nicht ein theoretisches Wissen vermittelt wird, sondern dass er die Antwort durch gelebte Praxis erfährt. Die Humanität gründet keineswegs im Wissen und in der vermeintlichen Kenntnis von einer besseren Welt, sondern sie resultiert aus dem ungeschönten Blick auf die unverdeckten Tatsachen des Daseins der Menschen. Die inhumanen Daseinsbedingungen der Menschen bilden daher keine unabänderliche Konstante, sondern können verbessert werden. Die freimaurerische Humanität ist stärker bestimmt von der Vorstellung der Perfektibilität des Menschen als von einer genauen Kenntnis des „Guten“. Im Symbol der freimaurerischen Weltbruderkette steht die Menschheit als Ganze im Mittelpunkt, ohne einer bestimmten Eigenschaft des Menschen den Vorzug zu geben.

Auf die Frage nach dem Wesen des Menschen und der Menschlichkeit reagiert die Freimaurerei weder durch eine neue Theorie noch dadurch, dass sie einer besonderen Humanitätslehre verpflichtet wäre. Die Erziehung zum Menschen und zur Humanität geschieht im freimaurerischen Selbstverständnis nicht durch das Bekenntnis zu einer bestimmten Morallehre, sondern durch die persönliche Erfahrung mit Menschlichem. Auf diese Weise soll Humanität nicht eine bloße Idee bleiben, sondern von der Praxis geprägt sein. Durch die Erfahrung selbst soll gelehrt werden, wie der wirkliche Mensch ist und wie er sich vervollkommnen kann. Der Weg zur Humanität ist ein vielgestaltiger Wandlungsprozess, der dem Freimaurer bei seiner rituellen

Arbeit in Symbolen vor Augen geführt wird. Dabei kann sich die Freimaurerei auf wichtige ideengeschichtliche Traditionen berufen. Humanität als veredelnde menschliche Praxis stellt den Freimaurer in eine unmittelbare Beziehung zu seiner Arbeit. Die Freimaurerei entwickelt den Begriff der Humanität von einer abstrakten Forderung weiter zu einem konkreten Programm, das sich als Resultat der Arbeit von Menschen an Menschen und vom Menschen an der Natur herausgebildet hat. Die Erfüllung dieser Forderung ist im freimaurerischen Sinne eine unabschließbare Aufgabe. Der Tempel der Humanität erscheint gleichsam als Laboratorium, in dem der Mensch durch Arbeit die Kräfte der Natur im Humanen zur Wirkung bringen möchte.

Toleranz

Der Toleranzgedanke zählt zu den wichtigsten Einsichten, die Europa in seiner historischen Entwicklung gewonnen hat. Die Wege zu dieser Idee sind vielfach, und sie stellt in unserer Welt keine Selbstverständlichkeit dar. Die Geschichte der Toleranz setzt mit der Duldung religiöser Minderheiten durch die Obrigkeiten ein. Die Vielfalt der Kulturen, Religionen, Mentalitäten und Weltanschauungen zu sichern und deren Entfaltung zu fördern, sind nur auf der Grundlage gegenseitiger Achtung und Anerkennung möglich. Die Toleranzidee bildet zudem ein starkes Gegengewicht zu allen fundamentalistischen Bewegungen und Denkweisen, welche die Toleranz prinzipiell infrage stellen.

Toleranz spielt auch in der Pluralität der Religionen eine bedeutende Rolle und zeigt die Notwendigkeit des Projekts

Weltethos auf. Wer von Toleranz spricht, muss den Pluralismus im Auge haben, da sein Fehlen diese gegenstandslos macht. Der Begriff Toleranz wird heute unterschiedlich verwendet und steht in verschiedenen Zusammenhängen, wobei die Menschenrechte als Fortschritt der Humanität gedeutet werden, bei dem die Toleranz einen großen Stellenwert einnimmt.

Der Begriff der Toleranz ist ein Konfliktbegriff, weil man unter Toleranz eine persönliche Haltung und eine Praxis versteht, die sich nur in einem Konflikt manifestiert. Die Toleranz löst eine Auseinandersetzung nicht auf, sondern versucht, diese zu entschärfen, wobei der Gegensatz von Überzeugungen und Interessen zwar erhalten bleibt, aber seine Destruktivität und Aggressivität verliert. Daraus resultiert die Überlegung, dass eine Zusammenarbeit und Verständigung im Dissens möglich erscheinen. Die Forderung nach Toleranz steht nicht jenseits des Konflikts, sondern in den Auseinandersetzungen, sodass ihre konkrete Gestalt immer von der jeweiligen Situation abhängig ist.

Die Toleranz ist Teil des Konflikts, auch wenn ihre normativen Grundlagen unparteilich sein sollten, um überhaupt eine wechselseitige Toleranz zuzulassen. Toleranz ist darüber hinaus nicht nur in sozialen Konflikten eine spezifische Forderung der Parteien, sondern selbst Gegenstand von Konflikten. Heute gibt es Differenzen über die Verwendung und Bewertung des Begriffs Toleranz, gleichzeitig aber auch verschiedene Konzeptionen von Toleranz, die zueinander in einem Spannungsverhältnis existieren. Der Konflikt innerhalb des Begriffs Toleranz lässt sich unter den Begriffen „Macht“ und „Moral“ zusammenfassen. Auch die Toleranzbegründungen sind sehr unterschiedlich und reichen von religiösen über politisch-pragmatische bis zu erkenntnistheoretischen und ethischen Begründungen, die alle miteinander in Konflikt stehen. Von allen methodischen Gründen kann man für die Toleranz auch ein moralisches Motiv hervorheben, nämlich den Respekt vor dem anderen und andersdenkenden Menschen. Es gibt zwar ein Konzept von Toleranz, aber eine Pluralität von Vorstellungen über sie. Um das Konzept der Toleranz besser verstehen zu können, ist es erforderlich, den Kontext der Toleranz genauer festzulegen. Zudem muss der Begriff der Toleranz auch von der Notwendigkeit der Bestimmung der Grenzen von Toleranz gesehen werden. Galt das 18. Jahrhundert als ein Zeitalter der Toleranz, so muss dagegen doch eingewendet werden, dass die auf dem Kontinent als vorbildlich gerühmte Toleranz auch an ihre Grenzen stieß. So blieben z. B. Nichtanglikaner bis ins 19. Jahrhundert in England von den meisten öffentlichen Ämtern ausgeschlossen, und auch die Katholiken, die als Gefahr für die nationale Unabhängigkeit gesehen wurden, waren von der konfessionellen Duldung nicht betroffen. Die Forderung nach Toleranz ist im Grunde eine Parteinahme für eine unparteiliche Konfliktregelung. Philosophische Konzepte der Toleranz finden sich v. a. bei Thomas Hobbes, John Locke und Jean-Jacques Rousseau, im Liberalismus und Freiheitsgedanken bei John Stuart Mill u. a. bedeutenden Theoretikern der Neuzeit, wie auch im 20. Jahrhundert bei Hans Kelsen, John Rawls, Michael Walzer und Charles Taylor, um nur einige zu nennen.

Über die Bedeutung von Toleranz heißt es in der Erklärung der Deutschen UNESCO-Kommission: „Toleranz bedeutet Respekt, Akzeptanz und Anerkennung der Kulturen unserer Welt, unserer Ausdrucksformen und Gestaltungsweisen unseres Menschseins in all ihrem Reichtum und ihrer Vielfalt. Gefördert wird sie durch Wissen, Offenheit, Kommunikation und durch Freiheit des Denkens, der Gewissensentscheidung und des Glaubens. Toleranz ist Harmonie über Unterschiede hinweg. Sie ist nicht nur moralische Verpflichtung, sondern auch eine politische und rechtliche Notwendigkeit. Toleranz ist eine Tugend, die den Frieden ermöglicht, und trägt dazu bei, den Kult des Krieges durch eine Kultur des Friedens zu überwinden“ (Artikel 1.1).

Die Freimaurerei war entscheidend an der Verbreitung des Toleranzbegriffes beteiligt. Schon in ihren „Alten Pflichten“ 1723 heißt es: „Während die Maurer früher in jedem Land verpflichtet waren, sich zu der Religion zu bekennen, die in diesem Land oder dieser Nation verbindlich war, gleich was es war, wird es heute für angemessener gehalten, sie nur zu der Religion zu verpflichten, in der alle Menschen übereinstimmen und ihre besonderen Meinungen ihnen selbst zu überlassen; das heißt, sie sollen gute und wahre Menschen sein, Menschen von Ehre und Aufrichtigkeit, durch welche Konfessionen oder Überzeugungen sie sich auch unterscheiden mögen; wodurch Maurerei das Zentrum von Einigkeit wird und das Mittel, wahre Freundschaft zwischen Menschen zu schaffen, die sonst in dauernder Trennung hätten bleiben müssen. Toleranz im freimaurerischen Sinne fordert vor allem, die Bereitschaft und Fähigkeit zu entfalten, sich in die Sichtweisen der anderen Menschen hineinzuversetzen. Dies kann nur dann gelingen, wenn der Freimaurer Klarheit über seine eigene Perspektive hat. Dann erlaubt das Kennenlernen in die Perspektive des anderen eine Haltung, welche die Anfälligkeit für Vorurteile und Feindbilder überwindet. Diese Fähigkeit des Perspektivenwechsels muss aber ein Leben lang gelernt und geübt werden, was in der Sprache der Freimaurerei als Selbsterkenntnis bezeichnet wird.

Schon in der Aufstiegsphase der Maurerei und in ihrer historischen Ausbreitung war der Toleranzgedanke zum politischen Leitbild geworden. Kulminationspunkte waren die amerikanischen und französischen Erklärungen der Menschenrechte, an denen Freimaurer beteiligt waren. Hier taten sich besonders die Brüder der Logen von Aix-en-Provence hervor. In zahlreichen Logenarbeiten des 18. Jahrhunderts wurde in Baustücken die Gleichberechtigung aller Menschen, die brüderlich verbunden sind, gefordert. Es ist daher nicht verwunderlich, dass heute das Toleranzprinzip, das im freimaurerischen Sinne bedeutend mehr umfasst als nur das lateinische Verbum „tolerare“ (dulden, ertragen), nämlich die Respektierung des Andersdenkenden durch besseres Verstehen, in vielen freimaurerischen Ritualen angesprochen wird, am deutlichsten im Grand Orient de France. Danach ist das Ziel der Freimaurerei die absolute Gewissensfreiheit. Zu ihren wesentlichsten Aufgaben zählt, in ihren Mitgliedern den Respekt vor den Überzeugungen des Anderen zu wecken. Diese Toleranz der Respektierung der Weltanschauung und Religion des Anderen ist auch heute noch Grundlage der Freimaurerei, die allerdings im Verlaufe des 19. und 20. Jahrhunderts sich manchmal von der Idealvorstellung entfernt hat. Hier sei z. B. an den Streit um die Zulassung von Juden bis hin zur Anbiederung einiger Deutscher Großlogen an den Nationalsozialismus erinnert. Sicher war es auch Ausdruck der Toleranzidee, dass es nach dem Zweiten Weltkrieg gelungen ist, diese problematischen Entwicklungen der Vergangenheit kritisch aufzuarbeiten. Wenn es heute immer noch Unstimmigkeiten in

Fragen der Regularität und Irregularität in der Freimaurerei und zwischen unterschiedlichen Systemen gibt, so sind diese vor allem organisatorischer Natur und ein Toleranzstreit, der die Basis kaum berührt.

Das Toleranzprinzip ist im freimaurerischen Ritual eine entscheidende Grundlage: Die Rituale des ersten und zweiten Grades in der Johannisfreimaurerei verdeutlichen das Polaritätsprinzip, das sich in verschiedenen Gegensatzpaaren in der Symbolik manifestiert. Dies bedeutet für den einzelnen Freimaurer, dass er sich durch die Wirkungen des Rituals zu einem Menschen entwickeln soll, der im Anderssein des Anderen nicht etwas gegen ihn Gerichtetes sieht, sondern versteht, dass in der Vielfalt der Erscheinungen und Ideen der Reichtum des Lebens begründet ist. Toleranz bildet demnach auch die Grundlage für Freiheit und Gleichheit.

Literatur:

Norberto Bobbio: *Das Zeitalter der Menschenrechte. Ist Toleranz durchsetzbar?*, Berlin 2007.

Rainer Forst: *Toleranz im Konflikt. Geschichte, Gehalt und Gegenwart eines umstrittenen Begriffs*, Frankfurt a. M. 2003.

Rainer Forst: *Toleranz: philosophische Grundlagen und gesellschaftliche Praxis einer umstrittenen Tugend*, Frankfurt/M. 2000.

Hans R. Guggisberg (Hg.): *Religiöse Toleranz. Dokumente zur Geschichte einer Forderung*, Stuttgart / Bad Cannstatt 1984.

Heiner Hastedt: *Toleranz*, Stuttgart 2012.

Otfried Höffe: *Zum Ursprung der Toleranz*, in: *Die Politische Meinung* 395 (2002), S. 5 ff.

W. Kraffert: *Toleranz*, in: *Handbuch der freimaurerischen Grundbegriffe*, hg. von H. Reinalter, Innsbruck 2002, S. 62 ff.

Anton Rauscher (Hg.): *Toleranz und Menschenwürde*, Berlin 2011.

Helmus Reinalter: *Die Freimaurer*, München 2010, S. 44 f.

Heinrich Schmidinger (Hg.): *Wege zur Toleranz. Geschichte einer europäischen Idee in Quellen*, Darmstadt 2002.5.

5. Freimaurerei als Lebenskunst

Reverend James Anderson spricht in den „Alten Pflichten“ von der „Royal Art“. Die Geschichte der Konstitution schließt mit dem Satz: „The Royal Art duly cultivated and the Cement of the Brotherhood preserved, so that the whole Body resembles a well built Arch.” Wahrscheinlich wird hier auf die Baulegende des Königs Salomon hingewiesen, dessen Kunst entfaltet wurde, als Baumeister Hiram den Tempel errichtete. Eine andere Deutung verweist auf die zahlreichen Privilegien, die den Steinmetzen und Baukünstlern von Königen gewährt wurden. Sie freuten sich mit ihrer Kunst über diesen königlichen Schutz. In der spekulativen modernen Freimaurerei wurde die „Königliche Kunst“ stärker symbolisch gedeutet. Mithilfe der freimaurerischen Symbole und Rituale sollte der Bruder zur Humanität und Toleranz erzogen werden, zu einer Lebenskunst, zur Kunst als Selbsterkenntnis, Selbsterziehung und harmonischer Lebensgestaltung. Der Begriff „Königliche Kunst“ wurde auch für die „praktische“ Alchemie verwendet. In diesem Sinne bedeutet „Königliche Kunst“ „Wissen, Weisheit und Kenntnis“, aber auch das durch Übung erworbene Können, die Geschicklichkeit und Fertigkeit.

Kultur und besonders Kunst aus freimaurerischer Perspektive bedeuten die Entfaltung jener menschlichen Fähigkeiten, die als Veredelung und Vervollkommnung der menschlichen Persönlichkeit umschrieben werden. Diese besteht vor allem darin, dass der Mensch in immer höherem Maße zur Selbsterkenntnis und Selbstbeherrschung gelangt. Die Freimaurerei hat diesen wichtigen Aspekt als „Königliche Kunst“ bezeichnet, eine für das Selbstverständnis der Freimaurerei grundlegende Bezeichnung, die, wie bereits kurz angedeutet, im Konstitutionenbuch von Anderson die Bauwissenschaft und Architektur als die „edelste“ und „vornehmste“ aller Künste nannte. Später wurde dann die gesamte Freimaurerei als „Königliche Kunst“ charakterisiert, weil sie die Würde der Grundsätze, die sie in Form einer „Einübungsethik“ einprägt, als Lebenskunst versteht. In diesem Sinne hat sie den Zweck und gleichzeitig auch den Weg aufzuzeigen (über das Ritual), wie man das Leben sinnvoll gestalten kann. Hier spielt vor allem die „Ästhetik der Existenz“ (Michel Foucault), aus dem Leben ein Kunstwerk zu formen, eine zentrale Rolle. Lebenskunst im freimaurerischen Sinne konstituiert sich nicht über die Befolgung von Normen, sondern über die Haltung des einzelnen Individuums.

1900 stellten die Großlogen von Bayreuth, Frankfurt am Main und Hamburg zur „Königlichen Kunst“ fest: „die Freimaurerei ist [...] die Kunst, das menschliche Leben harmonisch zu gestalten, die Kunst, sich selbst in das richtige Verhältnis zum Nebenmenschen zu setzen. Freimaurerei ist Lebenskunst.“ Die Kunst bewegt sich für die Freimaurerei an der Grenze des Wissbaren und bemüht sich, diese manchmal auch zu überschreiten, um sie sichtbar, hörbar, greifbar und fühlbar zu machen. Die Kunst bindet den Bruder durch das Erleben und Verstehen. Die Freimaurerei spricht in diesem Zusammenhang in ihren Tempelarbeiten von humaner Konditionierung. Diese starke Affinität zur Kunst wurde auch häufig mit dem Symbol des „rauen Steins“ verglichen:

Der Künstler arbeitet am Kunstwerk, der Freimaurer am „unbehauenen“ Stein.

Die kulturelle Bedeutung der Freimaurerei lag und liegt auch heute in ihrem Bestreben, möglichst alle Glaubensbekenntnisse und die verschiedenen Gesellschaftsvorstellungen in toleranter Form trotz berechtigter Unterschiede zu vereinigen und in der Pflege und Vertiefung der freimaurerischen Symbole sowie der Ritualistik. In diesem Zusammenhang sind auch Reden, Lieder, Dichtungen, Romane, Bilder, Gläser, Keramikarbeiten, Medaillen, Kupferstiche und Gartenarchitektur von künstlerischer Bedeutung, die zum Teil von namhaften freimaurerischen Schriftstellern, Dichtern, Musikern und Künstlern geschaffen wurden. Dazu zählen auch die zahlreichen wissenschaftlichen Initiativen von Freimaurern in Akademien, Gelehrtengesellschaften und Universitäten. Auch das Theater als reproduzierendes System spielte in der Freimaurerei in Form des Rituals und seiner Dramaturgie der rituellen Arbeit eine zentrale Rolle.

In England nahmen die Werkleute der alten Bauhütten schon im 17. Jahrhundert immer mehr adelige Förderer und Naturwissenschaftler auf, wodurch die Substanz so verändert wurde, dass um 1700 die Handwerker bereits in den Hintergrund traten. Bei den „accepted masons“ fällt besonders der enge Zusammenhang mit der Royal Society, der englischen Akademie der Naturwissenschaften, auf. Daraus erklärt sich nicht nur der Kunstcharakter der Freimaurerei, sondern auch das starke Interesse an den exakten Wissenschaften und das Streben nach Toleranz. Andrew Michael Ramsay, Redner der Großloge von Frankreich, trat besonders für eine gemeinsame Arbeit der Freimaurer an einer allgemeinen Enzyklopädie ein, die die Ideen der Aufklärung und den damaligen Wissensstand zusammenfassen und verbreiten sollte. Das bedeutsamste wissenschaftliche und kulturelle Werk, an dem Freimaurer aktiv beteiligt waren, bildete die Enzyklopädie, die nach dem Muster des englischen Vorbilds von Chambers angeregt wurde. Aus der Zusammenarbeit an diesem großen Vorhaben ergab sich bei den Mitarbeitern ein weitgehender Konsens in Fragen der Religion, Ethik und den Staatswissenschaften. Aus dem Kreis der Enzyklopädisten entstand schließlich in Paris die Loge „Neuf soeurs", die auch als „Philosophenloge" bezeichnet wurde. In Wien entwickelte sich die Bauhütte „Zur wahren Eintracht" unter Ignaz von Born zu einem kulturellen Zentrum von großer Ausstrahlung. Born wollte aus ihr eine Art freimaurerische Akademie der Wissenschaften machen, die es zu dieser Zeit in der profanen Gesellschaft noch nicht gab.

Ethik als Teil der Königlichen Kunst

Zur Freimaurerei als Lebenskunst zählt auch die Ethik. Sie ist sowohl als wissenschaftliche Disziplin als auch als Teil der menschlichen Praxis und des Alltagslebens zu verstehen. Sie erörtert die mit dem Moralischen zusammenhängenden Probleme auf einer grundsätzlichen Ebene, weil sie formal die Bedingungen rekonstruiert, die zu erfüllen sind, um eine Handlung zu Recht als eine moralische bezeichnen zu können. Die Ethik legt nicht fest, welche konkreten Ziele moralisch gut und erstrebenswert sind, sondern bestimmt die Kriterien dafür, welches Ziel als gutes erkannt werden kann. Sie konstatiert nicht, was das Gute konkret bedeutet, sondern zeigt auf, wie etwas als gut zu beurteilen ist. In diesem Sinne ist Ethik nicht selber eine Moral, sondern reflektiert diese. Sie ist daher die methodische und argumentative Prüfung und Begründung von Moral.

Für die Probleme einer ethischen Theorie sind verschiedene Faktoren entscheidend: Erkenntnisinteresse, Zeitkonflikte, praxisrelevante Kontroversen in den Humanwissenschaften, unterschiedliche Ansätze und Positionen unter den Moralphilosophen. Trotzdem gibt es ethische Grundfragen, Aufgaben und Grundbegriffe, die von den meisten Moralphilosophen als solche anerkannt werden, wie z.B. die Begriffe „Glückseligkeit“ (das Glück), die Freiheit, „Gut“ und „Böse“ sowie Ziele und Grenzen der Ethik. Heute unterscheidet man in der Ethikforschung verschiedene Typen ethischer Theorien. Als deskriptiv sind jene Modelle in der Ethik zu bezeichnen, die sich mit der Frage auseinandersetzen, wie die menschliche Praxis analysiert und interpretiert werden kann, damit die Bedeutung des Moralischen im Handlungskontext deutlicher hervortritt. Innerhalb der deskriptiven Ethik unterscheidet man den phänomenologischen Ansatz (Wertethik), den sprachanalytischen (Metaethik) und evolutionären Ansatz (evolutionäre Ethik).

Die Ethik als Frage der Lebensgestaltung ist mit der Philosophie der Lebenskunst eng verbunden. Dabei geht es nicht so sehr um eine praktisch ausgeübte philosophische Lebensform, sondern mehr um eine theoretische Reflexion, wie das Leben bewusst gelebt werden könnte. Unter Lebenskunst versteht man die Möglichkeit bzw. den praktischen Versuch, das Leben reflektiert zu führen. Lebenskunst ist die Rückkehr zum Selbst, zum einzelnen Individuum, das sich neu bemüht, sich selbst zu gestalten, das Leben zu formen und ein reflektiertes Verhältnis zu sich selbst zu entwickeln. Die Frage, wie eigentlich zu leben sei, hängt sehr eng mit ihrem spezifischen Ganzheitsbezug zusammen. Wie die Rehabilitierung des „guten" Lebens als Gegenstand der Ethik ist auch die Glücksphilosophie wieder stärker in den Mittelpunkt der Praktischen Philosophie gerückt. Die Glücksthematik ist für die Ethik in zweifacher Hinsicht von Relevanz: moralphilosophische Ansätze müssen sich daran prüfen lassen, inwieweit sie das menschliche Glück fördern oder behindern, und ethische Positionen kommen ohne eine inhaltliche Bestimmung des „guten" Lebens und des menschlichen Glücks nicht aus. Darüber hinaus muss geklärt werden, wie sich ein „gutes" Leben zu einem moralischen guten Leben verhält. Für die Ethik ist die Alternative von Strebens- und Willenshandlungen noch grundlegender, weil durch sie zwei verschiedene Formen von Moralprinzipien entstehen: das Prinzip Glück und das der moralischen Freiheit.

Mit der Globalisierung, der Ausbildung der Wissensgesellschaft und dem Fortschritt von Technik und Wissenschaft treten heute zahlreiche ethische Probleme wieder stärker in den Vordergrund. So hat sich die Ethik in den letzten Jahrzehnten im Einflussfeld der Globalisierung und ihrer Folgen zu einer Art „Schlüsselwissenschaft" entwickelt, deren Bedeutung die Grenzen der Philosophie und Technologie sprengte. Ethik kann heute in einer Situation großer Orientierungsveränderungen keine festen Lösungen mehr anbieten. Eine problemorientierte Ethik für die Gegenwart und Zukunft sollte mindestens drei Aufgaben übernehmen: Analyse und Kritik jener Grundlagen, auf denen die gegenwärtige Diskussion beruht, Anwendung dieser reflektierten Grundlagen auf aktuelle ethische Problemfelder und die Herausarbeitung der ethischen Bedeutung in verschiedenen gesellschaftlichen Bereichen. Dabei kann es aber nicht um Handlungsanweisungen und Lebenshilfen gehen, sondern um Möglichkeiten ethischer Reflexion und Aufklärung, Sensibilität und Urteilskraft. Die wichtigsten Problembereiche der Ethik liegen heute im Verhältnis von Ethik und Moral, in der Ethik als Konfliktlösungsmodell, in der Freiheit und Verantwortung, in der Bestimmung des „guten“ Lebens und in der Integration von Gütern.

Literatur:

Allgemeines Handbuch der Freimaurerei, 3. Aufl. von C. Lennings Enzyklopädie der Freimaurerei, Leipzig 1900.

E. Dosch: *Deutsches Freimaurerlexikon*, 2. Aufl., Innsbruck 2011, S. 181 f.

Michel Foucault: *Ästhetik der Existenz.* Schriften zur Lebenskunst, Frankfurt/M. 2007.

Kristiane Hasselmann: *Das Freimaurer-Ritual als Cultural Performance*, in: *Freimaurerische Kunst – Kunst der Freimaurerei*, hg. von Helmut Reinalter, Innsbruck – Wien – Bozen 2005, S. 79 ff.

Kristiane Hasselmann: *Identität – Verwandlung – Darstellung. Das Freimaurer-Ritual als Cultural Performance*, Innsbruck / Wien / München / Bozen 2002.

Otfried Höffe (Hg): *Lexikon der Ethik*, München 2002.

Eugen Lennhoff / Oskar Posner: *Internationales Freimaurer-Lexikon*, unver. Nachdruck der Ausgabe Wien 1932, Wien – München 1980.

Albert G. Mackey: *Lexicon of Freemasonry*, Philadelphia 1869.

Robert Macoy: *A Dictionary of Freemasonry*, Gramercy 2000.

Annemarie Piper: *Einführung in die Ethik*, Tübingen – Basel 2000.

Helmut Reinalter: *Die Freimaurer*, München 2010, S. 32 ff.

Helmut Reinalter (Hg.): *Freimaurerische Kunst – Kunst der Freimaurerei*, Innsbruck / Wien / Bozen 2005.

Julian Nida-Rümelin (Hg.): *Angewandte Ethik. Die Bereichsethiken und ihre theoretische Fundierung*, Stuttgart 1996.

Wilhelm Schmidt: *Philosophie der Lebenskunst*, Frankfurt/M. 1998.

Robert Spaemann: *Glück und Wohlwollen. Versuch über Ethik*, Stuttgart 2017.

Wilhelm Vossenkuhl: *Die Möglichkeit des Guten. Ethik im 21. Jahrhundert*, München 2006.

6. „Gerechtigkeit" aus philosophisch-freimaurerischer Perspektive

Amartya Sen hat sich in seinem Buch „Die Idee der Gerechtigkeit"[101] mit dem Problem dieses Begriffes auseinandergesetzt und den Versuch unternommen, indische Weisheiten mit westlichen philosophischen Positionen in Verbindung zu setzen. Es geht ihm dabei um Fragen nach der idealen Struktur einer Gesellschaft und nach konkreten Lebensvollzügen, die für Menschen möglich erscheinen. Für den ersten Bereich zitiert er paradigmatisch John Rawls' „Theorie der Gerechtigkeit"[102] in Form eines „transzendentalen Institutionalismus", für den zweiten Teil bringt er Beispiele in vergleichender Perspektive für die sozialen Realisierungsbedingungen des guten oder nicht beschädigten Lebens. Im Buch von Martha C. Nussbaum „Die Grenzen der Gerechtigkeit"[103] wird wie bei Amartya Sen John Rawls „Theorie der Gerechtigkeit" besonders hervorgehoben. Nussbaum stellt Rawls' idealistischer Theorie einen Ansatz entgegen, der nicht auf Regeln basiert, sondern auf Verwirklichung mit Schwerpunkt auf komparativer Betrachtung und Anerkennung der Pluralität konkurrierender Grund-

101 Amartya Sen: *Die Idee der Gerechtigkeit*, München 2010.

102 John Rawls: Eine Theorie der Gerechtigkeit, Frankfurt a. M. 1975; Otfried Höffe: *John Rawls (1921–2002)*, in: *Klassiker der Philosophie* Bd. 2, hg. von Otfried Höffe, München 2008, S. 338 ff.

103 Martha C. Nussbaum: *Die Grenzen der Gerechtigkeit. Behinderung, Nationalität und Spezieszugehörigkeit*, Berlin 2010.

sätze ausgerichtet ist. Bei allen diesen AutorInnen geht es auch um einen Fähigkeitsansatz, der von der Frage ausgeht, was der Mensch für ein gutes, gelingendes Leben benötigt.

„Gerechtigkeit" gilt heute in der Forschung als schwieriger Begriff und umstrittenes Ideal. Wir finden kaum eine Einigung darüber, was als gerecht gelten kann. Zweifelsohne liegt ihre Bedeutung primär in den Beziehungen unter Menschen und impliziert Verhaltensweisen, Rechte und Pflichten. Gerechtigkeit wird vor allem dann relevant und ein Problem, wenn menschliche Bedürfnisse und Interessen auseinanderlaufen oder sich auf dieselben knapper werdenden Güter richten. In konkreten Konfliktsituationen geht es bei der Gerechtigkeit um einen akzeptablen Ausgleich, bei dem Benachteiligungen möglichst ausgeschlossen werden sollen. Hier sind vor allem ethische Verhaltensweisen angesprochen, wie z. B. Wohlwollen, Nächstenliebe, Solidarität, Humanität und Pflichten gegen sich selbst.[104]

Unter Gerechtigkeit versteht man auch eine personale Tugend, der eine korrektive Funktion zugeschrieben wird. Sie tritt dort hervor, wo es Versuchungen und Motivationsmängel gibt, die davon abhalten könnten, das Richtige zu erkennen und zu tun. Vieles im Verlangen von Menschen verleitet dazu, ungerecht zu handeln, indem Rechte anderer nicht entsprechende Berücksichtigung finden. Emotionen

104 Vgl. dazu auswahlweise Elisabeth Holzleithner: *Gerechtigkeit*, Wien 2009 (dort auch weitere Literatur); Otfried Höffe: *Gerechtigkeit. Eine philosophische Einführung*, München 2010; Stephan Gosepath: *Gerechtigkeit*, in: *Lexikon Politik*, hg. von Dieter Fuchs und Edeltraud Roller, Stuttgart 2009, S. 82 ff.; Corinna Mieth: *Ist das gerecht? Fairness als Prinzip*, in: *Was können wir wissen, was sollen wir tun? Zwölf philosophische Antworten*, hg. von Herbert Schnädelbach u.a., Reinbek b. Hamburg 2009, S. 69 ff.

motivieren zu ungerechten Taten, auch Forderungen, Gerechtigkeit zu verletzen. Dabei ist die Intention nicht primär auf ungerechtes Handeln gerichtet, sondern hier wird die Ungerechtigkeit zu einer Nebenwirkung von Bestrebungen, eigene Interessen möglichst zielgerichtet zu verfolgen. Rawls traf daher die Unterscheidung zwischen Rationalem und Vernünftigem und stellte die Vernunft in den Dienst der Gerechtigkeit. Er versteht darunter, dass der vernünftig handelnde Mensch das mit einbezieht, was anderen Menschen gerechterweise zustehen sollte und immer schon in die eigenen Interessenabwägungen miteinfließt. Gerechtes Handeln setzt eine entsprechende ethische Einstellung voraus, aus der sich dann gerechte Handlungen ableiten sollten.

Die Gerechtigkeitsforderung schließt auch Institutionen und nicht nur einzelne Personen mit ein, weil das menschliche Zusammenleben mit vielfältigen Herausforderungen konfrontiert ist. Rawls bezeichnet dies als „Anwendungsbedingungen der Gerechtigkeit".[105] In diesem Zusammenhang spricht er vor allem zwei Umstände an, in denen sich Menschen als endliche, bedürftige und verletzbare Wesen zeigen. Dazu zählt er eine objektive Bedingung, nämlich die Knappheit von notwendigen und begehrenswerten Gütern. Knappheit resultiert daraus, dass diese Güter als wirklich rar erscheinen. Es besteht aber auch die Möglichkeit, dass sie in ausreichendem Ausmaß vorhanden sind, aber nicht allen zugänglich gemacht werden können, die sie tatsächlich brauchen und auch wünschen. Die Chancen für Gerechtig-

---

105 John Rawls: *Gerechtigkeit als Fairness. Ein Neuentwurf*, Frankfurt a. M. 2001, S. 137 ff.; Jörg Schaub: *Gerechtigkeit als Versöhnung*. John Rawls' politischer Liberalismus, Frankfurt a. M. 2009.

keit nehmen ab, wenn die Knappheit desaströse Formen annimmt und eine Gesellschaft darunter leidet. Die zweite Anwendungsbedingung der Gerechtigkeit ist stärker subjektiv ausgerichtet, weil die Vorstellungen über das, was man braucht, um das eigene Wohl zu fördern, sehr unterschiedlich in Erscheinung treten. Dies gilt auch für die Mittel, die von Menschen verwendet werden, um ihre Interessen zu verwirklichen. Dabei kommt es durch konkurrierende Ansprüche auf verfügbare Ressourcen zu Konflikten. Für beide Anwendungsbedingungen gilt, dass der Umgang mit Problemen der Gerechtigkeit auf eine institutionalisierte Grundlage zu stellen wäre, um Lösungen zu finden, die für alle betroffenen Menschen einigermaßen akzeptabel sind.

Das Bestreben, Gerechtigkeit zu erreichen oder Ungerechtigkeit einzudämmen, ist eine umfassende und komplexe Aufgabe. Sie verlangt die Koordination gemeinsamer Anstrengungen, wie z. B. die Umverteilung von Ressourcen. Auch soziale Einrichtungen sollten so aufgebaut sein, dass sie gerechte Verhältnisse herstellen können. In den neueren Theorien der Gerechtigkeit wird diese wichtige Aufgabe dem Staat übertragen. Ihm käme die gemeinschaftliche Behebung von Ungerechtigkeiten zu und er sollte dafür Sorge tragen, dass Missstände möglichst beseitigt werden. In seiner modernen Form, wie die Geschichte zeigt, scheint der Staat dafür nicht unprädestiniert zu sein, weil er demokratisch legitimiert ist und bestimmte rechtliche Regeln für Abläufe festlegt.

Der Staat ist aber nicht die einzige Macht für koordiniertes Handeln mit dem Ziel, gerechte Verhältnisse herzustellen. Neben dem Staat gibt es noch zwei weitere Ebenen, die hier zu nennen wären: jene der lokalen und jene der globalen Gerechtigkeit. Unter lokal versteht man, wenn man sich auf spezifische Bereiche bezieht, in denen Güter zur Verteilung gelangen, wie z. B. das Gesundheitssystem. Unter lokal meint man aber auch einen abgegrenzten geographischen Raum, wie eine Gemeinde oder eine Region. Mit der globalen Ebene ist eine überstaatliche, internationale Dimension der Gerechtigkeit zwischen globalen Akteuren wie Nationalstaaten, transnationalen Unternehmen oder NGOs angesprochen. Kennzeichen dieser Ebene ist ein äußerst komplexes Geflecht wechselseitiger Beeinflussungen und Abhängigkeiten. Die weitreichenden Dimensionen dieser Verflechtungen zeigen sich vor allem an der Krise des Finanz- und Wirtschaftssystems.

Die Gerechtigkeit basiert auch auf Grundmaßstäben, obwohl der Inhalt des Begriffes sehr differenziert gesehen wird. Als Grundvoraussetzung wird die Anerkennung der Gleichheit aller Menschen als Menschen angenommen. Jeder Mensch hat das Recht auf gleiche Achtung und Berücksichtigung. Von daher verbietet Gerechtigkeit eine benachteiligende Ungleichbehandlung aus Gründen und Motiven, die für die ethische Bewertung einer Person irrelevant erscheinen, wie z. B. das Geschlecht, die ethnische Herkunft, die Religion und Weltanschauung, aber auch das Alter, die sexuelle Orientierung, eine Behinderung oder die jeweilige soziale Situation. Aus diesem Gebot der gleichen Achtung und Berücksichtigung leitet sich allerdings nicht immer die Forderung nach formaler Gleichbehandlung ab, weil bei der Verteilung von Gütern bestimmte individuelle, strukturelle und soziale Besonderheiten beachtet werden müssen. Dies kann dazu führen, dass eine unterschiedliche Behandlung notwendig ist, um über die Herstellung materieller Gleichheit zu einem gerechten Ergebnis zu gelangen. Aber auch in verschiedenen anderen Zusammenhängen wird über die Anerkennung von Besonderheiten als Voraussetzung für Gleichheit kontrovers diskutiert, wie z. B. die Geschlechterdifferenz oder kulturelle Unterschiede. Als weitere Voraussetzung gilt das Kriterium der Unparteilichkeit. Normen der Gerechtigkeit wären in diesem Sinne unparteilich anzuwenden und auch zu begründen. Als wichtigstes Kriterium und als Maßstab dafür, ob eine Norm unparteilich angewendet und begründet wird, ist die Verallgemeinerbarkeit.[106]

Gerechtigkeit hat je nach Kontext unterschiedliche Ausprägungen. In der heutigen Forschung wird sie nach sozialen Zusammenhängen unterschieden in menschliche Herrschaftsverhältnisse (politische Gerechtigkeit), Verteilung von und Zugang zu Ressourcen (soziale Gerechtigkeit) und Ausgleich von Ungerechtigkeitsverhältnissen (korrektive Gerechtigkeit). Auch Überlegungen, wie Konflikte über Gerechtigkeitsfragen gelöst werden können, stellen eine Form von Gerechtigkeit dar, die als Verfahrensgerechtigkeit bezeichnet wird. Politische Gerechtigkeit setzt sich mit der Legitimation von Herrschaftsverhältnissen auseinander, seien sie lokal, staatlich oder global. In ihrem Zentrum stehen Fragen nach der gerechten Einrichtung politischer Institutionen und der Begrenzung politischer Macht. Bei der sozialen Gerechtigkeit geht es vorrangig um die Frage des gerechten Zugangs zu Ressourcen, sei es bei der Zuteilung durch zuständige Agenturen oder beim Erwerb auf dem freien Markt. Bei der Verteilungsgerechtigkeit steht das Bemühen

106 Vgl. dazu Elisabeth Holzleithner: *Gerechtigkeit*, S. 11 f.

im Vordergrund, Bedingungen zu schaffen, unter denen ein gerechter Austausch überhaupt erst möglich erscheint.

Ein besonders brisantes Problem stellt der Ausgleich von Unrechtsverhältnissen durch korrektive Gerechtigkeit dar. Ihr Maßstab ist die Angemessenheit mit dem Blick darauf, was Menschen durch einen Übergriff erleiden mussten. Hier geht es vor allem um Eingriffe in Leib, Leben, Freiheit, Eigentum und das Ansehen einer Person. Daraus resultiert eine Art Schuldigkeit der geschädigten Person gegenüber. Ein Problem stellt in diesem Zusammenhang die Frage dar, auf welche Weise man zu gerechten Ergebnissen kommen könnte. Vielleicht braucht es hier ein Verfahren, in dessen Rahmen gerechte Ergebnisse zumindest angestrebt werden können. Im Bereich des Rechtswesens spricht man häufig von unvollkommener Verfahrensgerechtigkeit, denn selbst wenn das Verfahren fair und angemessen eingerichtet ist und alle Regeln eingehalten werden, kann es trotzdem zu ungerechten Ergebnissen kommen.

Seit der Veröffentlichung von Rawls' „Theorie der Gerechtigkeit" hat der Diskurs über Gerechtigkeit an Intensität stark zugenommen, sodass sich heute verschiedene aktuelle Theorien herausgebildet haben, bei denen es um zwei ganz wesentliche Fragestellungen geht: Gibt es angesichts des gesellschaftlichen Pluralismus im Bereich der Ethik, der Kultur und der Religion einen übergreifenden Fundus an Gerechtigkeitsprinzipien, der in der Lage ist, das soziale Zusammenleben anzuleiten? Inwieweit soll der moderne Staat nicht nur Freiheit ermöglichen, sondern auch materielle Gleichheit sichern? Die erste Frage betrifft die politische Gerechtigkeit, die zweite die soziale Gerechtigkeit. Alle diese Theorien befassen sich schwerpunktmäßig mit zentralen

Begriffen der politischen Philosophie: Liberalismus, Kommunitarismus, Multikulturalismus, Libertäre Theorien, Egalitarismus und Nonegalitaristischer Humanismus, Utilitarismus und marxistische sowie feministische Gerechtigkeitskritik.

Diese Ansätze sind sehr verschieden, wenngleich es auch einige Gemeinsamkeiten gibt. Ich möchte hier nur ein Beispiel herausgreifen, nämlich die Frage, wie man in pluralistischen Gesellschaften allgemein anerkannte Prinzipien der Gerechtigkeit finden kann. Rawls verwendet dazu zwei Methoden. Er blickt auf die in einer Gesellschaft vorhandenen „wohl überlegten Urteile" in Gerechtigkeitsfragen und stützt sich auf Überzeugungen, die sich im menschlichen Zusammenleben bewährt haben und als Fixpunkte angesehen werden können.[107]

Mit seiner zweiten Methode, die abstrakter ausgerichtet ist, versucht er grundlegende Prinzipien zu generieren, die als Maßstab für Validität wohlüberlegter Urteile gelten können. Die Rawls'sche Theorie ist im Zusammenhang mit politischen Grundrechten und Freiheiten als durchaus egalitär anzusehen. Diese sollten allen Bürgerinnen und Bürgern über faire Chancengleichheit zugänglich sein. Soziale und ökonomische Ungleichheiten klammert Rawls allerdings nicht aus, wenngleich sie an bestimmte Bedingungen geknüpft werden: Sie sollten nicht zu stark sein und dürfen sich auf die Bildungschancen nicht negativ auswirken. Schließlich kennt Rawls auch noch das Differenzprinzip im Sinne einer Reziprozität, das Ungleichheiten, wie etwa ein höheres Einkommen, nicht nur den davon begünstigten

107 a.a.O., S. 39 ff.

Menschen, sondern auch allen anderen Personen Vorteile bringen sollte.[108]

Armut und soziale Gerechtigkeit sind in Zeiten der Globalisierung zu großen Problemen geworden, die nicht mehr allein auf nationalstaatlicher, sondern auf globaler Ebene in Angriff genommen werden müssen. Auch die Wissenschaft hat sich dieser Thematik angenommen und verschiedene Theorien zur globalen Gerechtigkeit entwickelt, wie z. B. moralische und politische Gerechtigkeit, globale Gerechtigkeitspflichten und globale soziale Gerechtigkeit, das Konzept des globalen Kontraktualismus, des gerechtigkeitstheoretischen Kosmopolitismus und des gerechtigkeitstheoretischen Partikularismus.[109] Ohne die Koordinierungsleistung politischer Institutionen ist eine nachhaltige Gerechtigkeitssicherung nicht zu erreichen. Die Konzentration auf Institutionen hat nach wie vor mit der Gerechtigkeitstheorie in nationalstaatlichem Rahmen zu tun, weil dieser ein wirksames institutionelles Gefüge darstellt. Die politische Gerechtigkeit ist vor allem mit ethischer Gerechtigkeit verbunden, da auch die Legitimität von Institutionen, Praktiken und Regeln zu bewerten ist. Globale Gerechtigkeit erfordert immer eine globale Ethik, wie das Projekt „Weltethos“ von Hans Küng und Ansätze zu einer transkulturellen Ethik zeigen.[110] Ver-

---

108 John Rawls: *Eine Theorie der Gerechtigkeit*, S. 67; John Rawls: Die Idee des politischen Liberalismus, Frankfurt a. M. 1994, S. 307; John Rawls: *Gerechtigkeit als Fairness*, S. 60, S. 78, S. 83.

109 Vgl. zu diesen Ansätzen bzw. Varianten Henning Hahn: *Globale Gerechtigkeit. Eine philosophische Einführung*, Frankfurt a. M. 2009, S. 65 ff., S. 95 ff., S. 159 ff.

110 Hans Küng: *Projekt Weltethos*, München / Zürich 1990 (12. Aufl. 2010); Helmut Reinalter (Hg.): *Projekt Weltethos. Herausforderungen und Chancen für eine neue Weltpolitik und Weltordnung*, Innsbruck 2006.

tragstheoretische bzw. kontraktualistische Theorien haben die politische Ideengeschichte sehr stark beeinflusst, weil sie eine klare Antwort auf eine der Kernfragen gibt: Was legitimiert Herrschaft?

In der Auseinandersetzung mit Fragen globaler Gerechtigkeit spielt auch der Kosmopolitismus als Gerechtigkeitsdoktrin eine große Rolle. Alle kosmopolitischen Ansätze vertreten einen moralischen Universalismus, wobei deren Formen legale, moralische und politische Konzeptionen umfassen.

Neben dem Kosmopolitismus in all seinen Varianten bildet der gerechtigkeitstheoretische Partikularismus eine zweite Hauptgruppe der Theorien zur globalen Gerechtigkeit. Im Vordergrund der Auseinandersetzung zwischen Kosmopolitisten und Partikularisten steht die Frage nach der moralischen Bedeutung der Grenzen. In der Auseinandersetzung über diese Probleme setzt sich die Debatte zwischen Liberalisten und Kommunitaristen fort. Im Ergebnis zeigt sich, dass der gerechtigkeitstheoretische Partikularismus nicht unbedingt eine Gegenposition zum moralischen Universalismus beziehen muss. Der Partikularismus begründet eine Rangordnung zwischen unterschiedlichen Domänen der Gerechtigkeit. In der gegenwärtigen Diskussion zwischen Kosmopolitisten und Partikularisten geht es daher in erster Linie um Fragen nach der Domäne der Gerechtigkeit und um die Reichweite des Geltungsbereichs von Gerechtigkeitsprinzipien.[111]

---

111 Henning Hahn: *Globale Gerechtigkeit*, S. 190 ff.; Christoph Broszies / Henning Hahn (Hg.): *Globale Gerechtigkeit. Schlüsseltexte zur Debatte zwischen Partikularismus und Kosmopolitismus*, Berlin 2010.

Ein kurzer Blick auf die Welt zeigt heute enorme politische, soziale und ökonomische Ungleichheiten. Vor diesem Hintergrund wird daher immer häufiger und dringlicher die Frage gestellt, wie eine gerechte globale Ordnung aussehen könnte. Diese Frage betrifft zunächst das Verhältnis der Staaten als Hauptakteure der internationalen Beziehungen untereinander. In diesem Zusammenhang konzentriert sich die Diskussion heute vor allem auf die Idee einer Weltrepublik[112]. Das gewaltige Wohlstandsgefälle zwischen Staaten des Nordens und des Südens bildet die Grundlage einer Zunahme von Themen der sozialen Gerechtigkeit im globalen Maßstab. Die universelle Geltung der Menschenrechte ist wesentlicher Bezugspunkt von Überlegungen zur globalen Gerechtigkeit, sie ist aber gleichzeitig nicht unumstritten. Unterstellt wird ihr der Vorwurf, Menschenrechte seien eurozentrisch und würden eine Kolonialisierung im Mantel des Humanismus darstellen. Besonders brisant erscheint diese Problematik im Zusammenhang mit der internationalen Durchsetzung von Menschenrechten, insbesondere dann, wenn sie in Form einer humanitären Intervention durchgeführt wird.

---

112 Otfried Höffe: *Demokratie im Zeitalter der Globalisierung*, München 1999; Otfried Höffe: *Für und Wider eine Weltrepublik*, in: *Internationale Zeitschrift für Philosophie* 2 (1997), S. 218 ff.

7. Freimaurerei und Menschenrechte

I.

Die unveräußerlichen Rechte des Menschen wurden als Grund des Staatsrechtes zuerst 1776 in der von Freimaurern beeinflussten Unabhängigkeitserklärung der Vereinigten Staaten von Nordamerika festgeschrieben: „Wir erachten es als selbstoffenbare Wahrheit, dass alle Menschen gleich geschaffen sind, dass sie von ihrem Schöpfer mit gewissen unveräußerlichen Rechten begabt sind; dass zu diesen Leben, Freiheit und das Streben nach Glück gehöre; dass, diese Rechte zu sichern, Regierungen unter den Menschen eingesetzt sind, welche ihre gerechten Befugnisse von der Einwilligung der Regierten ableiten, dass, so oft eine Regierungsform gegen diese Zeile zerstörend wirkt, es das Recht des Volkes ist, sie zu ändern oder abzuschaffen, eine neue Regierung einzusetzen und sie auf solche Grundsätze zu bauen, ihre Befugnisse solchergestalt einzurichten, als sie ihm am meisten geeignet erscheint, seine Sicherheit und sein Glück zu bewirken“.[113]

In der „Erklärung der Menschenrechte“ der Französischen Revolution vom 13. September 1791, auf Initiative des Freimaurers Lafayette angenommen und zuerst in der Loge in Aix-en-Provence konzipiert, heißt es: „Alle Menschen sind von Natur frei und unabhängig. Jede Regierungsgewalt gehört allein dem Volke, die Behörden sind weiter

113 zit. nach Lennhoff / Posner / Binder: *Internationales Freimaurerlexikon*, München 2006, S. 561

nichts als die Bevollmächtigten und Diener desselben und ihm zu jeder Zeit verantwortlich"[114] . In der Revolutions-Parole „Freiheit, Gleichheit, Brüderlichkeit“ sind die Menschenrechte und deren Ausprägungen enthalten und besonders stark in der französischen Freimaurerei verankert. Die Großloge von Wien gründete die österreichische Liga für Menschenrechte. Die tschechische Liga für Menschenrechte ist z. T. auch von Freimaurern konstituiert worden. Die Vereinten Nationen haben die Menschenrechte 1948 in ihre Satzungen aufgenommen und am 10. Dezember 1948 die Allgemeine Erklärung der Menschenrechte erlassen.

II.

Aus freimaurerischer Sicht sind die Menschenrechte sehr eng mit Menschenbildern verbunden. Die Freimaurerei hat eine ganz bestimmte spezifische Anthropologie, die die Grundwerte definiert, die den einzelnen Freimaurer bei seiner Arbeit am „rauen Stein“ bestimmen und leiten. Diese Anthropologie ist eine partielle, keine vollständige, weil sie jene Bereiche in den Vordergrund stellt, die mit der ethischen Vervollkommnung zu tun haben. Zum masonischen Menschenbild und -verständnis zählen Freiheit, Toleranz, Humanität und Solidarität. Das religiöse Symbol des „Großen Baumeisters aller Welten“ hat eine doppelte Funktion: es rechtfertigt ethische Wertmaßstäbe und verleiht dem menschlichen Dasein einen Sinn und stellt weiters das

114 zit. nach Lennhoff / Posner / Binder: *Internationales Freimaurerlexikon*, München 2006, S. 561

höchste Ziel dar, dem der Mensch bei der Verwirklichung seiner Ideale entgegengeht. Zur freimaurerischen Anthropologie gehört aber auch das „initiatische Geheimnis“ bzw. das fundamentale initiatische Konzept. Dieses zeigt auf, wie der vollständige Gehalt der freimaurerischen Anthropologie durch Initiationsriten erworben werden kann. Die Selbstverwirklichung des Menschen als Freimaurer erfolgt in Form einer permanenten dialektischen Auseinandersetzung zwischen den Prinzipien und dem Individuellen, gesteuert vom freimaurerischen Menschenbild und von der Verhaltensnorm des Religiösen. Die hier erwähnten Grundpfeiler der Freimaurerei sollen verdeutlichen, dass sie kein vollständiges philosophisches System darstellen, sondern eine praktische Philosophie, ein Verhaltensmuster, das der Natur des Menschen entspricht.

Der wesentliche Kern des freimaurerischen Denkens liegt in der spezifischen Anthropologie mit ihrem Schwerpunkt auf der Initiation, auf den Ritualen, die die Freimaurerei verwendet, um den Menschen auf den Weg zur Selbstvervollkommnung zu führen. Dies geschieht über ein ethisches Konzept, das man als „Ästhetik der Existenz“ oder auch als „Einübungsethik“ bezeichnet. In diesem Zusammenhang ist die Freimaurerei als Lebenskunst angesprochen, bei der es um Dasein, um das Erreichen des Lebens in seiner Präsenz geht.

Ästhetische Werte sind im freimaurerischen Sinne Formung, Gestaltung und Transformation. Ästhetik der Existenz ist Wille zur Form, um aus sich selbst und seinem Leben ein Kunstwerk zu machen. Ästhetik der Existenz bedeutet weiters, sich selbst erfinden, wobei sich Lebenskunst nicht über die Befolgung von Normen, sondern über die Haltung des Individuums konstituiert. Lebenskunst ist kein Selbstkult, keine Selbstversessenheit, sondern Selbstkultur, Erziehung seiner selbst, also Selbstpraktik. Das eigene Leben zu formen und zu führen bedeutet auch Aneignung von bestimmten Techniken: Einübung, Stil, Selbstformung, Kunstfertigkeit und Geschicklichkeit. Bei der Lebenskunst geht es um die Erarbeitung eines individuellen Entwurfs, der den Menschen zur Führung seiner selbst und zur Gestaltung des eigenen Lebens befähigt. Insofern ist die Freimaurerei als Lebenskunst ein Formungsversuch, ein Selbstgestaltungsversuch und keine wissenschaftliche Methode.

III.

Die Freimaurerei versteht sich als ethische Gemeinschaft. Der ethische Grundkonsens besteht in der Entwicklung einer ethischen Lebenshaltung, die ohne Vorschriften und Gebote auskommt und bestimmte Vorstellungen von bewährten Verhaltensweisen durch Einübung vermittelt. Dieser wichtige Aspekt kommt besonders in den freimaurerischen Ritualen stark zum Ausdruck. Die universelle Ethik der Freimaurerei baut auf Werten auf, die nicht von religiösen Vorstellungen losgelöst sind. Diese Werte bestimmen auch das Menschenbild, das die Verfolgung einer ethischen Zielsetzung verlangt. Das Menschenbild konzentriert sich vor allem auf jene Aspekte, die in einem engen Zusammenhang zur ethischen Vervollkommnung des Menschen stehen. Dazu gehört auch eine Verantwortungsethik im Hinblick auf die Verwirklichung freimaurerischer Werte in der Gesellschaft: Verantwortung für die Mitwelt, für die Umwelt und die Nachwelt sowie die Aufforderung, in globalen Zusammenhängen zu denken und sozial-humanitär zu handeln. Das freimaurerische Menschenbild hängt aber auch mit der Idee der Humanität eng zusammen. Die Freimaurer bauen, wie aus ihrer Ritualistik hervorgeht, den „Tempel der allgemeinen Menschenliebe“. Dieser ist kein theoretisches Lehrgebäude und keine festgelegte Morallehre, sondern versteht sich als konkrete Praxis, nämlich als veredelnde menschliche Praxis, die Menschlichkeit, Mitgefühl und Mitleid umfasst. Die Erziehung zum Menschen und zur Humanität erfolgt im freimaurerischen Verständnis nicht durch das Bekenntnis zu einer bestimmten Morallehre, sondern durch die persönliche Erfahrung mit Menschlichem. Der Weg zur Humanität ist ein vielgestaltiger Wandlungsprozess, der dem Freimaurer bei seiner rituellen Arbeit in Symbolen verdeutlicht wird. Dabei kann sich die Freimaurerei auf eine wichtige ideengeschichtliche Tradition berufen. Die Freimaurerei entwickelt den Begriff der Humanität von einer abstrakten Forderung weiter zu einem konkreten Programm, das sich als Resultat der Arbeit von Menschen an Menschen herausgebildet hat. Die Erfüllung dieser Forderung ist aus freimaurerischer Sicht eine unabschließbare Aufgabe.[115]

Im freimaurerischen Denken bilden Ethik und Anthropologie eine Einheit, die nicht dogmatisch fixiert ist. Auf ein einheitliches, verbindliches „Menschenbild“ hat die Freimaurerei allerdings von vornherein verzichtet. Das freimaurerische Menschenbild hat darüber hinaus mit innerweltlichen Zielen und Aufgaben des Menschen bezüglich

---

115 Helmut Reinalter: *Die Freimaurer*, S. 37 ff., S. 40 ff.

des materiellen und moralischen Fortschritts zu tun, wie die Geschichte des Menschengeschlechts zeigt. Zum Menschenbild der Freimaurerei gehört schließlich auch der Toleranzgedanke, der zum politischen Leitbild geworden ist. Dazu zählt die Glaubens- und Gewissensfreiheit. Zu ihren wesentlichsten Aufgaben gehört daher, in ihren Mitgliedern den Respekt vor den Überzeugungen der Andersdenkenden zu wecken.

IV.

Die Menschenrechte sind heute trotz unterschiedlicher Menschenbilder zur grundlegenden und weltweit gültigen politischen Idee geworden. Sie bieten die Mindeststandards für die rechtliche, politische, soziale und ökonomische Lage von Menschen. Allerdings sind sie nicht überall auf der Welt tatsächlich respektiert bzw. durchgesetzt, aber kaum ein Regierungsvertreter oder Staat wagt es noch, die Menschenrechte prinzipiell in Frage zu stellen. Natürlich gibt es in Bezug auf die Menschenrechte entgegengesetzte Positionen und verschiedene Deutungen der Menschenrechtsidee, wie z. B. eine asiatische „Interpretation" gegenüber der dominierenden westlichen „Deutung", die weniger individualistisch orientiert ist, oder eine islamische „Interpretation", die die Begründung der Menschenrechte in der Scharia für unverzichtbar hält. Trotzdem sind die Auseinandersetzungen für Menschenrechte zu einem global bestimmenden politischen Emanzipationsmodell geworden.

Die Menschenrechte gehen in der Geschichte relativ weit zurück. Sie sind von Philosophen, Juristen und Theologen bereits im 17. Jahrhundert als Kern eines neuzeitlichen Naturrechts bezeichnet und von der Amerikanischen Revolution und den späteren bürgerlichen Revolutionen feierlich proklamiert worden. Die Landesfreiheiten, die in vielen Ländern des Mittelalters gewährt wurden, waren nicht Freiheiten des Menschen, sondern der Stände und der Korporationen. Dies trifft auch auf die Magna Charta von 1215 zu, mit der die Geschichte der englischen Freiheit einsetzt und die ihre Freiheiten nur der ständischen Korporation gab. Sie ist aber eine Basis zur späteren Entwicklung der individuellen Menschenrechte. Zu erwähnen wären hier vor allem die „Petition of Rights“ von 1628 und die berühmte „Habeas-Corpus-Akte“ von 1679. Zehn Jahre später brachte die Glorreiche Revolution in England die „Bill of Rights“ hervor. Von großer Bedeutung für die weitere Entwicklung der Menschenrechte war zweifelsohne die berühmte Erklärung der Unabhängigkeit von 1776 in den USA, in der ausdrücklich betont wurde, dass die Menschen mit unveräußerlichen Rechten ausgestattet seien. So hat die Kolonie Virginia ihrer Verfassung eine besondere „Bill of Rights“ vorangestellt, „die vom gleichen Grundgedanken der natürlichen Freiheit und Gleichheit und vom unveräußerlichen Recht des Menschen auf Leben, Freiheit, Eigentum und Glück ausgehend im Einzelnen festlegt, auf welche Weise diese Rechte gesichert werden sollen“.[116]

116 Fritz Hartung / Gerhard Commichau / Ralph Murphy: *Die Entwicklung der Menschen- und Bürgerrechte von 1776 bis zur Gegenwart*, Göttingen / Zürich 1998, S. 17

V.

Menschenrechte sind heute berechtigte Ansprüche an die öffentliche politische Ordnung. Kern ist die Berechtigung jedes Menschen „in einer politischen Ordnung zu leben, die ihre Mitglieder als Gleiche berücksichtigt und ihnen damit gleichermaßen gewährleistet, dass ihre grundlegenden Ansprüche erfüllt werden“[117]. Zwei Konzeptionen sind dabei von Bedeutung, die moralische und die politische. Der Unterschied zwischen diesen beiden Konzeptionen der Menschenrechte bezieht sich auf den Grundbegriff, der die Menschenrechte erklärt, einerseits gleiche moralische Achtung oder freie politische Selbstbestimmung. Die traditionellen Begründungsformen für Menschenrechte haben sich heute in drei Modellen verdichtet: das Modell des Gesellschaftsvertrags, das Vernunft- und das soziale Modell. Über die moralischen und politischen Konzeptionen der Menschenrechte gibt es verschiedene Kontroversen, die noch nicht ausgeräumt sind und weiter bestehen.

Unter den Menschenrechten stehen international die Denk-, Gewissens-, Religions- und Weltanschauungsfreiheit (Religionsfreiheit) in der politischen Kontroverse. Ein offenes Verständnis der Religionsfreiheit stößt auf starke Widerstände, wobei sich die Bedenken vor allem auf die Befürchtung beziehen, dass die Religionsfreiheit zum Deckmantel für gefährliche Organisationen dienen könnte oder dass dieses Menschenrecht durch inflationäre Verwendungen Konturen und Sinn verlieren würde. Wenn man von

117 Christoph Menke / Arnd Pollmann: *Philosophie der Menschenrechte zur Einführung*, Hamburg 2007, S. 42

einem Universalismus der Menschenrechte ausgeht, ist es sicher sinnvoll, als Ausgangspunkt die Selbstverständnisse der Menschen in ihrer Vielgestaltigkeit anzunehmen und in Beurteilungsfragen von einem offenen und weiten Verständnis von Religion auszugehen.

Eng mit den Menschenrechten ist auch die Menschenwürde verbunden, die dem ethischen Wert der menschlichen Persönlichkeit entspringt, die jedem Menschen wegen seines Menschentums zukommt. Die Menschenwürde bildet auch die Basis der ethischen Freiheit, die sich darin manifestiert, dass der Mensch keinem anderen Gesetz verpflichtet ist, als seinem eigenen. „Handle so, dass du die Menschheit sowohl in deiner Person als in der Person eines jeden anderen jederzeit zugleich als Zweck, niemals bloß als Mittel brauchst" (Goldene Regel). Dieser Imperativ von Immanuel Kant hat sehr viel mit der Idee der Menschenwürde zu tun. Jeder Mensch ist würdig, als Zweck des moralischen Handelns zu dienen. Zur eigenen Würde zählen Eigenschaften wie die Tugend der Selbsterkenntnis, Selbstbeherrschung und Selbstveredelung – alles auch freimaurerische Tugenden und Verhaltensweisen. Auch die Würde des Mitmenschen, die Tugend der Gerechtigkeit und Liebe zählen wesentlich dazu. Die Freimaurerei achtet die Menschenwürde entsprechend ihres humanen Menschenbildes, die jedem Menschen zukommt, ohne Rücksicht auf seine Weltanschauung und seinen Glauben.

VI.

Systematisch betrachtet, weisen die Menschenrechte drei wichtige Merkmale auf: die politisch-rechtlichen Standards, der universale Geltungsanspruch und die Durchsetzung gleicher Freiheit bzw. gleichberechtigter Partizipation, die in der Anerkennung der Würde des Menschen wurzeln. Menschenrechte stellen in diesem Sinne eine politisch-rechtliche Kategorie dar. Ihr Geltungsanspruch ist nicht auf einen humanitären Appell begrenzt, sondern nimmt in politisch-rechtlichen Institutionen und Verfahren konkrete Gestalt an. Im modernen Verfassungsstaat finden die Menschenrechte eine Verankerung als einklagbare Grundrechte. Ein erfolgreiches Beispiel für die regional-völkerrechtliche Normierung von Menschenrechten ist die Europäische Menschenrechtskonvention, die im Rahmen des Europarates 1950 entstand. In Kraft trat sie 1953.

Der Begriff der Menschenrechte enthält auch den universalen Geltungsanspruch, der davon ausgeht, dass diese für den Menschen schlechthin Geltung besitzt. Weil die Menschenrechte für jeden Menschen gleichermaßen Gültigkeit haben, verstehen sie sich auch als Gleichheitsrechte. „Die menschenrechtliche Gleichheit meint allerdings nicht Uniformität, sondern gleiche Freiheit, und zwar nicht nur gleiche persönliche oder private Freiheit, sondern auch gleichberechtigte Mitwirkung an den Belangen der Gemeinschaft, vor allem der politischen Gemeinschaft.“[118] Die

118 Heiner Bielefeldt: *Menschenrechte*, in: *Metzler Lexikon Religion* Bd. 2, hg. von Chr. Auffahrth / J. Bernard / H. Mohr, Stuttgart / Weimar 1999, S. 432

Menschenrechte stellen nicht nur eine Form des gemeinsamen Nenners aller Grundwerte dar, die man in den unterschiedlichen Religionen oder Kulturen findet, sondern sie fordern auch einen universalen und zugleich eigenständig modernen Freiheits- und Gleichheitsanspruch. Dieser Anspruch kann mit religiösen Traditionen durchaus in Konflikt geraten, wie viele Beispiele zeigen. Die Anerkennung der Menschenrechte von Seiten der Weltreligionen erfordert daher Bereitschaft zur Selbstkritik und zu Reformen. „Nur dadurch ist es möglich, den humanen Anspruch der Menschenrechte – konzentriert im Bekenntnis zur unantastbaren Würde jedes Menschen – als Chance für die (Neu-)Erschließung freiheitlicher Sinnpotentiale in religiösen Traditionen wahrzunehmen und religiösen Glauben gleichzeitig als Motiv für menschenrechtliches Engagement einzubringen.“[119] Heute wird die Modernität der Menschenrechte stark hervorgehoben, was allerdings nicht die Propagierung einer fortschrittsideologischen Zivilisationsmission zu Lasten religiöser Traditionen und Vielfalt bedeutet. Was die Verbreitung und Propagierung der Menschenrechte betrifft, hatten die Freimaurerlogen eine tragende Funktion, weil sie mit dem humanitären Wirken der Freimaurerei in enger Verbindung standen. Die Freimaurer waren Ermutiger und Verstärker bei der Propagierung der Menschenrechte. Sie hatten eine katalysatorische Wirkung bei ihrer Verbreitung und waren ein wichtiger Weg zum Weltfrieden.

Im 19. Jahrhundert werden die Menschenrechte ergänzt durch die sozialen Grundrechte im Einflussfeld der Industriellen Revolution. Im Verlauf dieses Jahrhunderts werden

---

119 Heiner Bielefeldt: *Menschenrechte*, a.a.O., S. 436

sie in den Verfassungen der europäischen Nationalstaaten zunehmend nationalisiert. Die historische Entwicklung der Menschenrechtsidee erfolgte in drei aufeinanderfolgenden Phasen: Die erste Etappe wird markiert durch das bereits erwähnte philosophische Naturrecht des 17. und 18. Jahrhunderts, die zweite Phase setzt ab Mitte des 18. Jahrhunderts ein und ist eng verbunden mit den Menschenrechten der Philosophen und der bürgerlichen Revolutionen, und die dritte Etappe beginnt nach dem Zweiten Weltkrieg, womit die Menschenrechte einen grundlegend anderen rechtlichen Status annehmen, indem sie nach 1945 zum Gegenstand eines international gültigen Rechtssystems werden. Die Grundlage dieses Rechtssystems bildet die „Allgemeine Erklärung der Menschenrechte" von 1948, die, zunächst eine zwischenstaatliche Absichtserklärung war, in den folgenden Jahrzehnten eine Serie von völkerrechtlich verbindlichen Pakten bringt. Zusätzlich etablieren sich schrittweise völkerrechtliche Instanzen und Mechanismen oberhalb der einzelnen Staaten, deren Aufgabe es ist, die Menschenrechtslage innerhalb der Staaten zu kontrollieren. Die Standarderzählung der Menschenrechte sieht den Rechtsstaat als neutrales Instrument zur Realisierung menschenrechtlicher Ideen.

Literatur:

Heiner Bielefeldt: *Menschenrechte*, in: *Metzler Lexikon Religion* Bd. 2, hg. von Chr. Auffahrth / J. Bernard / H. Mohr, Stuttgart / Weimar 1999, S. 429 ff.

Heiner Bielefeldt: *Philosophie der Menschenrechte. Grundlagen eines weltweiten Freiheitsethos*, Darmstadt 1998.

Fritz Hartung / Gerhard Commichau / Ralph Murphy: *Die Entwicklung der Menschen- und Bürgerrechte von 1776 bis zur Gegenwart*, Göttingen / Zürich 1998.

Konrad Hilpert: *Die Menschenrechte. Geschichte – Theologie – Aktualität*, Düsseldorf 1991.

Johannes Hoffmann: *Universale Menschenrechte im Widerspruch der Kulturen*, Frankfurt/M. 1994.

Johannes Hoffmann (Hg.): *Begründung von Menschenrechten aus der Sicht unterschiedlicher Kulturen*, Frankfurt a. M. 1991.

Rolf-Peter Horstmann: *Menschenwürde*, in: J. Ritter (Hg.): *Historisches Wörterbuch der Philosophie*, Basel 1980, Sp. 1124 ff.

Franz-Josef Hutter: *No rights. Menschenrechte als Fundament einer funktionierenden Weltordnung*, Berlin 2003.

Matthias Koenig: *Menschenrechte*, Frankfurt a. M. 2005.

Ludger Kühnhardt: *Die Universalität der Menschenrechte. Studie zur ideengeschichtlichen Bestimmung eines politischen Schlüsselbegriffs*, München 1987.

Eugen Lennhoff / Oskar Posner / Dieter A. Binder: *Internationales Freimaurerlexikon*, München 2006, S. 1024 ff.

Hans Maier: *Wie universal sind die Menschenrechte?*, Freiburg i. Br. 1997.

Christoph Menke / Arnd Pollmann: *Philosophie der Menschenrechte zur Einführung*, Hamburg 2007.

Gerhard Oestreich: *Geschichte der Menschenrechte und Grundfreiheiten im Umriss*, Berlin 1978.

Franz Josef Wetz (Hg.): *Texte zur Menschenwürde*, Stuttgart 2011.

8. Die Zukunft der Freimaurerei und das neue Aufklärungsdenken

Die Freimaurerei ist eine international verbreitete humanitäre Vereinigung, die unter Achtung der Würde des Menschen für Aufklärung, Toleranz, freie Entwicklung der Persönlichkeit, für Menschenrechte und allgemeine Menschenliebe eintritt (Helmut Reinalter). Sie ist stark auf den einzelnen Menschen ausgerichtet und bemüht, ihn ethisch zu vervollkommnen. Sie hat aber keine ethischen Lehrsätze aufgestellt, da nach ihrer Auffassung ethische Normen einem ständigen Wandel unterliegen. Die Freimaurerei ist zweifelsohne wegen ihrer Geschichte (die Ursprünge und Anfänge reichen bis in das Spätmittelalter und in die Frühe Neuzeit zurück) ein Traditionsverein, will aber ihre Geschichte im Sinne eines Fortschritts weiterentwickeln. Die einigermaßen realistische Einschätzung ihrer gesellschaftlichen Wirkung stützt sich vor allem auf die Selbstbildung als Persönlichkeiten, die Kongruenz ihres Selbsterziehungsprogramms und auf ihre Ziele und Auseinandersetzungen mit den wesentlichen Denkströmungen der jeweiligen historischen Epoche. Dies bedeutet, dass die Freimaurerei sich heute mit den gesellschaftlichen und geistigen Strömungen der Zeit stärker beschäftigen muss.[120]

120 Vgl. dazu Helmut Reinalter: *Freimaurerei. Geheimnisse – Rituale – Symbole*, Leipzig 2017, S. 7 ff.; Helmut Reinalter: *Die Freimaurer*, 7. Aufl., München 2016, S. 128 ff.

Grundlegender Wandel unserer Gesellschaft

Mit der globalen Entfaltung der Moderne geht heute ein grundlegender Wandel unserer Welt von der Industriegesellschaft zur Kommunikations- und Wissensgesellschaft vor sich, der tiefgreifende Strukturveränderungen hervorruft. Wir alle sind gegenwärtig Zeugen einer neuen Entwicklungsstufe der ungeheuren Vermehrung, Beschleunigung, Verdichtung und Globalisierung. Gegenwärtig erleben wir nach der Aufklärung eine neue kommunikative Umwälzung in globalem Maßstab.[121]

Diese rasch wachsende Komplexität und Vernetzung der Welt ruft verständlicherweise auch viele Irritationen, Ängste und Bedenken hervor. Auch die neue politische Architektur Europas nach den Veränderungen 1989/90, die jüngsten Entwicklungen im europäischen Integrationsprozess und die Krise der EU erzeugen Unsicherheit und Ungewissheit. Terrorismus, rechtsradikale und fundamentalistische Ideen gewinnen an Boden, technokratische Politikformen nehmen zu, auf die Vereinsamung und Vereinzelung des Menschen wird mit dem Ausbau der Massenkommunikation und einer Politik der organisierten Spiele geantwortet. Subkulturen praktizieren alternative Lebensmodelle, und die Frage nach dem „guten Leben“ bestimmt weitgehend alle Entwürfe zu einer Lebensphilosophie. Kurzum: Noch nie war die Zukunft unserer Welt so sehr brisante Gegenwart wie heute, noch nie verlangten so viele Widersprüche nach praktikablen und möglichst schnellen Lösungen.

---

121 Ulrich Beck: *Weltrisikogesellschaft. Auf der Suche nach der verlorenen Sicherheit*, Frankfurt a. M. 2007.

Mit den Terroranschlägen nehmen die Dimensionen globaler Gefahren in der Risikogesellschaft drastisch zu, die heutige Finanz- und Wirtschaftskrise vernichtet Existenzgrundlagen und die Klimakatastrophe verschärft die problematische Situation. Die Risiken heute haben eine ungeheure Zerstörungskraft und erfassen alle Bereiche unserer Gesellschaft. Ulrich Beck betont in diesem Zusammenhang, dass die Inszenierung der Risiken in der Weltrisikogesellschaft neu wären, auch ihre Instrumentalisierung und Ausnutzung für politische Ziele, sodass Angst zu einer Art Lebensgefühl wird und Sicherheit die Werte von Freiheit und Gleichheit verdrängt. Die Antizipation von Katastrophen verändert aber auch die globale Politik grundlegend. Ob sie „ein neues Bewusstsein für die Aufklärungs-, Macht- und Gestaltungschancen einer kosmopolitischen Realpolitik" schaffen wird, ist allerdings offen.[122]

Schon vor einigen Jahren wurde betont, dass sich unsere Gesellschaft in Richtung einer Wissens- und Innovationsökonomie entwickelt. Dabei handelt es sich um die Fortführung eines Prozesses, der schon zur Zeit der Aufklärung einsetzte, nämlich die Schaffung von „Gesellschaften des Lernens", die zu einer großen Steigerung des Lebensstandards geführt hat.[123] Heute ist von elementarer Bedeutung, sich darauf zu konzentrieren, worin eine Gesellschaft des Lernens besteht. Wichtige Voraussetzungen waren für dieses Projekt schon die historische Aufklärung und die weiteren Aufklärungsprozesse bis zu unserer Gegenwart. In diesem

122 Ulrich Beck, *Weltrisikogesellschaft*.
123 Vgl. dazu Joseph E. Stiglitz / Bruce C. Greenwald: *Die innovative Gesellschaft. Wie Fortschritt gelingt und wie grenzenloser Freihandel die Wirtschaft bremst*, Berlin 2015.

Zusammenhang spielt Lernen als „Tun der Dinge" eine zentrale Rolle, weil es sich bei der täglichen Arbeit vollzieht.[124]

Joseph E. Stiglitz zieht eine problematische Bilanz der europäischen Politik seit ca. 2008, wenn er prophezeit: die Politik „wird dafür sorgen, dass Europas Lebensstandard in Zukunft deutlich niedriger sein wird. Während dies bei der Sparpolitik ganz offensichtlich ist, laufen auch die Strukturreformen ihren eigentlichen Zielen zuwider. Das ist der Grund dafür, dass Europas Rezession so teuer ist: Europa leidet nicht nur jetzt, sondern die Konsequenzen werden noch jahrelang zu spüren sein. Das versäumte ‚Lernen' führt zu einem Absinken des Produktionsniveaus, selbst dann, wenn die Wirtschaft irgendwann wieder zur Vollbeschäftigung zurückfindet."[125] Stiglitz des Weiteren sinngemäß: Die Handelsabkommen behindern das Lernen, weshalb man sie ablehnen müsse. Sie würden auch die Unfähigkeit zu institutionellem Lernen belegen. Ein wesentlicher Bestandteil einer lernenden Gesellschaft ist nicht nur die Steigerung der Produktivität, sondern auch die Förderung von Innovationen. In diesem Zusammenhang spricht man von einer künftigen Innovationspolitik, die erforderlich sei. Nur so könne der notwendige Fortschritt gelingen. Dieser ist allerdings nicht unproblematisch, weil er uns zwar Profit und Effizienz gebracht hat, gleichzeitig aber auch Sinnverlust. Unsere Fortschrittsgläubigkeit hat eine Maschinerie in Bewegung gebracht, in der wir zu anonymen Rädchen degradiert werden.

---

124 a.a.O., S. 10 (Vorwort).
125 a.a.O., S. 11.

Dass die Ungleichheit in unserer Gesellschaft stark zugenommen hat, ist zweifelsohne das Ergebnis einer falschen Politik. In der Debatte über die zunehmende Spaltung unserer Gesellschaft ist die Frage nach Reich und Arm in den Mittelpunkt gerückt. Ungleichheit kann nur gemildert werden durch konkrete politische Entscheidungen, die eine gerechtere Verteilung des Wohlstands berücksichtigen müsste.[126] Ungleichheit ist auch ein Problem für die Gesamtnachfrage und die gesamtwirtschaftliche Leistungskraft, die durch sie geschwächt wird. Zu den wirksamsten Instrumenten, die zur Stärkung der Nachfrage und zur Förderung der Gleichheit beitragen können, sind nach Auffassung von Stiglitz „fiskalpolitische, steuer- und ausgabenpolitische Maßnahmen“.[127] Auch das Buch von Thomas Piketty[128] „Kapital im 21. Jahrhundert“ weist auf die wachsende Sorge über die zunehmende Ungleichheit hin. Er bestätigt die zunehmende Einkommens- und Vermögenskonzentration in den höchsten Einkommensschichten. In diesem Buch werden auch grundsätzliche Probleme erörtert, die sich auf die volkswirtschaftliche Theorie und die Zukunft des Kapitalismus konzentrieren. „Er weist eine starke Zunahme des Verhältnisses von Vermögen zur gesamtwirtschaftlichen Produktion (Output) nach. Der Standardtheorie zufolge sollten solche Steigerungen mit rückläufigen Kapitalerträgen und Lohnzuwächsen einhergehen. Doch anders als er-

126 Joseph E. Stiglitz: *Reich und Arm. Die wachsende Ungleichheit in unserer Gesellschaft*, München 2015.
127 Ebd., S. 25 ff.
128 Thomas Piketty: *Kapital im 21. Jahrhundert*, München 2015.

wartet scheinen die Kapitalerträge nicht gesunken und die Löhne nicht gestiegen zu sein [...]".[129]

Hunger und Not gehören heute wieder zum Alltag, obwohl die Welt über die Ressourcen verfügt, Hunger, Epidemien und Tyrannei zu überwinden. Trotzdem wird der Kampf um die verfügbaren Güter mit inhumaner, mörderischer Gewalt ausgetragen. In diesem Zusammenhang wurde öfters auch die Frage gestellt, warum es den westlichen Warengesellschaften nicht gelungen ist, die Fesseln abzuschütteln, die sie hindern, frei zu denken und frei zu handeln. Aufklärungsfeindliches Denken scheint hier wieder zugenommen zu haben.[130]

Schon vor Jahren wurde im Zuge der Globalisierung eine neue Form der staatlichen Vernunft entwickelt, die die begriffliche Auflösung und substanzielle Aushöhlung der Demokratie zum Ziel hatte. Der Neoliberalismus hat die Prinzipien, Praktiken, Kulturen, Subjekte und Institutionen der Demokratie im Sinne der Herrschaft durch das Volk in Frage gestellt. „In dem Maße, wie sich eine normative Ordnung der Vernunft über drei Jahrzehnte hinweg zu einer weit und tief verbreiteten Regierungsrationalität entwickelte, verwandelt der Neoliberalismus jeden Bereich und jedes Unterfangen des Menschen gemeinsam mit den Menschen selbst gemäß einem bestimmten Bild des Ökonomischen. Jedes Verhalten ist ökonomisches Verhalten; alle Bereiche des Lebens werden in ökonomischen Begriffen und Metriken erfasst und gemessen, auch wenn diese Bereiche nicht direkt monetarisiert werden. Innerhalb der neoliberalen Vernunft

---

129 Joseph E. Stiglitz: *Reich und Arm*, a.a.O., S. 161.

130 Jean Ziegler: *Ändere die Welt! Warum wir die kannibalische Weltordnung stürzen müssen*, München 2015.

und in den Bereichen, die von ihr beherrscht werden, sind wir bloß noch und überall Exemplare des *homo oeconomicus*, der selbst eine historisch spezifische Form hat.“[131] Neoliberalismus ist in diesem Sinne mehr als eine Wirtschaftspolitik, eine Ideologie oder eine Neubestimmung des Verhältnisses von Staat und Wirtschaft. Bei ihm geht es vorwiegend um eine Neuordnung des gesamten Denkens, alle Bereiche des Lebens umfassend und im Sinne der Ökonomie verändernd, was fatale Folgen für unsere Gesellschaft und die Demokratie hat. Mit dieser Entwicklung wird das Volk im Sinne eines Zusammenschlusses der Bürgerinnen und Bürger und als Grundlage der Demokratie in Frage gestellt. Die Gefahr, dass technokratische Eliten die Macht übernehmen und die Demokratie auf Marktkonformität zurechtstutzen könnten, ist nicht unbedeutend und kann nur mit grenzüberschreitender Solidarität bekämpft werden.

Heute nehmen Bedenken und Zweifel über den Fortschritt unserer Gesellschaft zu. Ein „postmodernes Zeitalter“ soll die europäische Moderne mit ihrer Rationalität ablösen. Für nicht wenige Menschen ist das Produkt aus neuzeitlichem Aufklärungsoptimismus, wissenschaftlich-technischem Fortschritt und Machbarkeitsüberzeugung in eine Krise geraten. Unübersichtlich und fragwürdig bleibt die postmoderne Beliebigkeit als Antwort auf diese Zustände. Mit der Absage an die moderne Technik mit ihren zweifelhaften Fortschritten wird die Ästhetik heute deutlich aufgewertet. Als Wirklichkeitserfahrung empfunden, zielt sie auf Dimensionen und Instanzen der Erkenntnis ab. So

131 Wendy Brown: *Die schleichende Revolution. Wie der Neoliberalismus die Demokratie zerstört*, Berlin 2015, S. 7 f.

verstanden ist Ästhetik zu einer spezifischen Erkenntnisform geworden.[132]

Eine wesentliche Ursache der zunehmenden Unsicherheit des Menschen ist der Zuwachs an Wissen. In diesem Kontext spricht man daher heute immer häufiger von der sogenannten „Wissensgesellschaft". Mit ihrer Ausbildung und dem Fortschritt der Grundlagen- und angewandten Forschung treten ethische Fragen wieder stärker in den Vordergrund. Ethik ist angesichts vieler lebensweltlicher Verluste, die von wissenschaftlichen und technischen Umwälzungen erzeugt werden, wieder bedeutsam geworden.[133] Dazu gehört auch im Sinne des neuen Aufklärungsdenkens die Verpflichtung des Nachhaltigkeitsideals, das politisch umgesetzt werden müsste.[134]

---

132 Iring Fetscher: *Überlebensbedingungen der Menschheit. Ist der Fortschritt noch zu retten?*, München 1985; Peter Kemper (Hg.): *Postmoderne. Der Kampf um die Zukunft*, Frankfurt a. M. 1988; Cornelia Klinger: *Flucht, Trost, Revolte. Die Moderne und ihre ästhetischen Gegenwelten*, München 1995.

133 Ulrich Beck: *Weltrisikogesellschaft*; ders.: *Die Erfindung des Politischen*, Frankfurt a. M. 1993; Jürgen Habermas: *Die Moderne – ein unvollendetes Projekt*, Leipzig 1994.

134 Vgl. dazu Helmut Reinalter: *Der aufgeklärte Mensch. Das neue Aufklärungsdenken*, Würzburg 2016, S. 169 ff.

Die Notwendigkeit eines europäischen Toleranzmodells

Jede Identität, auch die europäische, kann – wie die aktuelle Flüchtlingskrise aufzeigt – offen oder geschlossen sein. Geschlossene Identität zieht eine Außengrenze und legt fest, wer und was nicht dazugehören darf. Sie gewinnt ihr Selbstbewusstsein aus ihrer Souveränität über den Ausschluss. Diese Form der Identität ist hierarchisch und diskriminierend, und indem sie die Zugehörigkeit als Privileg ansieht, schafft sie Verhältnisse der Rangordnung. Identität wird so zu einem Mittel von Suprematie und Herrschaft. Im Extremfall kann sie sogar zu einer fundamentalistischen Identitätspolitik werden.

Was Europa braucht, ist bezüglich der Flüchtlingskrise eine Kombination von rationaler, nüchterner Planung und Solidarität, um den Umbruch zu bewältigen. Wie sich bisher gezeigt hat, wurde große Hilfsbereitschaft und Humanität gegenüber den Flüchtlingen mobilisiert, gleichzeitig haben jedoch Zukunftsangst, Desorientierung und Aggression zugenommen. Da Klimaveränderungen, Kriege und Wohlstandsgefälle eine neue Weltunordnung verursachen, suchen viele Flüchtlinge Staaten, wo es Sicherheit und Wohlstand gibt. Leider fehlt die in Europa erforderliche Solidarität. Dazu kommt noch die Entscheidungsunfähigkeit der Politik, die das EU-Projekt gefährden könnte. Es droht ein Rückfall in nationalstaatliches Denken.

Die Selbstbesinnung Europas auf die politischen Grundwerte der europäischen Kultur und die Gemeinsamkeiten der europäischen Nationen waren nach dem Ende des Zweiten Weltkrieges eine europäische Antwort auf die Exzesse des Nationalismus und Imperialismus. In der europäischen Union übertragen die europäischen Nationalstaaten Schritt für Schritt, aber nicht unbegrenzt, Verantwortlichkeiten und Souveränitätsrechte auf supranationale und zwischenstaatliche Institutionen. Sie versuchen so, nicht nur dem bornierten Nationalismus die Grundlagen zu entziehen, sondern u. a. in der transnationalen Gesellschaft die Demokratie durch kooperative Grenzüberschreitungen wirksamer und glaubwürdiger zu machen.[135]

Zur modernen europäischen Identität zählt daher nicht die Zugehörigkeit zu einer bestimmten Ethnie, Religion oder Kultur, sondern eine ganz bestimmte Art des Umgangs mit Religion, Spiritualität und Kultur im öffentlichen Leben. Der europäische Gedanke beruht auf der Trennung von Staat und Kirche, auf der Toleranz sowie auf dem Schutz der Menschenrechte und der Gewährung von Bürgerrechten, unabhängig von religiösen Zugehörigkeiten. Europäische Identität ist u. a. eine politische Kultur des Umgangs mit Religionen, Weltanschauungen und Kulturen. Kulturelle Identität entsteht im Bewusstsein der Gemeinsamkeit von Werten, Überlieferungen, Deutungen, Formen des Wissens und Praktiken, die offen sein müssen. Politische Identität ist wie die kulturelle für die Zukunft der EU von ausschlaggebender Bedeutung. Sie ist kein Erbe und auch kein ausschließlicher Besitz, sondern ein Projekt und ein sozialer Produktionsprozess, der nach bestimmten Werten bewusst

---

135 Helmut Reinalter: *Die geistigen Strömungen der Zeit und die Zukunft der Freimaurerei*, in: *Zeitschrift für Internationale Freimaurer-Forschung* 17 (2007), S. 9 ff.; ders.: *Aufklärungsdenken und Freimaurerei*, Zürich 2014, S. 110 ff. (auch für das Folgende).

vorangetrieben werden muss, insbesondere auf dem Weg zu einer Politisierung der europäischen Politik.[136]

Mit den zunehmenden wirtschaftlichen und politischen Problemen der Zukunftsentwicklungen und unter dem Einfluss der Globalisierung steht auch die Frage des Verhältnisses zwischen Demokratie und Kulturen in einem engen Zusammenhang, zumal die Gefahr fundamentalistischer Denkformen und Verhaltensweisen zunimmt. Die Forderung nach mehr Demokratie und Menschenrechten wird allein nicht ausreichen, um die Kommunikation zwischen den Kulturen aufrecht zu erhalten und positiv weiterzuentwickeln. Der interkulturelle und interreligiöse Dialog ist aber die Voraussetzung dafür, die Eskalation von Kulturkonflikten zu vermeiden. Dem europäischen Kontinent kommt zweifelsohne in seiner kulturellen Vielfalt und seiner Integrationsleistung bei der Vermittlung der Kulturen eine gewichtige Rolle zu. Als fast ausschließlich westlich geprägter Kontinent hat Europa den Modernisierungsprozess entscheidend beeinflusst. Die Geschichte Europas zeigt, dass der Kontinent ein großes Erfahrungspotenzial in konfliktarmer und konfliktträchtiger Nachbarschaft verschiedener Kulturen besitzt und daher auch Bewältigungsstrategien von Spannungen entwickeln konnte.[137]

---

136 Ebd., S. 19 f.; Helmut Reinalter (Hg.): *Die Zukunft der Demokratie*, Innsbruck 2002.

137 Vgl. dazu Otfried Höffe: *Demokratie im Zeitalter der Globalisierung*, München 1999; Helmut Reinalter: *Demokratie und Globalisierung*, in: *Die Zukunft der Demokratie*, hg. von Helmut Reinalter, Innsbruck 2002, S. 103 ff.; Hauke Brunkhorst-Matthias Kettner (Hg.): *Globalisierung und Demokratie*, Frankfurt a. M. 2000; Werner Weidenfeld (Hg.): *Demokratie am Wendepunkt. Die demokratische Frage als Projekt des 21. Jahrhunderts*, Berlin 1996 (auch für das Folgende).

In Europa, wo heute Menschen verschiedenster Kulturkreise leben, ist eine Kultur der Toleranz von größter Bedeutung. Gefragt ist die Entwicklung eines europäischen Toleranzmodells, in dem die kulturelle Identität bewahrt und die Kulturen der Andersdenkenden respektiert werden. Nur auf dieser Basis kann eine interkulturelle Verständigung auch im globalen Maßstab funktionieren. Toleranz heißt in diesem Zusammenhang, nicht nur die Meinung des Andersdenkenden zu respektieren, sondern sich mit seinem Anderssein und spezifischen kulturellen Hintergrund ernsthaft und aktiv auseinanderzusetzen.[138]

Ein solches Toleranzmodell kann nur dann erfolgreich werden, wenn die Politik die Fortsetzung der klassischen Instrumentarien der Machtpolitik überwindet. „Ein europäisches Modell der kulturellen Koexistenz kann nur dann legitim formuliert werden", wenn es akzeptiert, dass „die von Europa ausgehenden Modernisierungsprozesse einen Zwang zur Selbstbehauptung anderer Kulturen ausgelöst haben."[139] Die Politik und die internationalen Organisationen erfüllen diese wichtige Aufgabe für eine Vermittlung zwischen den Kulturen kaum. Sie sind u. a. auf die „Rege-

138 Zur Toleranz vgl. Helmut Reinalter (Hg.): *Toleranz-Symposium, in: Wege und Hindernisse religiöser Toleranz. Zur friedensschaffenden Kraft der Religionen*, Weimar 2013, S. 131 ff.; Rainer Forst: *Toleranz im Konflikt. Geschichte, Gehalt und Gegenwart eines umstrittenen Begriffs*, Frankfurt a. M. 2003; Michael Walzer: *Über Toleranz. Von der Zivilisierung der Differenz*, hg. von Otto Kallscheuer, Hamburg 1998; Heinrich Schmidinger: *Wege zur Toleranz. Geschichte einer europäischen Idee in Quellen*, Darmstadt 2002; Rainer Hastedt, Toleranz, Stuttgart 2012.

139 Werner Weidenfeld (Hg.): *Demokratie am Wendepunkt*, S. 32; Helmut Reinalter: *Aufklärungsdenken*, S. 112.

lung technischer Systemprobleme von Wirtschaft und Politik" ausgerichtet.

Eine wichtige Herausforderung und Aufgabe für die transnationale Demokratie und für die Gesellschaft der Zukunft ist daher die Ausrichtung von Organisationen auf jene Gestaltungsform, die den „Angehörigen der fernöstlichen Kulturen, der islamischen Welt, aber auch der Afrikas oder Lateinamerikas nicht als Instrumente der westlichen Hegemonie, sondern als Verfahren der kulturellen Verständigung erscheinen".[140] Nur der Dialog der Kulturen und Religionen kann diese Perspektive in das eigene Denken integrieren und gemeinsam Möglichkeiten aufzeigen, wie die Zukunftsprobleme der entstehenden Weltgesellschaft gelöst werden können.[141] Mit diesen wichtigen politischen, gesellschaftlichen und geistigen Entwicklungen unserer Zeit sollte sich die Freimaurerei im Sinne ihres gesellschaftspolitischen Engagements kritisch beschäftigen und prüfen, welche dadurch entstandenen Probleme für die Freimaurerei von besonderer Bedeutung sind.

Das neue Aufklärungsdenken und die Freimaurerei

Zu den wichtigsten gegenwärtigen Aufgaben der Freimaurerei zählt zweifelsohne das neue Aufklärungsdenken, für das der Verfasser im Rahmen der Freimaurer-Akademie der

140 Werner Weidenfeld (Hg.): *Demokratie am Wendepunkt*, ebd.; Helmut Reinalter: *Die geistigen Strömungen*, S. 19 f.

141 Vgl. zum ganzen Kapitel Helmut Reinalter: *Der aufgeklärte Mensch*, S. 174 ff.

Großloge von Österreich ein neues Konzept der „reflexiven Aufklärung“ entwickelt hat.[142]

Was heute dringend erforderlich erscheint, ist die Konzipierung einer „neuen“, „reflexiven“ Aufklärung, die die unverzichtbaren Grundlagen der historischen Aufklärung kritisch weiterentwickelt. Die Aufklärung als nie abschließbare Aufgabe und als Denkprinzip versteht sich als Selbstaufklärung, als Selbstwerden durch freies Denken, aber auch als Sachaufklärung im Sinne von Wegräumen geistiger und realer Hindernisse der Selbstaufklärung. Aufklärung richtet sich als Selbstdenken (Immanuel Kant) gegen angemaßte Autorität und Vorurteile, als Richtdenken gegen Irrtümer, Irrationalismus und Aberglauben, gegen Verabsolutierungen und Ideologien, gegen Dogmen und absolute Wahrheiten. Die bleibende Aktualität der Aufklärung resultiert aus dem permanenten Aufklärungsbedürfnis. Sie ist ein stets erneuerter Versuch, die immer neu wuchernde Pseudowahrheit zu überwinden und ideologiekritisch zu arbeiten. Aufklärung als modernes Denkmodell darf allerdings Aufklärung über sich selbst nicht vernachlässigen, sonst degeneriert sie zur Pseudoaufklärung oder Ideologie und zerstört sich selber.[143]

Für die „reflexive“ Aufklärung ist Kants „Selbstkritik der Vernunft“ von elementarer Bedeutung. Kant versteht unter Kritik der Vernunft Selbstkritik der Vernunft und meint damit, dass es keine übergeordnete, auch keine göttliche Instanz gibt, vor der menschlicher Vernunftgebrauch zur Verantwortung gezogen werden könne. In Form von

142 Vgl. dazu Helmut Reinalter: *Der aufgeklärte Mensch*, S. 71 ff. und S. 93 ff.

143 Helmut Reinalter: *„Reflexive“ Aufklärung*, in: *Zeitschrift für Internationale Freimaurerforschung* 4 (2000), S. 51 ff.

Selbstkritik ist Vernunftkritik eine exemplarische Weise des Selbstdenkens. „Selbstdenken heißt, den obersten Probierstein der Wahrheit in sich selbst suchen; und die Maxime, jederzeit selbst zu denken, ist die Aufklärung."[144] Diese Maxime gilt für den theoretischen und praktischen Vernunftgebrauch. Das Selbstdenken hat sich allerdings heute aufgrund der ungeheuren Komplexität der Lebensverhältnisse in vielen Fällen als psychische und soziale Überforderung erwiesen. Kant bemüht sich um eine rein rationale, in der Vernunft gegründete Fundierung des moralischen Wissens.

In der heutigen Situation der Ethik konkretisiert sich Vernunftgebrauch bzw. Selbstdenken in der Anwendung von Urteilskraft. Kritik wird nicht an der Selbstbehauptung philosophischen Denkens, sondern an einem philosophischen Ethos festgemacht. Aus der Perspektive Kants wäre dieses Ethos als die aufgeklärte bzw. aufklärerische Haltung des Selbstdenkens zu bestimmen.

Seine drei Kritiken versteht Kant auch als Selbstkritik der Aufklärung. Aufklärung bedarf eines „Systems der Vorsicht und Selbstprüfung".[145] Als kulturelles Prinzip war Selbstdenken nur in Verbindung mit allgemeiner Menschenvernunft möglich. „Kants Apriorismus sollte die logische Funktionsweise der allgemeinen Menschenvernunft analysieren. Die aufklärerische Verklammerung beider Pole bedeutete den Austritt der Menschheit aus der bäuerlich-aristokratischen Lebensform mit deren geschlossenen, naturalwirtschaftlich fundierten, in ständischer Herrschaftsordnung ruhenden Kreisläufen. Die allgemeine Menschenvernunft findet nach

144 Immanuel Kant: *Was heißt: Sich im Denken orientieren?*

145 Gerd Irrlitz: *Kant-Handbuch. Leben und Werk*, Stuttgart-Weimar, 2. Aufl. 2010, S. 26 f.

Kant ihren realen kulturellen Ort im Unendlichen des zivilisationsgeschichtlichen Prozesses."[146]

Kant hat seinen Begriff von Aufklärung vor allem in der „Kritik der praktischen Vernunft" entwickelt. In der „Anthropologie in pragmatischer Hinsicht" bezeichnet er den „Ausgang des Menschen aus seiner selbstverschuldeten Unmündigkeit" als eine „Revolution in dem Innern des Menschen" und hebt sie sogar als Superlativ hervor. In seinem Aufklärungs-Essay „Idee zu einer allgemeinen Geschichte in weltbürgerlicher Absicht" erwähnt er die Aufklärung und nennt sie ein „großes Gut". Kants Aufklärungsinteresse ist stark moralisch-praktisch orientiert und als Hilfsmittel für die Praxis auch theoretischer Natur. Aufklärung hat aber bei ihm als Gelehrsamkeit keine besondere Bedeutung. Wichtig ist für die Aufklärung das Verhältnis des Menschen zu sich selbst im Sinne von Moral und Praxis, und so betont Kant vor allem die emanzipatorische Bedeutung der Aufklärung. Wesentliche Voraussetzung für sie ist das Selbstdenken, das kritische Reflektieren über Aufklärung und das Erkennen von Fehlentwicklungen und Grenzen des aufgeklärten Denkens. In diesem Sinne meint Kant, dass die Antriebskraft der Aufklärung nicht nur mit Moral, sondern auch mit Kritik sehr eng verbunden sei.[147]

---

146 Gerd Irrlitz: *Kant-Handbuch*, S. 20.

147 Vgl. dazu Helmut Holzhey: *Kant und die Aktualität der Aufklärung*, S. 34 ff.; Otfried Höffe: *Kants Kritik der praktischen Vernunft. Eine Philosophie der Freiheit*, München 2012, S. 15 ff.; Helmut Reinalter (Hg.): *Denksysteme. Theorie- und Methodenprobleme aus interdisziplinärer Sicht*, Innsbruck 2003; ders. (Hg.): *Perspektiven der Ethik*, Innsbruck 1999; ders.: *Angewandte Ethik als praktische Aufklärung*, in: *Eleusis* 1/9 (2009), S. 43 ff.

Im Zusammenhang mit den unterschiedlich anspruchsvollen Begriffen von Aufklärung, unterscheidet Kant mehrere Stufen der Aufklärung, wobei das Selbstdenken die unverzichtbare Grundlage der Aufklärung bildet. In der „Kritik der Urteilskraft" (1790) spricht Kant von drei Stufen der Aufklärung: der Grundstufe (dem Selbstdenken) folgt die Steigerung „an der Stelle jedes anderen denken", und drittens „jederzeit mit sich selbst einstimmig denken".[148] Die hier erwähnte dritte Stufe stellt die konsequente folgenrechte Denkungsart dar und kann nach Kant „nur durch die Verbindung beider ersten [...] erreicht werden".[149] In der Religionsschrift deutet Kant noch einen weiteren Begriff an, wenn er von einer „wahren Aufklärung" spricht. Darin verpflichtet er die Aufklärung auf Objektivität, die in der Universalisierbarkeit von Maximen besteht. Diese konsequente Denkungsart ist bei ihm die reflexive Aufklärung, nämlich Aufklärung über die Aufklärung.[150] Das bedeutet, dass Kant nicht nur Aufklärung über Aberglaube, Irrtümer, Tradition und Religion betreibt, sondern auch Aufklärung über die Bedingungen und Möglichkeiten von Aufklärung."[151] Er hat insofern die Idee der Aufklärung konsequent zu Ende gedacht, weil er alle Überzeugungen, Theorien und Ansichten durch kritische Reflexion einer Prüfung unterzog.

Auch die *Angewandte Ethik* kann als praktische Auf-

---

148 Otfried Höffe: *Kants Kritik der praktischen Vernunft*, S. 22 f.

149 Otfried Höffe (Hg.): *Immanuel Kant. Kritik der Urteilskraft*, Berlin 2008, V, S. 295.

150 Otfried Höffe (Hg.): *Immanuel Kant. Die Religion innerhalb der Grenzen der bloßen Vernunft*, Berlin 2011, VI, S. 123.

151 Michael Kubsda: *Selbstreflexion und Emanzipation. Aufklärung als Terminus in Kants kritischer Philosophie*, Würzburg 2014, S. 20 ff.

klärung charakterisiert werden, wobei es hier Verbindungslinien zu Kant gibt. Das Bemühen um praktische Vernunft ist die einer zivilen Gesellschaft adäquate Form, Konflikte auszutragen. Dies verdeutlicht, warum die Ethik in den letzten Jahrzehnten stärker zu einer Integrations- und Orientierungswissenschaft wurde und damit die Grenzen der akademischen Disziplin der Philosophie gesprengt hat. Auf sich allein gestellt kann sie jedoch die wichtige Integrations- und Orientierungsleistung nicht erbringen. Die Fähigkeiten zur individuellen und institutionellen Verantwortungswahrnehmung können sich nur im Rahmen eines interdisziplinären und gesellschaftlichen Diskurses entwickeln.

Auch der *Kritische Rationalismus* (Karl Popper) hat zur Herausbildung eines neuen Aufklärungsverständnisses Wesentliches beigetragen. Für seine Philosophie sind drei Aspekte bestimmend: das Selbstverständnis des Kritischen Rationalismus als Aufklärung, das Vernunftverständnis und das ideologiekritische Potenzial des Kritischen Rationalismus. Die Idee von der Selbstbefreiung durch das Wissen ist ein programmatischer Topos in der Tradition der Aufklärung. Im kritisch-rationalistischen Aufklärungskonzept werden besonders drei Forderungen hervorgehoben:

1. dass prinzipiell kein Lebensbereich, keine gesellschaftlich-politische Instanz, keine traditionelle Autorität der kritischen Prüfung durch Empirie und Vernunft entzogen werden darf;
2. dass die kritische Reflexion vor den Implikationen und Folgen aufklärerischer Denkbemühungen nicht aufgehalten werden darf;

3. dass der Prozess der kritischen Reflexion und Selbstreflexion als unabschließbare Aufgabe zu sehen ist.[152]

Im Zentrum des Vernunftverständnisses des Kritischen Rationalismus steht die These von der prinzipiellen Fehlbarkeit und Irrtumsanfälligkeit des menschlichen Erkenntnis- und Vernunftvermögens. Letzte Instanzen, die die Wahrheit von Erkenntnissen gleichsam offenbar machen und absolut garantieren können, werden im Kritischen Rationalismus entschieden abgelehnt. Er richtet sich gegen eine Dogmatisierung von Erkenntnissen und eine Beeinträchtigung des Erkenntnisfortschritts. Der kritisch-rationalistische Standpunkt in Wertfragen wird der aufklärerischen Grundidee von der Selbstbefreiung durch Wissen gerecht, weil er die Möglichkeit betont, sich durch das Aneignen von Sachwissen von bisher unbefragten Wertautoritäten auch im ethischen Bereich zu emanzipieren, ohne das Engagement für ein ethisches Prinzip auszuschließen. Der Kritische Rationalismus umfasst auch ein ideologiekritisches Potenzial, das Weltanschauungen und Ideologien kritisch prüft. Als Denkströmung ist der Kritische Rationalismus gut geeignet, gegenaufklärerischen Tendenzen, die heute stärker werden, wirksam entgegenzutreten.[153]

Es gab Versuche im 20. Jahrhundert, das keineswegs überholte Programm der Aufklärung in eine breitere, weltgeschichtliche Perspektive zu rücken. Die Aufklärung wurde als fortschreitendes Denken nicht nur als Epoche gesehen, sondern auch als geschichtsphilosophischer Sachverhalt

---

152 Vgl. dazu Kurt Salamun: *Das Aufklärungs- und Vernunftverständnis im Kritischen Rationalismus*, in: *Die neue Aufklärung*, hg. von Helmut Reinalter, S. 83 ff.

153 Ebd., S. 87 ff.

dargestellt (z. B. von Max Weber, Wilhelm Nestle, Max Horkheimer und Theodor W. Adorno). Diese geschichtsphilosophischen Ansätze haben eine qualitativ neue Selbstbesinnung aufklärerischen Denkens eingeleitet. Die Vernunft im Widerstreit mit sich selbst spielt in Horkheimers „Kritik der instrumentellen Vernunft" eine wichtige Rolle. Gemeint ist hier die Tendenz des Fortschritts im modernen Industriezeitalter, humane Ideen zu zerstören. Die technische Zivilisation bedroht ihr eigenes Ergebnis. Die These Horkheimers und Adornos besteht darin, dass die selbstzerstörerische Tendenz der Vernunft schon im aufklärerischen Denken des 18. Jahrhunderts angelegt ist. Will Aufklärung sich vor völliger Selbstzerstörung bewahren, so muss sie auf ihr immanentes „rückläufiges Moment" reflektieren. Damit soll bei aller Kritik ein positiver Begriff von Aufklärung vorbereitet werden, der sie aus ihrer Verstrickung in blinde Herrschaft löst.[154]

Heute haben sich in der kontrovers geführten Diskussion verschiedene neue Formen der Vernunft herausgebildet. Die Theorie der kommunikativen Vernunft von Jürgen Habermas versteht sich als Weiterführung der kantischen Vernunftkonzeption, wonach nicht nur szientistisch-technische, sondern auch Fragen nach dem Sinn des Lebens vernünftig genannt werden können. Habermas begründet allerdings die Universalität seiner kommunikativen Vernunft nicht aus einem metaphysischen „a priori", sondern aus den

154 Alfred Schmidt: *Zur Dialektik der Aufklärung*, in: *Die neue Aufklärung*, hg. von Helmut Reinalter, S. 109 ff.; Max Horkheimer / Theodor W. Adorno: *Dialektik der Aufklärung. Philosophische Fragmente*, Frankfurt/M. 1969; Helmut Reinalter: *Der aufgeklärte Mensch*, S. 97 ff.

Voraussetzungen unseres kommunikativen Umgangs miteinander. Er hebt das Rationalitätspotenzial der Sprache bzw. des Sprechens besonders hervor und sieht den Fortschritt der Geschichte in Richtung Vernunft und Freiheit positiv. Diese Entwicklung sollte fortgeführt werden, wobei eine reflektiertere Aufklärung unverzichtbar sei.[155]

Ein ganz anderer Ansatz ist der von Carola Meier-Seethaler[156], die aus der Perspektive einer feministischen Psychoanalyse eine Denkform entwickelt, die neben der neuzeitlichen Erkenntnistheorie und Rationalität auch die Urteilskraft der Gefühle besonders hervorhebt. Der Kern ihrer Aussage besteht darin, sich nicht nur auf vermeintlich objektive, rationale Entscheidungen zu stützen, wenn es um eine menschengerechte und solidarische Weltgemeinschaft geht, sondern auch emotionale Wertkriterien zu berücksichtigen. Ihr Bemühen ist, Gefühle aus dem Dunstkreis ihrer angeblichen Irrationalität herauszuführen und ihre Bedeutung für ein neues Vernunftverständnis zu prüfen.

„Gefühle sind Qualitätsurteile und als solche eine Gabe der Unterscheidung“[157], wenn wir Beurteilungen und Ein-

---

155 Jürgen Habermas: *Der philosophische Diskurs der Moderne*, Frankfurt a. M. 1985, S. 155 ff.; Helmut Reinalter: *Der aufgeklärte Mensch*, S. 107 ff.

156 Carola Meier-Seethaler: *Gefühl und Urteilskraft. Ein Plädoyer für die emotionale Vernunft*, München 1997; Hinderk M. Emrich: *Rationalität und Irrationalität von Bewußtem und Unbewußtem*, in: *Vernunftbegriffe in der Moderne*, hg. von Hans-Friedrich Fulda und Rolf-Peter Horstmann (Hg.), Stuttgart 1994, S. 479 ff.; Wolfgang Wein: *Das Irrationale. Entstehungsgeschichte und Bedeutung einer zentralen philosophischen Kategorie*, Frankfurt a. M. 1997; Steffen Martus: *Aufklärung. Das deutsche 18. Jahrhundert*, Berlin 2015, S. 376 ff. (weibliche Aufklärung).

157 Vgl. dazu Carola Meier-Seethaler: *Gefühl und Urteilskraft*, S. 13 ff.

schätzungen treffen. Diese Qualitätseinschätzung setzt bei den Sinnesempfindungen im Anschluss an Sinneswahrnehmungen ein, weil sie uns nicht nur Informationen vermitteln, sondern insbesondere Gefühlsempfindungen, die sich im kulturellen Umfeld verfeinern und sich mit ästhetischen Qualitätsurteilen verknüpfen. Wichtig ist hier die gegenseitige Verflechtung von emotionalen und rationalen Urteilen. Aus der emotionalen Vernunft ergeben sich schließlich auch neue Grenzziehungen zwischen Rationalität und Irrationalität. Meier-Seethaler sieht diese Grenze nicht zwischen Verstand und Gefühl, sondern zwischen bewusstem Denken, Fühlen und Handeln und unreflektiert übernommener Meinungen, Handlungen und unbewussten Motiven. Hier ist die Grenze zwischen größtmöglicher Bewusstheit und Unbewusstheit gezogen.

Ronalde de Sousa[158] bestätigt diese „Rationalität des Gefühls", indem er über die Rolle des Gefühls im rationalen Leben, über die Bedeutung beim Erwerb von Überzeugungen und Wünschen, beim Übergang zwischen ihnen und bei ihrer Umformung in Handlungen und Taktiken nachdenkt. Weiters geht er auch der Frage nach, ob Gefühle selbst rationaler Bewertung unterzogen werden können. Die moralische Bewertung von Emotionen ist Teil des menschlichen Lebens, und in der Ausübung unserer rationalen Fähigkeiten spielen Gefühle eine zentrale Rolle. Erst durch die Ab-

158 Ronalde de Sousa: *Die Rationalität des Gefühls*, Frankfurt a. M. 1997; vgl. auch Luc Ciompi: *Die emotionalen Grundlagen des Denkens*, Göttingen 1997; Christoph Demmerling: *Vernunft, Gefühl und moralische Praxis. Überlegungen zur Kultur der praktischen Vernunft*, in: *Vernunft und Lebenspraxis*, hg. von Christoph Demmerling, Gottfried Gabriel und Thomas Rentsch, Frankfurt a. M. 1995, S. 246 ff.

wägung von Alternativen, die emotional vor sich geht, wird Vernunft überhaupt wirksam.

Viele Hilfestellungen zum Wissen und zur Bedeutung von Gefühlen, insbesondere durch die Analysen wissenschaftlicher und gesellschaftlicher Debatten und Diskurse über sie, über Affekte, Leidenschaften, Empfindungen und Emotionen haben das Problem der Beziehungen zwischen Rationalität und Gefühlen bzw. Emotionen vertieft.[159] Dabei wurde aufgezeigt, dass Gefühle schon sehr früh Thema von populären und wissenschaftlichen Reflexionen gewesen sind, wie im 18. Jahrhundert und in der Epoche der Empfindsamkeit und Romantik im 19. Jahrhundert. Allgemein hat aber die Moderne seit der Aufklärung des 18. Jahrhunderts ein ambivalentes, wechselhaftes Verständnis der Gefühle hervorgebracht.

In den letzten Jahren haben weitere wissenschaftliche Untersuchungen über Gefühle neue Forschungsperspektiven eröffnet, die davon ausgehen, dass Gefühle die Quellen unseres Realitätssinns darstellen, weil nur durch sie der Mensch lebendig und mit der Welt verbunden erscheint. Sie sind auch mit uns selbst verknüpft und keine irrationalen Kräfte, sondern das „Elixier des Geistes". „Sie sind die Spiegel unserer Urteile über die Fragen des Lebens und bilden zugleich das Fundament aller sozialen Werte – sie sind deshalb vor allem das Herz der Ethik."[160]

Denken und Gefühl sollten in eine Kommunikation treten und dürfen nicht polarisierend in Konkurrenz gesehen werden. In dieser Verknüpfung geht es vor allem um die

---

159 Ute Frevert u. a.: *Gefühlswissen.*

160 Heidemarie Bennent-Vahle: *Mit Gefühl denken*, S. 245 ff., S. 11 ff.; Helmut Reinalter, Der aufgeklärte Mensch, S. 89 ff.

sozialen Aspekte des Gefühlslebens und um den Umgang mit Emotionen, wie Scham, Wert, Liebe und Empathie, also um eine Kultur des zwischenmenschlichen Umgangs. Damit kommt der Sinnlichkeit und dem Fühlen eine wichtige ethische Bedeutung zu.

Die Herausforderungen und zukünftigen Aufgaben der Freimaurerei

Die Auseinandersetzung mit den hier erwähnten Entwicklungen und mit dem neuen Aufklärungsdenken zählt heute zu den wichtigsten philosophischen und gesellschaftspolitischen Aufgaben der Freimaurerei. Die menschliche Verantwortung führt die Bruderkette zur Beschäftigung mit diesen Problemen, wobei diese Auseinandersetzung auf dem Wissensstand der Zeit erfolgen muss. Zu den wichtigsten Problemfeldern zählen heute aus masonischer Perspektive vor allem Fragen des Friedens und der Konfliktbewältigung, die Krise der Umwelt, die Kritik am fundamentalistischen Denken, die Forcierung des Aufklärungsdenkens, die Auseinandersetzung mit dem Fremden und anderen Kulturen bzw. Religionen sowie die Beschäftigung mit den Folgen der tiefgreifenden Veränderungen durch Wissenschaft und Technik. Die Freimaurerei könnte für das Erleiden der gesamtgesellschaftlichen Probleme im eigenen Lebenszusammenhang sensibel und die Verarbeitung der Krisen durch konkrete Humanität, Aufklärung, Ethik und Toleranz fruchtbar machen. Sie scheint aufgrund ihrer spezifischen

Denkstruktur (Rationalität, Sensualität, Gefühlskultur und Individualisierung) dafür besonders geeignet.[161]

Aufklärung im freimaurerischen Sinne versteht sich als eigene Denkform. Diese „reflexive“ Aufklärung ist Selbstwerden durch freies Denken, aber auch Sachaufklärung im Sinne von Wegräumen geistiger und realer Hindernisse der Selbstaufklärung. Aufklärung richtet sich als Selbstdenken gegen angemaßte Autorität und Vorurteile, als Richtdenken gegen Irrtümer, Irrationalismus und Aberglauben, gegen postfaktisches Denken, gegen Ideologien, gegen Dogmen und absolute Wahrheiten. Die Freimaurerei geht in ihrer kritischen Reflexion von der historischen Aufklärung des 18. Jahrhunderts zwar aus, prüft spätere Aufklärungsprozesse und versucht heute zu einem differenzierteren Verständnis von „reflexiver“ Aufklärung zu gelangen. Der neuzeitlichen Aufklärung wird ein Denkansatz gegenübergestellt, der neben der Rationalität und Vernunft auch die Urteilskraft der Gefühle entsprechend berücksichtigt. Damals wie heute geht es der neuen Aufklärung darum, die Hemmnisse zu überwinden, die die Ausbreitung der kritischen Erkenntnis und Vernunft stören. Eine neue Aufklärung erkennt die Fehlentwicklungen und Grenzen des Aufklärungsprojekts und kann daher korrigierend und weiterführend eingreifen. Dieses kritische Verständnis von Aufklärung, das heute freimaurerisch als „reflexive“ Aufklärung verstanden wird, entspricht nach Auffassung des Verfassers weitgehend dem humanen Denkmodell der Freimaurerei.[162]

161 Vgl. dazu Helmut Reinalter: *Die Freimaurer*, S. 128 ff.
162 Helmut Reinalter: *Der aufgeklärte Mensch*, S. 83 ff.

Da eine ausschließlich ästhetische und esoterische Verinnerlichung und der Rückzug auf die Ritualistik die Entwicklung der zukünftigen Freimaurerei in gewisser Weise hemmen würde, muss eine ihrer Hauptaufgaben in Zukunft darin bestehen, auf der Grundlage einer fundierten Analyse der gesellschaftlichen und geistigen Entwicklung das gesellschaftspolitische Engagement der Mitglieder zu fördern und darüber nachzudenken, ob die Freimaurerei über ihre einzelnen Brüder jenseits von Parteipolitik eine wichtige Funktion dort übernehmen könnte, wo eine Kurskorrektur notwendig erscheint. Die Gesellschaft ist nur dann besser für die Freimaurerei einzuschätzen, wenn sie genügend über ihre Struktur, über die sie lenkenden Kräfte und über die Umwelteinflüsse weiß. Die Welt von morgen wurzelt bekanntlich zunächst in der in der Gegenwart angelegten Grundrichtung. Die divergierenden Ansichten und Antworten auf die aktuelle Situation in unserer Gesellschaft, die man als „neue Unübersichtlichkeit“ (Jürgen Habermas) bezeichnen könnte, machen die Unsicherheit verständlich, mit der man der Frage nach der Verantwortung für die Welt von morgen zu begegnen versucht. Die Freimaurerei muss sich als ethische Wertegemeinschaft und als humanes Verhaltensmuster dieser Herausforderung und Verantwortung stellen und darüber kritisch reflektieren, wohin der Weg unserer Gesellschaft in Zukunft gehen und was dabei der einzelne Freimaurer tun könnte. Selbstverständlich gibt es zur Lösung dieser Probleme keine verbindlichen und allgemein gültigen Antworten. Es besteht aber ein weitgehender Konsens darüber, dass wieder der Mensch stärker in den Mittelpunkt der Gesellschaft treten muss, die persönliche Freiheit und damit die Verantwortung des Menschen auf die ethische Dimension verweisen und die Welt sicher mehr ist, als nur ein technisches Experimentierfeld.[163]

Daraus müssten sich praktische Schlussfolgerungen ergeben, dass die Ursachen der erwähnten Veränderungen nicht nur mit Wissenschaft und Technik allein zusammenhängen, sondern mit den Menschen selbst. Eine Veränderung menschlicher Werte greift nicht nur unmittelbar in den komplexen Zusammenhang von Gesetzgebung und Politik ein, sondern reicht weit darüber hinaus. Wenn die innere geistige Kultur des Menschen verkümmert, bleiben Selbstsucht und Egoismus als dominierende Triebkräfte in der Zukunftsplanung übrig. Damit kann man aber die zukünftigen Probleme unserer Gesellschaft nicht lösen.

Was daher die Freimaurerei heute dringend benötigt, ist eine fundierte und kritische Reflexion über die zukünftigen Möglichkeiten des Menschen in seiner Welt. An diesem Punkt angelangt, muss nun das unvoreingenommene, selbstkritische Hinterfragen des Freimaurers beginnen. Orientiert sich die Freimaurerei nicht vorwiegend an der Vergangenheit? Liebt sie nicht die Tradition und die historische Nabelschau? Sicher belebt sie diese oder versucht, sie mit Leben auszustatten. Sie zeigt der profanen Öffentlichkeit ihr geschichtliches Bewusstsein oder sie hüllt sich unter strengster Bewahrung der Arkandisziplin ganz in Schweigen. Kann diese vorwiegende Vergangenheitsfixierung und Wendung nach innen auch als Mangel an aktueller Leistung

---

163 Helmut Reinalter / Roland Benedikter (Hg.): *Die Geisteswissenschaften im Spannungsfeld zwischen Moderne und Postmoderne*, Wien 1998; Helmut Reinalter: *Die geistigen Strömungen der Zeit und die Zukunft der Freimaurerei*, S. 15 ff.; Helmut Reinalter: *Ethik und Werte in einer globalisierten Welt aus freimaurerischer Perspektive*, in: IF 29 (2013), S. 28 ff.

betrachtet werden? Die Freimaurerei wäre heute durchaus aufgrund ihres Potenzials in der Lage, bereichernde, spannende und innovative Angebote zu machen. Reformen sind dringend erforderlich. Aus den „Alten Pflichten" (1723) sollten „Neue Pflichten" gemacht werden, die den Erfordernissen des 21. Jahrhunderts entsprechen. Wichtig sind zwar die Ziele und Ideen der Freimaurerei auch heute noch, breit ist aber die Kluft zwischen Anspruch, Tat und Wirklichkeit. Sicher steht die Freimaurerei heute vor der schwierigen Aufgabe, in der Sprache und Begrifflichkeit unserer Zeit zu reformulieren, was sie substanziell ist und was sie aber sein könnte. Dabei kann sie sich auf den reichen Ritualbestand und auf die Ideengeschichte des Bundes stützen, denn beide drücken letztlich denselben Inhalt aus, nämlich die Humanität.

Soweit die Freimaurerei historisch konkret greifbar ist, scheint sie nach ihrem wesentlichen Ideengehalt ein Kind der Frühen Neuzeit zu sein und nicht der Aufklärung. Die Freimaurer, die von den damals fortschrittlichen Ideen überzeugt waren, arbeiteten sehr bewusst an der Geschichte und traten für eine positive Veränderung ihrer Struktur und auch der damaligen Gesellschaft ein. Aus heutiger Perspektive muss allerdings betont werden, dass diese Eindeutigkeit eines Geschichtsprozesses in Bezug auf Fortschritt und Reaktion nicht mehr gegeben erscheint. Ein konservatives Verhalten kann heute durchaus fortschrittlich sein, und vieles, was unter der Etikette Fortschritt läuft, muss nicht unbedingt auch dem Fortschritt dienen. Dies heißt, dass sich die Freimaurerei heute um ihre tragenden Kategorien neu kümmern muss:

1. Die Selbstverpflichtung, an der sich Freimaurer zu messen haben,
2. die Entfaltung einer geistigen Haltung, eines geistigen Habitus, deren Ausprägung sich im Diskurs der Brüder gestaltet (Diskursethik),
3. die Entwicklung einer freimaurerischen Lebensphilosophie als Lebenskunst (Michel Foucault),
4. eine neue ethische Orientierung am dynamischen Wandlungsprozess der Gesellschaft und eine aktive Toleranz,
5. die Freimaurerei als Idee und gemeinschaftlichen Praxis lebendig zu halten,
6. eine verstärkte Verpflichtung zur praktischen Humanität, zu Aufklärung und Brüderlichkeit und
7. eine aufklärerisch-ideologiekritische Haltung als Aufgabe.[164]

Aus diesen hier ausgewählten Beispielen geht eindeutig hervor, dass sich die Freimaurerei in der Gegenwart nicht damit begnügen kann, die Positionen der Frühen Neuzeit und der Aufklärung kritiklos zu wiederholen, sondern dass sie diese mit ganzer Kraft weiterentwickeln muss, will sie nicht als

164 Vgl. dazu Helmut Reinalter: *Aufklärung als Denkprinzip*, in: *Die neue Aufklärung*, Wien / München 1997, S. 45 ff.; Helmut Reinalter: *Der aufgeklärte Mensch*, S. 168 ff., S. 177 ff.; Helmut Reinalter: *Aufklärungsdenken und Freimaurerei*, Zürich 2014; Helmut Reinalter: *Aufklärung als Denkmodell für die Freimaurerei*, in: *Philosoph, Freimaurer, Aufklärer. Aufklärung als fortwährendes Zukunftsmodell*, Bayreuth 2013, S. 45 ff.; Helmut Reinalter: *Ist die Aufklärung noch ein tragfähiges Prinzip?*, Wien 2012; Helmut Reinalter: *Die geistigen Strömungen der Zeit und die Zukunft der Freimaurerei*, in: *Zeitschrift für Internationale Freimaurer-Forschung* 17 (2007), S. 9 ff.; Michael Kraus (Hg.): *Die Freimaurer*, Salzburg 2011, bes. S. 23 ff., S. 39 ff., S. 85 ff., mit mehreren Beiträgen des Verfassers.

erstarrte und zu Neuerungen unfähige Gemeinschaft unserer Zeit dastehen. Bei dieser grundsätzlichen Erneuerung sollte aber ein wesentlicher Gedanke unbedingt berücksichtigt werden, dass nämlich ein volles gelebtes Dasein (Königliche Kunst) nur in der Spannung auf den Sinn der Zeit denkbar ist, der nicht nur in der Gegenwart, sondern auch in der Zukunft liegt.

9. Die geistigen Strömungen der Zeit und die Freimaurerei

Grundlegender Wandel unserer Welt

Immer mehr Menschen unserer Zeit stellen die Lebensformen der modernen Kultur, den Staat, die Wirtschaft und die Wissenschaft, wie sie sich seit der Aufklärung herausgebildet haben, radikal in Frage. So werden gerade in den Kernländern der europäischen Kultur geistige Strömungen stärker, die den Rechts- und Verfassungsstaat der Neuzeit, die auf Privateigentum gegründete Marktwirtschaft und die modernen Wissenschaften mit ihren rationalen Problemlösungen überwinden wollen. Dabei muss in diesem Zusammenhang deutlich gesehen werden, dass die historische Entwicklung Europas zu Lebensformen geführt hat, die in der geschichtlichen Perspektive der Menschheit bisher als einzigartig angesehen werden können.

Trotzdem gibt es Bedenken und Zweifel über diesen Fortschritt. Ein „postmodernes Zeitalter" soll dem menschlichen Glücksverlangen besser entsprechen als die europäische Moderne mit ihrem starken Hang zur Rationalität. Für nicht wenige Menschen ist das Produkt aus neuzeitlichem Aufklärungsoptimismus, wissenschaftlich-technischem Fortschritt und Machbarkeitsüberzeugung in eine Art „Endzeit" geraten. Unübersichtlich und fragwürdig bleibt die postmoderne Beliebigkeit als Antwort auf diese Zustände. Mit der Absage an die moderne Technik und ihrem zweifelhaften

Fortschritt wird die Ästhetik heute deutlich aufgewertet. Als Wirklichkeitserfahrung empfunden, zielt sie auf Dimensionen und Instanzen der Erkenntnis ab. So verstanden ist Ästhetik zu einer spezifischen Erkenntnisform geworden.[165]

Die Umwandlung moderner Sozialsysteme in Risikogesellschaften

Mit der Umwandlung moderner Sozialsysteme von Wohlstands- zu Risikogesellschaften zeichnet sich ein weiteres Indiz für eine epochale Veränderung der Moderne ab. Die Entwicklung der Moderne wird „reflexiv", sich selbst zum Thema und Problem. Dieser Prozess bringt eine Zukunft hervor, auf die wir nur zum Teil Einfluss nehmen können. Im Zeitalter der Beschleunigung verlieren nämlich Vergangenheit und Gegenwart immer mehr an Kraft und Bedeutung, zukunftsorientiertes Entscheiden und Handeln zu steuern. Die Ebenen haben sich heute wesentlich verschoben. Nun sind es nicht mehr Traditionen, auch nicht Hoffnungen und Utopien des Lebens, sondern befürchtete Gefährdungen der Zukunft, die zu einer grundsätzlichen Veränderung des menschlichen Bewusstseins und Verhaltens auffordern. Jede gegenwartsrelevante Prognose wird durch den Faktor „Zukunftsungewissheit" erschwert. In dem Maße, in dem die Qualität der Ereignisse, Prozesse und Faktoren zunimmt,

165 Vgl. dazu Thomas Rentsch: *Philosophie des 20. Jahrhunderts. Von Husserl bis Derrida*, München 2014; Robert Misik: *Was Linke denken. Ideen von Marx über Gramsci zu Adorno, Habermas, Foucault & Co*, Wien 2015; Axel Honneth: *Die Idee des Sozialismus. Versuch einer Aktualisierung*, Berlin 2015.

die den Wandel der modernen Gesellschaft bewirken, nimmt die Prognosekraft künftiger Lebenssituationen ab.

Wesentlichste Ursache dieser Unsicherheit ist der Zuwachs an Wissen. In diesem Kontext spricht man daher heute immer häufiger von der sogenannten „Wissensgesellschaft". Mit ihrer Ausbildung und dem Fortschritt der Grundlagen- und angewandten Forschung treten gleichzeitig ethische Fragen stärker in den Vordergrund. Ethik ist angesichts vieler lebensweltlicher Verluste, die von wissenschaftlichen und technischen Umwälzungen erzeugt werden, wieder bedeutsam geworden.

Verantwortungsethik und Projekt „Weltethos"

Heute ist unter dem Einfluss der Globalisierung eine erweiterte Verantwortung erforderlich, die über die Verursacherverantwortung hinaus führt. Gefragt ist dabei grundsätzlich keine neue Form der Verantwortungsethik, sondern die Herausbildung von Beteiligungsmodellen der Verantwortlichkeit, die den Rahmen von bloß formalistischer Übernahme der Verantwortung sprengen. Diese Beteiligungsmodelle müssen allerdings analytisch und begrifflich differenziert sowie auch gesellschaftlich, politisch und rechtlich konkretisiert und institutionalisiert werden.

Die durch ökologische, ökonomische und technische Risiken notwendig gewordene Gemeinschaftsverantwortung kann heute nicht mehr auf der Grundlage von Appellen erreicht werden, sondern nur durch das Prinzip der konkreten Humanität, das auf Menschen und ihre Mitgeschöpfe bezogen wird. Die Ethik einer konkreten Humanität schließt die

Forderung nach einem humanen, menschlichen Vorgehen in der Lebenspraxis ein und kann sich nicht in der Analyse von Ethikformen erschöpfen. Entscheidend ist dabei eine Orientierung, die auf konkrete Handlungsentscheidungen und Handlungsbeurteilungen ausgerichtet ist und auf das praktische Leben Bezug nimmt. Konkrete Humanität erkennt im Menschen nicht nur die rationale Seite, sondern auch das mitfühlende, mitleidende und mitteilende Wesen und achtet auf eine lebenswerte Umwelt. Sie berücksichtigt den humanen Umgang mit dieser Umwelt, nimmt die persönliche Verantwortung wahr, die Selbstachtung und Verantwortlichkeit für die eigene Person, umfasst und verfeinert ästhetisch den Geschmack, das persönliche Erleben und Gestalten des Wertens und Empfindens. Das konkret Humane verwirklicht sich letztlich nur im zwischenmenschlichen Leben und in der Kommunikation, dass jedes Erleben auch Begegnung ist (Martin Buber).

Die Humanität hängt sehr eng mit Menschenbildern zusammen, die sich im Laufe der Geschichte wandeln. Humanität, Menschlichkeit sind nicht nur Werte, sondern verstehen sich u. a. als konkrete, gelebte Praxis. Humanität ist keine abstrakte Idee oder ein theoretisches Konstrukt, sondern von menschlicher Praxis geprägt. In diesem Sinne könnte man Humanität auch als „veredelnde“ menschliche Praxis bezeichnen, weil sie von einer abstrakten Forderung zu einem konkreten Programm weiter entwickelt werden muss.

Seit mehreren Jahrzehnten werden die Forderungen nach einem Weltethos stärker. Das Projekt „Weltethos“, das von Hans Küng entwickelt wurde, orientiert sich an der Grundüberzeugung, dass es unter den Nationen keinen Frieden ohne Frieden unter den Religionen gibt. Mit der „Erklärung zum Weltethos“, die das Parlament der Weltreligionen 1993 in Chicago verabschiedete, haben sich erstmals Vertreterinnen und Vertreter aller Religionen über Prinzipien eines Weltethos verständigt und sich dabei auf vier wesentliche Postulate verpflichtet:

1. Verpflichtung auf eine Kultur der Gewaltlosigkeit und der Erfurcht vor allem Leben
2. Verpflichtung auf eine Kultur der Solidarität und eine gerechte Wirtschaftsordnung
3. Verpflichtung auf eine Kultur der Toleranz und ein Leben in Wahrhaftigkeit und
4. Verpflichtung auf eine Kultur der Gleichberechtigung und der Partnerschaft von Mann und Frau.

Aus diesen ethischen Hauptprinzipien leitet Hans Küng mehrere Forderungen ab, die ihm ein großes Anliegen sind und zu deren Realisierung er über die Stiftung Weltethos in Tübingen einen nachhaltigen Beitrag leisten möchte. Es handelt sich hier um die Erfurcht vor dem Leben, um gerechte und faire Handlungsweisen, um Wahrhaftigkeit im Reden und Handeln und um die gegenseitige Achtung und Liebe unter den Menschen. Aus diesen Überlegungen geht hervor, dass es sich dabei nicht um Moral und moralisches Verhalten handelt, sondern um eine besondere ethische Grundeinstellung. Unter Weltethos versteht Hans Küng keine neue Weltideologie und keine Welteinheitsreligion, sondern einen Grundkonsens bestehender und verbindender Werte, Maßstäbe und persönlicher Grundhaltungen. Er ist davon überzeugt, dass es keine Weltordnung ohne Weltethos geben kann. Zwar haben viele Staaten der Welt eine Rechtsordnung, aber in keinem Staat wird diese ohne einen ethischen Konsens funktionieren. Auch der globalisierte Weltmarkt erfordert ein Weltethos. Aus allen bisherigen Aktivitäten und Bemühungen der Stiftung Weltethos geht hervor, wie dringend Weltpolitik und Weltwirtschaft eine ethische Grundorientierung benötigen, um eine friedlichere und humanere Welt zu ermöglichen.

Globalisierung und Demokratie

Die Ausweitung politischer Partizipation seit der Neuzeit aus den jeweiligen Möglichkeiten, Voraussetzungen und Chancen zu verstehen, bedeutet, dass Demokratien in der Gegenwart nicht als statisch aufgefasst werden können. Formen demokratischer Willensbildung sind nicht starre Tradition, die unverändert bewahrt werden muss, sondern historisch gewordene politische Ordnungen, die den neuen Möglichkeiten unserer globalisierten Gegenwart entsprechend weiterentwickelt werden müssen. Unter dem Einfluss der Globalisierung stellen sich elementare Grundsatzfragen der Demokratie heute neu:

1. Was leistet die Demokratie?
2. Wie kann ihr ein leistungsfähigeres Profil gegeben werden?
3. Ist die Demokratie überhaupt in der Lage, die kommenden Herausforderungen positiv zu bewältigen?
4. Welches Gesicht soll die Demokratie in einer rasch fortschreitenden pluralistischen Gesellschaft überhaupt haben?

In einer Zeit tiefgreifender Veränderungen und zunehmender komplexer gesellschaftlicher Prozesse stoßen die Demokratien an die Grenzen ihrer Effektivität und zeigen sich ökonomisch und technisch als leicht verletzbare Systeme. Die krisenhaften Züge unserer Demokratie und des demokratischen Lebens treten heute deutlich hervor:

1. die schleichende Auszehrung von innen, die wachsende Distanz der Bürgerinnen und Bürger zum Staat, zur Politik und zu den politischen Parteien,
2. die zunehmende Entsolidarisierung, die stärker werdenden Verluste an Orientierungsbedingungen, die soweit voran geschritten sind, dass sich die Demokratie z. T. mit der Auflösung ihrer politisch-kulturellen Grundlagen konfrontiert sieht,
3. die wachsende Komplexität der politischen und gesellschaftlichen Probleme, die enger werdenden Handlungsräume, der Weg der Politik in die Defensive und der Verlust an Vertrauen in die Handlungsfähigkeit der Politikerinnen und Politiker,
4. die Veränderung der Existenzbedingungen der Demokratie durch das Phänomen der Globalisierung, weil sich die demokratische Ordnung bisher im nationalstaatlichen Rahmen verwirklicht hat.

Heute sprengen die Aufgaben und vielfältigen Herausforderungen durch die Globalisierung die Grenzen des Nationalstaates. Die Globalisierung und der Globalismus (das Diktat der Wirtschaft) entziehen sich nämlich dem Zugriff jener Instanz, auf die hin Demokratie konzipiert und praktiziert wurde. Der Globalismus vertritt die Auffassung, dass der Weltmarkt politisches Handeln verdrängt oder sogar ersetzt. Er versteht sich als die allesdurchdringende, allesverändernde Weltmarktherrschaft, deren Ideologie der Neoliberalismus ist. Dieser Globalismus verkürzt die Weltgesellschaft zur Weltmarktgesellschaft, stellt eine Erscheinungsform des eindimensionalen Denkens und Handelns dar und versteht sich letztlich als extremer Ökonomismus und als Ideologie.

Die komplexe Globalisierung ist heute zweifelsohne eine der größten Herausforderungen der Demokratie. Unter Globalisierung versteht man allgemein die Zunahme und Verdichtung der weltweiten ökonomischen und sozialen Verflechtungen. International nehmen der Einfluss und die Macht der Unternehmen, die inter- und transnationalen Institutionen und regierungsunabhängigen Organisationen (NGO) zu. Die Demokratie erhält dadurch neue Dimensionen, die große Veränderungen in der Politik hervorrufen. Wir stehen mitten in diesem tiefgreifenden Wandlungsprozess. Die Demokratie erhofft sich vom freien Spiel der Kräfte Raum und Reichtum an Gütern und Dienstleistungen. An die Seite der Vision von Frieden und Gerechtigkeit stellt sich das Bild eines vieldimensionalen Wohlstands.

Die Weltgesellschaft muss sehr viel an Initiativen der Kreativität von Gruppen und Einzelpersönlichkeiten und dem freien Wettbewerb überlassen. Im globalen Maßstab stellt sich heute die Frage, ob es nicht eine auf Gerechtigkeit verpflichtete Weltrechtsordnung und für sie eine demokratische Organisation braucht. Besteht für die Politik, auf die Globalisierung positiv zu reagieren, die Herausforderung nicht in einer Erweiterung und Vertiefung der Einzeldemokratie zu einer Weltdemokratie oder „Weltrepublik"? (Otfried Höffe).

Zweifelsohne gibt es heute drei Aufgabenfelder, für die ein dringender globaler Handlungsbedarf besteht:

1. die Errichtung einer globalen Rechts- und Friedensordnung zur Überwindung der globalen Gewaltgemeinschaft,
2. die Herstellung eines fairen Handlungsrahmens für die globale Kooperationsgemeinschaft, der die Sicherung der sozialen und ökonomischen Mindestkriterien umfasst und
3. die Klärung bzw. Konkretisierung der Probleme, die durch Hunger und Armut entstanden sind.

Auf den Punkt gebracht bedeutet dies globale Gerechtigkeit, globale Solidarität und globale Humanität.

„Reflexive" Aufklärung

Aufklärung im freimaurerischen Sinne versteht sich vor allem als Denkform, als „reflexive" Aufklärung. Diese „reflexive" Aufklärung ist Selbstwerden durch freies Denken, aber auch Sachaufklärung im Sinne von Wegräumen geistiger und realer Hindernisse der Selbstaufklärung. Aufklärung richtet sich als Selbstdenken gegen angemaßte Autorität und Vorurteile, als Richtdenken gegen Irrtümer, Irrationalismus und Aberglauben, gegen Verabsolutierungen und Ideologien, gegen Dogmen und absolute Wahrheiten. Die Freimaurerei geht in ihrer kritischen Reflexion von der historischen Aufklärung des 18. Jahrhunderts aus und prüft spätere Aufklärungsprozesse, um zu einem differenzierteren Verständnis von „reflexiver" Aufklärung (Helmut Reinalter) zu gelangen. Der neuzeitlichen Aufklärung wird ein Denkansatz entgegengestellt, der neben der Rationalität und Vernunft auch die Urteilskraft der Gefühle entsprechend berücksichtigt.

Die bleibende Aktualität der Aufklärung resultiert aus dem permanenten Aufklärungsbedarf. Sie ist der Versuch, die immer neu wuchernde Pseudowahrheit zu überwinden und ideologiekritisch zu denken und zu arbeiten. Aufklärungsdenken darf allerdings Aufklärung über sich selbst nicht vernachlässigen, da sie sonst zur Ideologie degeneriert und sich damit selbst zerstört. Durch Fundamentalismus und Gegenaufklärung herausgefordert, scheint es heute notwendiger denn je, ein vernunftkritisches Konzept der Aufklärung zu entwickeln, und so sicher zu stellen, was mit dem „vernünftigen Gehalt der gesellschaftlichen und kulturellen Moderne“ (Helmut Reinalter) bezeichnet wird. Die Aufklärung hat aufgrund einseitiger Auslegungen eines extrem egozentrischen Individualismus und durch die politischen Ideologien des 19. und 20. Jahrhunderts das Emanzipationsprojekt, das im 18. Jahrhundert mit der Aufklärung begonnen wurde, gehemmt und sogar pervertiert. Gewiss hat sie aber auch einen großen Erfolg erzielt, obwohl, das „Humane“ und der technische Fortschritt immer weiter auseinander zu laufen scheinen, wie die aktuellen Ethik-Diskussionen verdeutlichen.

Damals wie heute geht es der Aufklärung darum, die Hemmnisse zu überwinden, die die Ausbreitung der kritischen Erkenntnis und Vernunft stören. Eine neue, „reflexive“ Aufklärung erkennt die Fehlentwicklungen und Grenzen dieses Projekts und kann daher korrigierend und weiterführend eingreifen. Dieses kritische Verständnis von Aufklärung, das heute freimaurerisch als „reflexive“ Aufklärung verstanden wird, entspricht weitgehend einem humanen Denkmodell der Freimaurerei, bei dem es um Aufklärungskritik und um neue Ansätze zu einer differenzierten Betrachtungsweise der Aufklärung im Spannungsfeld zwischen Moderne und Postmoderne geht.

Die Freimaurer-Akademie der Großloge von Österreich zählt zu ihren Hauptzielen die kritische Auseinandersetzung mit diesen hier skizzierten Hauptkräften und geistigen Strömungen unserer Zeit. Da eine ausschließlich ästhetische Verinnerlichung und der Rückzug auf die Ritualistik die zukünftige Entwicklung hemmen würden, muss eine ihrer Hauptaufgaben in Zukunft darin bestehen, auf der Grundlage einer fundierten Analyse der gesellschaftlichen und geistigen Entwicklung das gesellschaftspolitische Engagement der Mitglieder zu fördern und darüber nachzudenken, ob die Freimaurerei jenseits von Parteipolitik eine Funktion dort übernehmen könnte, wo eine Kurskorrektur notwendig erscheint. Die Gesellschaft ist dann besser einzuschätzen, wenn wir genügend über ihre Struktur, über die sie lenkenden Kräfte und über die Umwelteinflüsse wissen.

Die Welt von morgen wurzelt zunächst in der in der Gegenwart angelegten Grundrichtung. Die divergierenden Ansichten und Antworten auf die aktuelle Situation in unserer Gesellschaft, die man als „neue Unübersichtlichkeit" (Jürgen Habermas) bezeichnen könnten, machen die Unsicherheit verständlich, mit der man der Frage nach der Verantwortung für die Welt von morgen zu begegnen versucht. Die Freimaurerei muss sich als ethische Wertgemeinschaft und als humanes Verhaltensmuster dieser Verantwortung stellen und darüber nachdenken, wohin der Weg unserer Gesellschaft in Zukunft gehen und was dabei der einzelne Freimaurer tun könnte. Selbstverständlich gibt es zur Lösung dieser Probleme keine verbindlichen und allgemeingültigen Antworten. Es besteht aber ein weitgehender Konsens darüber, dass wieder der Mensch stärker in den Mittelpunkt der Gesellschaft treten muss, dass die persönliche Freiheit und damit die Verantwortung des Menschen auf die ethische Dimension verweisen und die Welt sicher mehr ist, als nur ein technisches Experimentierfeld.

Daraus müssten sich praktische Schlussfolgerungen ergeben, dass die Ursachen der erwähnten Veränderungen nicht nur mit Wissenschaft und Technik allein zusammenhängen, sondern mit den Menschen selbst. Eine Veränderung menschlicher Grundwerte greift nicht nur unmittelbar in den komplexen Zusammenhang von Gesetzgebung und Politik ein, sondern reicht weit darüber hinaus. Wenn die innere geistige Kultur des Menschen verkümmert, bleiben Selbstsucht und Egoismus als dominierende Triebkräfte in der Zukunftsplanung übrig. Was die Freimaurerei heute dringend benötigt, ist eine fundierte und kritische Reflexion über die zukünftigen Möglichkeiten des Menschen in seiner Welt.

An diesem Punkt angelangt muss nun das unvoreingenommene, selbstkritische Hinterfragen des Freimaurers beginnen. Orientiert sich die Freimaurerei nicht vorwiegend an der Vergangenheit? Liebt sie nicht die Tradition und die historische Nabelschau? Sicher belebt sie diese oder versucht, sie mit Leben auszustatten. Sie zeigt demonstrativ der profanen Öffentlichkeit ihre geschichtliches Bewusstsein oder sie hüllt sich unter strengster Bewahrung der Arkandisziplin ganz in Schweigen. Kann diese Vergangenheitsfixierung als Mangel an aktueller Leistung betrachtet werden? Die Freimaurerei wäre heute durchaus in der Lage, bereichernde, spannende und innovative Angebote zu machen. Reformen sind dringend erforderlich. Aus den „Alten Pflichten" (1723) müssen „Neue Pflichten" gemacht werden, die den Erfordernissen des 21. Jahrhunderts entsprechen. Wichtig sind zwar die Ziele und Ideen der Freimaurerei auch heute noch, breit ist aber mitunter die Kluft zwischen Anspruch, Tat und Wirklichkeit.

Sicher steht die Freimaurerei vor der schwierigen Aufgabe in der Sprache und Begrifflichkeit unserer Zeit zu reformulieren, was sie ist und was sie sein könnte. Dabei kann sie sich auf den reichen Ritualbestand und auf die Ideengeschichte des Bundes stützen, denn beide drücken letztlich denselben Inhalt aus: die Humanität.

Soweit die Freimaurerei historisch konkret greifbar ist, scheint sie nach ihrem wesentlichen Ideengehalt ein Kind der frühen Neuzeit zu sein. Die Freimaurer, die von den damals fortschrittlichen Ideen überzeugt waren, arbeiteten sehr bewusst an der Geschichte und traten für eine positive Veränderung der damaligen Gesellschaft ein. Aus heutiger Perspektive muss allerdings eingewendet werden, dass diese Eindeutigkeit eines Geschichtsprozesses in Bezug auf Fortschritt und Reaktion nicht mehr gegeben scheint.

Am Schluss soll hier noch kurz die Frage gestellt werden, ob es für die Freimaurerei die Möglichkeit eines europäischen Toleranzmodells gibt, das für den europäischen Integrationsprozess notwendig erscheint.

Zur modernen europäischen Identität zählt daher nicht die Zugehörigkeit zu einer bestimmten Ethnie, Religion oder Kultur, sondern eine ganz bestimmte Art des Umgangs mit Religion, Spiritualität und Kultur im öffentlichen Leben. Der europäische Gedanke beruht auf der Trennung von

Staat und Kirche, auf der Toleranz sowie auf dem Schutz der Menschenrechte und der Gewährung von Bürgerrechten, unabhängig von religiösen Zugehörigkeiten. Europäische Identität ist u.a. eine politische Kultur des Umgangs mit Religionen, Weltanschauungen und Kulturen. Kulturelle Identität entsteht im Bewusstsein der Gemeinsamkeit von Werten, Überlieferungen, Deutungen, Formen des Wissens und Praktiken, die offen sein müssen. Politische Identität ist wie die kulturelle für die Zukunft der EU von ausschlaggebender Bedeutung. Sie ist kein Erbe und auch kein ausschließlicher Besitz, sondern ein Projekt und ein sozialer Produktionsprozess, der nach bestimmten Werten bewusst vorangetrieben werden muss, insbesondere auf dem Weg zu einer Politisierung der europäischen Politik. Der Freimaurerei kommt in diesem Entwicklungsprozess aufgrund ihres humanitären und ethischen Kerns große Relevanz zu, die in den Aktivitäten der Freimaurer-Akademie der Großloge von Österreich deutlich hervortritt.

Literatur:

Ulrich Beck: *Weltrisikogesellschaft. Auf der Suche nach der verlorenen Sicherheit*, Frankfurt a. M. 2007.

Ulrich Beck: *Risikogesellschaft. Auf dem Weg in eine andere Moderne*, Frankfurt a. M. 1986.

Jürgen Habermas: *Die Moderne – ein unvollendetes Projekt*, Leipzig 1994.

Helmut Reinalter: *Die Freimaurer*. 5. Aufl., München 2006.

Helmut Reinalter: *Ist die Aufklärung noch ein tragfähiges Prinzip*, Wien 2002.

Helmut Reinalter (Hg.): *Die Neue Aufklärung*, Thaur / Wien / München 1997.

Helmut Reinalter (Hg.): *Aufklärungsprozesse seit dem 18. Jahrhundert*, Würzburg 2006.

Helmut Reinalter: *Der aufgeklärte Mensch. Das neue Aufklärungsdenken*, Würzburg 2016.

Helmut Reinalter (Hg.): *Die Zukunft der Demokratie*, Innsbruck 2002.

Helmut Reinalter (Hg.): *Humanität und Ethik für das 21. Jahrhundert*, Innsbruck 2004.

Helmut Reinalter (Hg.): *Projekt Weltethos*, Innsbruck 2006.

10. Freimaurerei und Moderne. Versuch einer Theorie

Über die Wirkungsgeschichte der Freimaurerei im gesellschaftlichen Entwicklungsprozess seit der frühen Neuzeit gibt es kaum wissenschaftliche Untersuchungen. Die Gründe dafür liegen in der Tatsache, dass sich ein direkter Einfluss der Freimaurerei auf Staat, Politik und Gesellschaft nur schwer nachweisen lässt. Die Gegner der Freimaurer haben den schwer fassbaren Einfluss immer dämonisiert und als politische Macht missverstanden. Eine einigermaßen seriöse und realistische Einschätzung der gesellschaftlichen Wirkung der Freimaurer muss sich in erster Linie auf die Selbstbildung als Personen und die Kongruenz ihres Selbsterziehungsprogramms sowie ihrer Ziele mit den wesentlichen Denkströmungen der jeweiligen Zeit beziehen. Die Personen (Mitglieder) kamen aus verschiedenen beruflichen Bereichen und rekrutierten sich in der Gründungs- und Aufstiegsphase der Freimaurerei vorwiegend aus dem Adel, der Geistlichkeit und dem gehobenen Bürgertum, während untere Schichten weitgehend ausgeklammert blieben. Erst viel später hat die Freimaurerei auch Angehörige des Kleinbürgertums aufgenommen.

Die Forschung hat weitgehend anerkannt, dass der Freimaurerei bei der Auflösung der frühneuzeitlichen Dogmen, in der Aufklärung und Säkularisierung sowie in den bürgerlichen Revolutionen, insbesondere in der Französischen

Revolution, eine Rolle zukam. Es war zweifelsohne keine tragende Funktion, doch die freimaurerischen Ideen der Humanität und Toleranz waren in den geistesgeschichtlichen und politischen Entwicklungen bedeutsam. Wenn die Freimaurerei zwar nicht als Beweger und Auslöser in Erscheinung trat, dann zumindest als Ermutiger und Verstärker, wie chemische Katalysatoren. Ein konkretes Beispiel zum komplexen Zusammenhang zwischen Freimaurerei und Revolution soll diese Funktion verdeutlichen. Die Logen in der Spätaufklärung und am Beginn der Französischen Revolution waren weder Zentren der Konspiration noch ideologische Kommissionen oder Generalstäbe des Umsturzes, sondern in erster Linie Treffpunkte, Diskussionsrunden und Kommunikationszentren, Orte des persönlichen Kontaktes, Umschlagplätze für Ideen und Schriften, Anlaufstellen und Transmissionen für die Ideen der Aufklärung und der Revolution. Insofern war die Freimaurerei mit ihren Ideen und Handlungsweisen bei der geistigen Vorbereitung von gesellschaftlichen Entwicklungen durch das kulturelle, humanitäre und ethische Engagement ihrer Mitglieder beteiligt, insbesondere dann, wenn die gesellschaftlichen und politischen Verhältnisse im Gegensatz zu den freimaurerischen, humanitär-ethischen Anliegen standen.

Diese hier erwähnte katalysatorische Wirkung lässt sich im Zusammenhang mit wichtigen historischen Entwicklungen wie der Aufklärung, der westlichen Demokratien, der Herausbildung des modernen Parlamentarismus und des Sozialstaates wenigstens ansatzweise feststellen. Die Freimaurerei trat auch immer für die Verbreitung der Menschenrechte und für den Weltfrieden ein und war in diesem Bemühen nicht erfolglos. Heute arbeitet sie an einer Weiterentwicklung ihrer zentralen Ideen wie Humanität, Aufklärung und Toleranz. Dabei geht es um die Entwicklung einer „reflexiven" Aufklärung, einer symbiotischen Toleranz und eines neuen Humanismus. Es besteht innerhalb der Freimaurerei ein Minimalkonsens (trotz eines breiten Raumes an individuellen Einstellungen), dass die neu formulierten Grundsätze der Freimaurerei auch heute eine wichtige Aufgabe haben.

Die geistige Situation der Zeit könnte man mit der Formulierung „die rationale Ordnung und ihre Gegenwelten" (Michel Foucault, Max Weber, Cornelia Klinger) charakterisieren. Unter dem sich verdichtenden Eindruck, dass die Epoche der Moderne in absehbarer Zukunft ihrem Ende entgegengeht, werden heute auch in der Freimaurerei verstärkte Anstrengungen zu ihrer theoretischen Erfassung unternommen. Dabei werden vorrangig Modernisierung bzw. Modernität mit dem Prozess der Rationalisierung aller Gesellschafts- und Wissensbereiche identifiziert. Diesen Vorgängen stehen gegenläufige Tendenzen gegenüber. Bei der Bestimmung des Ortes der Freimaurerei im Spannungsfeld zwischen Moderne und Postmoderne bieten sich vier Modelle an. Das entscheidende Kriterium ist dabei die Frage, wie das Verhältnis konzipiert wird zwischen den Bereichen, die als Hauptstrom der Modernisierung gelten, und jenen, die als Gegenströmungen aufgefasst werden können. Auf dieser Grundlage kann man von einem Externalisierungskonzept, einem Ausdifferenzierungskonzept, einem Kompensations- und einem Korrelationskonzept sprechen.

Am einfachsten und zugleich am problematischsten ist die Ansicht, dass es sich bei Gegenbewegungen zur Moderne entweder um Restbestände einer vormodernen Lebens-

und Gesellschaftsordnung handelt, die durch den Modernisierungsprozess allmählich vernichtet werden, oder – ganz entgegengesetzt – um Ansätze zu einer künftigen Überwindung der Moderne (Postmoderne).

Mit dem, was hier Ausdifferenzierungskonzept genannt wird, vollzieht sich ein erster Schritt in Richtung auf eine Anerkennung der Zugehörigkeit von Gegenströmungen zum Modernisierungsprozess. Es wird dabei anerkannt, dass bestimmte Phänomene, wie Subjektivismus und Gefühlskultur oder eine nostalgische Hinwendung zur Natur und Vergangenheit, überhaupt erst auf der Grundlage der Moderne entstehen können und somit als deren eigene Resultate anzusehen sind. Das dezentrierte Weltverständnis eröffnet auf der eigenen Seite die Möglichkeit eines kognitiv versachlichten Umgangs mit der Welt der interpersonalen Beziehungen; auf der anderen Seite bietet es die Möglichkeit eines von Imperativen der Versachlichung freigesetzten Subjektivismus im Umgang mit einer individualisierten Bedürfnisnatur. In diesem Sinne nennt Max Weber drei Gruppen von Wertsphären, die zusammen den Komplex moderner Rationalität bilden und die sich im Prozess der Moderne ausdifferenzieren und autonom entwickeln. Neben den Komplex der kognitiven Rationalität von (Natur-)Wissenschaft und Technik und den Komplex der evaluativen Rationalität von Naturrecht und (protestantischer) Ethik stellt er die ästhetisch-expressive Rationalität als dritten Bereich. Aktiv vorangetrieben wird der Prozess der Moderne durch die Entwicklung von Wissenschaft, Technik und Industrie sowie durch die Entfaltung rationaler Verwaltungs- und Rechtspraktiken und entsprechender Wert- und Verhaltensnormen. Die Tendenz heute geht in Richtung einer Akzentverschiebung von der Betrachtung des zweckrationalen zu der des wertrationalen Handlungssystems. Es wird die Bedeutung der praktischen Vernunft für den Prozess der Moderne gegenüber der instrumentellen Vernunft (Dialektik der Aufklärung) hervorgehoben.

Es ist sinnvoll, das Gegensatzverhältnis zwischen der modernen Welt und den exterritorialen Orten einer ästhetischen oder erotischen Weltflucht als Funktionszusammenhang aufzufassen. Ist dies der Fall, dann geht das Ausdifferenzierungsmodell in das Komplementaritäts- oder Kompensationsmodell über. Dabei geht man davon aus, dass es bestimmte Bereiche gibt, die nicht derselben Logik folgen, die in Wissenschaft und Technik, Wirtschaft und Gesellschaft, Recht und Politik wirksam ist. Somit stehen sie dem Konzept von Rationalität und dem Prozess der Moderne zwar entgegen, aber nicht außerhalb von jenseits der Welt, sondern als andersartige Orte innerhalb derselben, innerhalb eines entgegengesetzte Pole umgreifenden Zusammenhangs. Es wird davon ausgegangen, dass jene Gegenpole all das sind oder haben, was die anderen Wertsphären nicht sind oder nicht besitzen, sodass sie sich komplementär zueinander verhalten. Das auffallendste Merkmal des Kompensationskonzepts liegt in der modernitätskritischen Grundhaltung bei gleichzeitig unvermindertem Festhalten an der Überzeugung der Unvermeidlichkeit und sogar der Überlegenheit der Moderne als Rationalisierungsprozess. Die Idee der Komplementarität ist stark freimaurerisch orientiert.

Da, wo der Aspekt der bewussten und aktiven Verweigerung der Kompensationsleistung in den Vordergrund rückt, gelangen wir zum vierten Modell, nämlich zum Verhältnis zwischen dem Rationalisierungsprozess und seinen Gegenströmungen. Dieses Konzept ist für die geistige Arbeit der Freimaurerei besonders fruchtbar, weil es anzeigt, dass hier nicht mehr der Gegensatz, sondern die Entsprechung zwischen den verschiedenen Wertsphären der Moderne in das Zentrum rückt. Hier sollte auch der Ort der Freimaurerei sein. Den Ausgangspunkt bildet die Tatsache, dass die aus dem Modernisierungsprozess ausgegrenzten und ihm zum Zwecke seines Ausgleichs entgegengesetzten Bereiche auf Dauer unvermeidbar und unübersehbar ihre eigene subsystemspezifische Modernität entwickeln. Im Bereich der Ästhetik bedeutet dies z. B. die Herausbildung einer Formensprache, die die Konflikte, die „Zerrissenheit" der modernen Welt abbildet bzw. sie reflektierend sogar noch verschärft. Jürgen Habermas setzt an die Stelle der von ihm als Irrweg abgelehnten Aufhebung der Kunst die „lebensorientierende Kraft" der Kunst. Er spricht von einer ästhetischen Erfahrung, die nicht primär in Geschmacksurteile umgesetzt wird, sondern „für die Aufhellung einer lebensgeschichtlichen Situation genutzt und auf Lebensprobleme" bezogen wird. Die drei kulturellen Wertsphären müssen an entsprechende Handlungssysteme so angeschlossen werden, dass eine nach Geltungsansprüchen spezialisierte Wissensproduktion und -vermittlung garantiert ist. Das von Expertenkulturen entwickelte kognitive Potenzial soll seinerseits an die kommunikative Alltagspraxis weitergeleitet werden. Dies wäre, anders formuliert, das Projekt der „reflexiven" Aufklärung im Sinne einer nie abschließbaren Aufgabe. Was als Besonderheit des dritten Wertsphärenbereichs erscheint, sein „Irrationalismus", seine Alterität, sind nichts anderes als die unbegriffenen und z. T. verdrängten Züge der Moderne. Eine zweite (oder) neue Aufklärung hätte sie als Teil der Moderne zu erkennen und entsprechend einzuordnen. Im Grundverständnis der Freimaurerei würde dies die Zusammenführung der verschiedenen Dimensionen des Menschen bedeuten: die rationale kognitive Struktur, die Gefühle, Emotionen und Sensibilitäten. Die Reichweite gesellschaftlichen Handelns (auch über den Einzelnen) hat sich erheblich ausgedehnt. Folglich stellen sich Fragen nach Einheit, Ganzheit und Sinn nicht mehr nur traditionell, was Mensch und Gesellschaft vorgegeben ist und was es zu entdecken und zu erkennen gilt, sondern auch als etwas, das durch die Gesellschaft und über den Einzelnen bestimmt und geschaffen werden kann. Dies könnte ein Ansatzpunkt für gesellschaftspolitisch aktive Freimaurer sein, der für das 21. Jahrhundert weitergedacht und konkretisiert werden müsste.

Literatur:

Helmut Reinalter: *Die Freimaurer*, 7. Aufl., München 2016, S. 128 ff.

Helmut Reinalter: *Versuch einer Theorie der Freimaurerei*, in: *Grenzgebiete der Wissenschaft* 44/3 (1995), S. 227 ff.

Helmut Reinalter: *Freimaurerei und Moderne*, in: *Beobachtung und Lebenswelt. Festschrift für Klaus Hammacher*, Thaur 1996, S. 239 ff.

Helmut Reinalter (Hg.): *Freimaurerei. Geheimnisse – Rituale – Symbole. Ein Handbuch*, Leipzig 2017.

Freimaurerische Bibliografie von Helmut Reinalter

Monographien

Geheimbünde in Tirol. Von der Aufklärung bis zur Französischen Revolution (Schriftenreihe des Südtiroler Kulturinstituts 9), Bozen 1982, 2. Auflage, Innsbruck 2011.

Die Rolle der Freimaurerei und Geheimgesellschaften im 18. Jahrhundert (Scientia 39), Innsbruck 1995.

Die Freimaurer, München 2000 (7. Aufl. 2016) (türkische Lizenzausgabe 2008 und japanische Lizenzausgabe 2016) (Bestseller).

Reflexive Aufklärung als Denkmodell für Freimaurer (Schriftenreihe der Freimaurer-Akademie der Großloge von Österreich), Wien 2004.

Aufklärung und Moderne. 27 Studien zur Geschichte der Neuzeit (Interdisziplinäre Forschungen 21), Innsbruck 2008.

Die Weltverschwörer. Was Sie eigentlich alles nie erfahren sollten, Salzburg 2010.

Aufklärungsdenken und Freimaurerei, Zürich 2014.

Der aufgeklärte Mensch. Das neue Aufklärungsdenken, Würzburg 2016 (2. Auflage 2016).

Aufklärung, Humanität und Toleranz. Die Geschichte der österreichischen Freimaurerei im 18. Jahrhundert (Quellen und Darstellungen zur Freimaurerei 18), Innsbruck 2017.

Herausgeber: Handbücher, Sammelbände, Reihen

Freimaurer und Geheimbünde im 18. Jahrhundert in Mitteleuropa (suhrkamp taschenbuch wissenschaft 403), Frankfurt/M. 1983 (4. Aufl. 1996).

200 Jahre Große Landesloge von Österreich, Wien 1986.

Joseph II. und die Freimaurer im Lichte zeitgenössischer Broschüren (Veröffentlichungen der Kommission für neuere Geschichte Österreichs 77), Wien-Köln-Graz 1987.
Joseph von Sonnenfels (Österreichische Akademie der Wissenschaften, Veröffentlichungen der Kommission für die Geschichte Österreichs 13), Wien 1988.
Aufklärung und Geheimgesellschaften. Zur politischen Funktion und Sozialstruktur der Freimaurerlogen im 18. Jahrhundert (Ancien Régime, Aufklärung und Revolution 16), München 1989.
Die Aufklärung in Österreich. Ignaz von Born und seine Zeit (Schriftenreihe der Internationalen Forschungsstelle „Demokratische Bewegungen in Mitteleuropa 1770-1850“ 4), Frankfurt a. M. – Bern - New York - Paris 1991.
Die Zukunft der Freimaurerei, Lausanne 1992.
Aufklärung und Geheimgesellschaften: Freimaurer, Illuminaten und Rosenkreuzer – Ideologie, Struktur und Wirkungen, Bayreuth 1992.
Aufklärungsgesellschaften (Schriftenreihe der Internationalen Forschungsstelle „Demokratische Bewegungen in Mitteleuropa 1770-1850“ 10), Frankfurt a. M. / Bern / New York / Paris / Wien 1993.
Freimaurerische Historiographie im 19. und 20. Jahrhundert. Forschungsbilanz – Aspekte – Problemschwerpunkte, Bayreuth 1996.
Der Illuminatenorden (1776–1785/87). Ein politischer Geheimbund der Aufklärungszeit (Schriftenreihe der Internationalen Forschungsstelle „Demokratische Bewegungen in Mitteleuropa 1770-1850“ 24), Frankfurt a. M. / Berlin / Bern / New York / Paris / Wien 1997.
Freimaurerische Wende vor 200 Jahren: 1798 – Rückbesinnung und Neuanfang, Köln 1998.
Die deutschen und österreichischen Freimaurerbestände im Deutschen Sonderarchiv in Moskau (heute Aufbewahrungszentrum der historisch-dokumentarischen Kollektionen) (Schriftenreihe der Internationalen Forschungsstelle „Demokratische Bewegungen in Mitteleuropa 1770-1850“ 35), Frankfurt a. M. 2002.
Handbuch der freimaurerischen Grundbegriffe (Quellen und Darstellungen zur europäischen Freimaurerei 1), Innsbruck 2002.
Verschwörungstheorien. Theorie – Geschichte - Wirkung (Quellen und Darstellungen zur europäischen Freimaurerei 3), Innsbruck 2002.

Typologien des Verschwörungsdenkens (Quellen und Darstellungen zur europäischen Freimaurerei 6), Innsbruck-Wien-München-Bozen 2004.
Freimaurerische Kunst – Kunst der Freimaurerei (Quellen und Darstellungen zur europäischen Freimaurerei 5), Innsbruck 2005.
Mozart und die geheimen Gesellschaften seiner Zeit (Quellen und Darstellungen zur europäischen Freimaurerei 7), Innsbruck 2006 (Türkische Lizenzausgabe und Übersetzung 2010).
Selbstbilder der Aufklärung (Interdisziplinäre Forschungen 20), Innsbruck 2007.
Freimaurerei und europäischer Faschismus (Quellen und Darstellungen zur europäischen Freimaurerei 10), Innsbruck / Wien / Bozen 2009.
Wege und Hindernisse religiöser Toleranz. Zur friedensschaffenden Kraft der Religionen, Weimar 2013.
Freimaurerische Persönlichkeiten in Europa (Quellen und Darstellungen zur europäischen Freimaurerei 16), Innsbruck 2014.
Freimaurer und Geheimbünde im 19. und 20. Jahrhundert (Quellen und Darstellungen zur europäischen Freimaurerei 17), Innsbruck 2016.
Deutsche und österreichische Freimaurer-Forscher (Interdisziplinäre Forschungen 28), Innsbruck 2016.
Freimaurerei. Geheimnisses – Rituale – Symbole. Ein Handbuch, Leipzig 2017.

Aufsätze

Freimaurer in Tirol, in: Das Fenster 12 (1973), S. 1169 ff.
Franz von Gumer – ein Tiroler Freimaurer, in: Alpenregion und Österreich, hg. von Eduard Widmoser und Helmut Reinalter, Innsbruck 1976, S. 117 ff.
Aufklärung, Freimaurerei und Jakobinertum in der Habsburgermonarchie, in: Jakobiner in Mitteleuropa, hg. von Helmut Reinalter, Innsbruck 1977, S. 243 ff.
Joseph von Sonnenfels und die Französische Revolution, in: Innsbrucker Historische Studien 1 (1978), S. 77 ff.
Freimaurerei und Jakobinismus im Einflußfeld der Französischen Revolution, in: Studi Tedeschi 21/3 (1978), S. 125 ff.

Joseph II. und die Freimaurerei im Lichte zeitgenössischer Broschüren, in: Unsere Heimat 51/3 (1980), S. 193 ff.

Das Weltall als Wirkung einer „höchsten Ursache". Zur Geschichtsphilosophie und Struktur des Illuminatenordens, in: Tradition und Entwicklung. Festschrift Eugen Thurnher zum 60. Geb., hg. von Guntram Plangg und Werner M. Bauer, Innsbruck 1982, S. 291 ff.

Geheimgesellschaften und Freimaurerei im 18. Jahrhundert, in: Aufklärung – Vormärz – Revolution 2 (1982), S. 27 ff.

Josephinismus, Geheimgesellschaften und Jakobinismus. Zur radikalen Spätaufklärung in der Habsburgermonarchie, in: Ungarn und Österreich unter Maria Theresia und Joseph II. Neue Aspekte im Verhältnis der beiden Länder, hg. von Anna M. Drabek u. a., Wien 1982, S. 55 ff.

Art. „Freimaurer", in: Evangelisches Kirchenlexikon Bd. 1, Göttingen 1982, Sp. 1362 ff. (englische Übersetzung 2000).

Josephisme, sociétés secretès et jacobinisme. Sur la « radikale Spätaufklärung » dans la monarchie des Habsbourg, in: Francia 10 (1982), S. 313 ff.

Freimaurerische Reformprojekte unter Kaiser Leopold II., in: Quatuor Coronati Berichte 9 (1982/83), S. 8 ff.

Zur Aufgabenstellung der gegenwärtigen Freimaurerforschung, in: Freimaurer und Geheimbünde im 18. Jahrhundert in Mitteleuropa, hg. von Helmut Reinalter, Frankfurt/M. 1983, S. 9 ff.

Die Freimaurerei zwischen Josephinismus und frühfranziszeischer Reaktion. Zur gesellschaftlichen Rolle und zum indirekt politischen Einfluss der Geheimbünde im 18. Jahrhundert, in: Freimaurer und Geheimbünde im 18. Jahrhundert in Mitteleuropa, hg. von Helmut Reinalter, Frankfurt/M. 1983, S. 35 ff.

Schwerpunkte und Tendenzen der freimaurerischen Historiographie, in: Tijdschrift voor de Studie van de Verlichtung en van het vrije Denken 3-4 (1984), S. 273 ff.

Die Freimaurerei in Österreich von der Aufklärung bis zur Revolution 1848/49, in: Zirkel und Winkelmaß. 200 Jahre Große Landesloge der Freimaurer, Ausstellungskatalog, Wien 1984, S. 7 ff.

Geheimgesellschaften und Revolution. Freimaurerei und Nationalsozialismus am Beispiel Alfred Rosenbergs, in: Quatuor Coronati Jahrbuch 21 (1984), S. 55 ff.

Massoni e giacobini a Innsbruck e a Trento, in: Il Trentino nel Settecento fra Sacro Romano Impero e antichi stati italiani, Bologna 1985, S. 607 ff.

Sozietäten zur Zeit der Aufklärung in Tirol, in: Burgen – Regionen – Völker. Festschrift für Hieronymus Riedl zur Vollendung des 80. Lebensjahres, Bozen 1985, S. 291 ff.

Freimaurerei und Französische Revolution, in: Quatuor Coronati Jahrbuch 22 (1985) S. 155 ff.

Geheimgesellschaften und Freimaurerei im 18. Jahrhundert. Ein Forschungs- und Literaturbericht, in: Quatuor Coronati Berichte 10 (1985), S. 21 ff.

Geschichtswissenschaft als historische Sozialwissenschaft. Bedeutung und Folgen für die Freimaurer-Forschung, in: Quatuor Coronati Berichte 10 (1985), S. 61 ff.

Aufgeklärter Absolutismus und Freimaurerei. Einige Überlegungen zur gesellschaftlichen und geistigen Struktur der Spätaufklärung, in: Eleusis 40/2 (1985), S. 73 ff.

Freimaurerei und Geheimgesellschaften im 18. Jahrhundert. Überlegungen zu einigen Neuerscheinungen, in: Aufklärung – Vormärz – Revolution 8 (1986), S. 78 ff.

Aufgeklärter Absolutismus und Freimaurerei, in: Sociabilité et Société Bourgeoise en France, en Allemagne et en Suisse (1750-1850), ed. Etienne François, Paris 1986, S. 215 ff.

Revolution und Verschwörungstheorie in Briefen und Berichten Metternichs, in: Innsbrucker Historische Studien 9 (1986), S. 115 ff.

Art. Freidenker, in: Evangelisches Kirchenlexikon, 1. Bd., Göttingen 1986, Sp. 1347 ff. (auch in engl. Übersetzung).

Sozietäten und Geheimgesellschaften am Ausgang des 18. Jahrhunderts. Ihre gesellschaftliche und politische Funktion, in: Bürgerliche Gesellschaften im 18. und 19. Jahrhundert: Sozietäten und frühe Parteien, hg. von Karl Pellens und Erich Moll (Landesbildungszentrum Schloß Hofen. Informationsbuch K 1. R. 10), Lochau b. Bregenz 1986, S. 6 ff.

Das Haus Habsburg und die Freimaurerei in Neapel unter Königin Marie Caroline, in: Atti del Convegno internationale di Studi Massoneria e Cultura del Regno die Napoli nel Settecento, Napoli 1986, S. 61 ff.

Die gegenwärtige Aufgabenstellung der Freimaurerforschung, in: Quatuor Coronati – Berichte 11 (1986), S. 4 ff.

Die Gründung der Großen Landesloge von Österreich und das Freimaurer-Patent Josephs II., in: Quatuor Coronati – Berichte 11 (1986), S. 37 ff.

Freimaurerei und Geheimbünde in Österreich im Einflußfeld der Französischen Revolution, in: Quatuor Coronati – Berichte 11 (1986), S. 50 ff.

Joseph II. und die Freimaurerei im Lichte zeitgenössischer Broschüren, Einleitung zu: Joseph II. und die Freimaurer im Lichte zeitgenössischer Broschüren, Wien-Köln-Graz 1987, S. 9 ff.

La théorie du complot en Autriche à la fin du siècle des Lumières à l'époque de la Révolution française, in : Les résistances à la Révolution, ed. François Lebrun et Roger Dupuy, Paris 1987, S. 245 ff.

Freemasonry in Austria in the Eighteenth Century, in: Ars Quatuor Coronatorum 100 (1987), S. 197 ff.

La Franc-Maçonnerie en Autriche, in: Dix-Huitième Siècle 19 (1987), S. 45 ff.

Freimaurerei und Illuminatenorden oder von den Mysterien der Aufklärung, in: Geheimgesellschaften und der Mythos der Weltverschwörung, hg. von Gerd-Klaus Kaltenbrunner, München 1987, S. 129 ff.

Joseph von Sonnenfels als Gesellschaftstheoretiker, in: Joseph von Sonnenfels, hg. von Helmut Reinalter, Wien 1988, S. 139 ff.

Joseph von Sonnenfels – Leben und Werk in Grundzügen, in: Joseph von Sonnenfels, Wien 1988, S. 1 ff.

La Franc-Maçonnerie Autrichienne en 1938, in : Austriaca 26 (1988), S. 115 ff.

Maria Carolina von Neapel und die Freimaurerei, in : Historische Blickpunkte. Festschrift für Johann Rainer, hg. von Sabine Weiss u. a., Innsbruck 1988, S. 529 ff.

Das demokratische Potential in der Freimaurerei der Spätaufklärung, in: Die demokratische Bewegung in Mitteleuropa von der Spätaufklärung bis zur Revolution 1848/49, hg. von Helmut Reinalter, Innsbruck 1988, S. 74 ff.

Freimaurerei, Jakobinismus und Demokratie, in: Die Französische Revolution und Mitteleuropa, hg von Helmut Reinalter, Frankfurt/M. 1988,

S. 162 ff.
250 Jahre Freimaurerei in Deutschland, in : Quatuor Coronati Jahrbuch 24 (1988), S. 9 ff.
Die Freimaurerei im 18. Jahrhundert in Österreich, in: Quatuor Coronati Jahrbuch 25 (1988), S. 71 ff.
Freimaurerei und Geheimgesellschaften im 18. Jahrhundert. Überlegungen zu einigen Neuerscheinungen, in: Quatuor Coronati Jahrbuch 24 (1988), S. 241 ff.
Freimaurerei und Demokratie im 18. Jahrhundert, in: Quatuor Coronati – Berichte 12 (1988), S. 19 ff.
Freimaurerei und zweite Aufklärung?, in: Humanität 14/8 (1988), S. 58.
Freimaurerei und Revolution, in: Humanität 14/6 (1988), S. 9 ff.
Freimaurerei und Demokratie im 18. Jahrhundert, in: Aufklärung und Geheimgesellschaften, hg. von Helmut Reinalter, München 1989, S. 41 ff.
Ignaz von Born - Aufklärer, Freimaurer und Illuminat, in: Aufklärung und Geheimgesellschaften, hg. von Helmut Reinalter, München 1989, S. 151 ff.
Was ist Freimaurerei und masonische Forschung? Einleitung zu: Aufklärung und Geheimgesellschaften, hg. von Helmut Reinalter, München 1989, S. 1 ff.
Masoneria y Democracia, in: Masoneria Politica y Sociedad Bd. 1, ed. J. A. Ferrer Benimeli, Zaragoza 1989, S. 55 ff.
Freimaurer, Geheimgesellschaften und Jakobiner in Innsbruck und Trient im ausgehenden 18. und frühen 19. Jahrhundert. Victoria Stadlmayer zum 70. Geb., in: Der Schlern 63/1 (1989), S. 5 ff.
Freimaurerei und Revolution, in: Humanität 15/6 (1980), S. 9 ff.
Mozart, die Freimaurer und die Politik, in: Parnass, Sonderheft 6 (1990), S. 66 ff. (deutsch und englisch).
Mozart als Freimaurer, in: Quatuor Coronati Jahrbuch 27 (1990), S. 129 ff.
Mozart als Freimaurer, in: Zaubertöne. Mozart in Wien 1781 – 1791, Ausstellungskatalog, Wien 1991, S. 441 ff.
La massoneria e le forme della sociabilità in Europa, soprattutto in Germania ed Austria, nella seconda metà del XVIII secolo, in: La massoneria e le forme della sociabilità nell'Europa del Settecento, a cura die Zeffiro Ciuffoletti, Firenze 1991, S. 71 ff.

Ignaz von Born – Persönlichkeit und Wirkung, in: Die Aufklärung in Österreich, hg. von Helmut Reinalter, Frankfurt/M. 1991, S. 11 ff.

Ignaz von Born – Freimaurer und Illuminat, in: Die Aufklärung in Österreich, hg. von Helmut Reinalter, Frankfurt/M. 1991, S. 33 ff.

Neuerscheinungen zu Mozart: Quatuor Coronati Jahrbuch 28 (1991), S. 169 ff.

Freimaurerei und Modernisierung, in: Wiss. Zeitschrift der Martin-Luther-Univ. Halle-Wittenberg 1 (1992), S. 92 ff.

Freimaurerei und Modernisierung, in: Revue des Études Sud-Est Européennes XXXI/3-4 (1992), S. 197 ff.

Bahrdt und die geheimen Gesellschaften, in: Carl Friedrich Bahrdt (1740–1792), hg. von G. Sauder / C. Weiß, St. Ingbert 1992, S. 258 ff.

Freimaurerei, studentische Orden und Burschenschaften, in: Studentische Burschenschaften und bürgerliche Umwälzung, hg. von Helmut Asmus, Berlin 1992, S. 65 ff.

Aufklärung und Gegenaufklärung – Freimaurerei im gesellschaftlichen Konflikt, in: Symposium 250 Jahre Freimaurerei in Österreich – Rückblick und Ausblick, Wien 1992, S. 42 ff.

Aufklärung, in: Freimaurer. Solange die Welt besteht, Ausstellungskatalog, Wien 1992, S. 229 ff.

Die Französische Revolution, in: Freimaurer. Solange die Welt besteht, Ausstellungskatalog, Wien 1992, S. 152 ff.

Die Verschwörungstheorie, in: Freimaurer. Solange die Welt besteht, Ausstellungskatalog, Wien 1992, S. 272 ff.

Freimaurerei in Österreich im Einflußfeld der Französischen Revolution, in: Quatuor Coronati Jahrbuch 29 (1992), S. 35 ff.

Von der Gründung der Großen Landesloge 1784 bis zur Maurerei zur Zeit der Französischen Revolution, in: 250 Jahre Freimaurerei in Österreich, Zwettl 1992, S. 26 ff.

Die erste Verbotszeit: Restauration, Vormärz und Revolution 1848/49, in: 250 Jahre Freimaurerei in Österreich, Zwettl 1992, S. 32 ff.

Born, Ignaz Edler von, in: Biographisches Lexikon zur Geschichte der demokratischen und liberalen Bewegungen in Mitteleuropa Bd. 1, hg. von Helmut Reinalter / Axel Kuhn / Alain Ruiz, Frankfurt/Main 1992, S. 143 f.

Michaeler, Karl Joseph, in: Biographisches Lexikon zur Geschichte der demokratischen und liberalen Bewegungen in Mitteleuropa Bd. 1, hg. von Helmut Reinalter / Axel Kuhn / Alain Ruiz, Frankfurt/Main 1992, S. 155.

Sonnenfels, Joseph von, in: Biographisches Lexikon zur Geschichte der demokratischen und liberalen Bewegungen in Mitteleuropa Bd. 1, hg. von Helmut Reinalter / Axel Kuhn / Alain Ruiz, Frankfurt/Main 1992, S. 160 f.

Kritische Aufklärung und Postmoderne, in: Die Zukunft der Freimaurerei, hg. von Helmut Reinalter und Walter Hess, Lausanne 1992, S. 11 ff.; wieder abgedruckt in: Alpina 118/11 (1992), S. 276 ff.

Werkstätten der Humanität, in: Quatuor Coronati Jahrbuch 29 (1992), S. 9 ff.

Aufklärungsgesellschaften, in: Quatuor Coronati Jahrbuch 29 (1992), S. 222 ff.

Ignaz von Born und Tirol, in: Der Schlern 67/9 (1993), S. 654 ff.

Freimaurerei und Geheimgesellschaften, in: Aufklärungsgesellschaften, hg. von Helmut Reinalter, Frankfurt/M. 1993, S. 83 ff.

Carbonari, Geheimbund, in: Lexikon zu Demokratie und Liberalismus 1750 – 1848/49, hg. von Helmut Reinalter, Frankfurt/Main 1993, S. 52 ff.

Deutsche Union (gem. mit Günter Mühlpfordt), in: Lexikon zu Demokratie und Liberalismus 1750 – 1848/49, hg. von Helmut Reinalter, Frankfurt/Main 1993, S. 72 ff.

Freimaurerei, in: Lexikon zu Demokratie und Liberalismus 1750–1848/49, hg. von Helmut Reinalter, Frankfurt/Main 1993, S. 111 ff.

Illuminaten, Geheimbund, in: Lexikon zu Demokratie und Liberalismus 1750 – 1848/49, hg. von Helmut Reinalter, Frankfurt/Main 1993, S. 131 ff.

Aufklärung und Gegenaufklärung – Freimaurerei im philosophischen Konflikt, in: 250 Jahre Freimaurerei in Österreich. Rückblick und Ausblick, Wien 1993, S. 42 ff.

Neue Literatur zu Freimaurerei und Geheimgesellschaften, in: Aufklärung – Vormärz – Revolution 13-15 (1993/95), S. 313 ff.

Ignaz von Born (1742–1791). Aufklärer, Publizist, Forscher und Freimaurer, in: Gesellschaft und Kultur Mittel-, Ost- und Südosteuropas im 18. und beginnenden 19. Jahrhundert, hg. von Helmut Reinalter, Frankfurt a. M. 1994, S. 117 ff.

Cagliostro und die Freimaurerei, in: Presenza di Cagliostro, ed. v. Daniela Gallingani, Firenze 1994, S. 577 ff; wieder abgedruckt in Quatuor Coronati – Jahrbuch 31 (1994), S. 145 ff.

Ignaz von Born (1742–1791), Aufklärer, Publizist, Forscher und Freimaurer, in: Gesellschaft und Kultur Mittel-, Ost- und Südosteuropas, hg. von Helmut Reinalter, Frankfurt/M. 1994, S. 117 ff.

Freimaurerei und Nationalsozialismus, in: Österreichisches Freimaurer-Museum, Schloß Rosenau bei Zwettl, Schloß Rosenau 1994, S. 53 ff.

Freimaurerei, Aufklärung und Josephinismus, in: Österreichisches Freimaurer-Museum Schloß Rosenau bei Zwettl, Schloß Rosenau 1994, S. 21 ff.

Bahrdt und die geheimen Gesellschaften, in: Carl Friedrich Bahrdt (1740–1792), hg. von G. Sauder und Chr. Weiß, St. Ingbert 1994, S. 258 ff.

Die gesellschaftspolitischen Aufgaben der Freimaurerei heute, in: Alpina 120/7-8 (1994), S. 203 ff.

Die Rolle von „Sündenböcken“ in den Verschwörungstheorien, in: Vom Fluch und Segen der Sündenböcke, Festschrift Raymund Schwager, hg. von Jozef Niewiadomski und Wolfgang Palaver, Thaur-Wien-München 1995, S. 215 ff.

Versuch einer Theorie der Freimaurerei, in: Grenzgebiete der Wissenschaft, Innsbruck 1995, S. 227 ff.

Auf der Suche nach Sündenböcken. Freimaurer im Mittelpunkt einer Verschwörungstheorie, in: Quatuor Coronati – Berichte 15 (1995), S. 112 ff.

Das Haus Habsburg in Neapel unter Königin Maria Caroline, in: Atti del Ve Congresso Internazionale di studi storici, Rapporti Genova-Mediterraneo-Atlantico nell’ età moderna, Genova 1996, S. 543 ff.

Neue Tendenzen in der Geschichtsschreibung und ihre Bedeutung für die freimaurerische Historiographie, in: Freimaurerische Historiographie im 19. und 20. Jahrhundert, hg. von Helmut Reinalter, Bayreuth 1996, S. 11 ff.

La Massoneria, l'uomo moderno e la società, in: Solitudini ed agnosce dell'uomo contemporaneo, in: Pitagora 2000, Firenze 1996, S. 123 ff.

Freimaurerei und Moderne. Versuch einer Theorie, in: Beobachter und Lebenswelt. Festschrift für Klaus Hammacher zum 65. Geb. (Interdisziplinäre Forschungen 5), hg. von Helmut Reinalter, Innsbruck / Thaur 1996, S. 239 ff.

Freimaurerei und Moderne - Versuch einer Theorie, in: Quatuor Coronati Jahrbuch 33 (1996), S. 157 ff.

Die Rolle der Freimaurerei im aufgeklärten Absolutismus – Thesen zur Diskussion, in: Transactions of the Ninth International Congress on the Enlightenment 1945 (Studies on Voltaire 346–348), Oxford 1996, S. 1153 ff.

Johann Georg Forster als Freimaurer und Rosenkreuzer, in: Georg Forster-Studien 1, hg. von Horst Dippel u.a., Berlin 1997, S. 67 ff.

Gegen die „Tollwuth der Aufklärungsbarbarei". Leopold Alois Hoffmann und der frühe Konservativismus in Österreich, in: Von „Obskuranten und Eudämonisten". Gegenaufklärerische, konservative und antirevolutionäre Publizisten im späten 18. Jahrhundert, hg. von Christoph Weiß, St. Ingbert 1997, S. 221 ff.

Der Hintergrund – die Aufklärung, insbesondere in Bayern, in: Der Illuminatenorden (1776–1785/87), hg. von Helmut Reinalter, Frankfurt a. M. 1997, S. 9 ff.

Das Weltall als Wirkung einer „höchsten Ursache". Zur Geschichtsphilosophie und Struktur des Illuminatenordens, in: Der Illuminatenorden (1776–1785/87), hg. von Helmut Reinalter, Frankfurt a. M. 1997, S. 249 ff.

Ignaz Edler von Born und die Illuminaten in Österreich, in: Der Illuminatenorden (1776 – 1785/87), hg. von Helmut Reinalter, Frankfurt a. M. 1997, S. 351 ff.

Der schwierige Weg zur Demokratie, in: Schriftenreihe der Freimaurer-Akademie der Großloge von Österreich, Wien 1997, S. 25 ff.

Franc-Maçonnerie et Religion en Autriche au XVIIIe siècle, in: Franc-Maçonnerie et religions dans l'Europe des Lumières (Les Dix-Huitièmes Siècles 19), hg. von Charles Porset und Cécile Révauger, Paris 1998, S. 185 ff.

Das Jahr 1789 - Eine Wende in der deutschen Freimaurerei?, in: Freimaurerische Wende vor 200 Jahren: 1798 – Rückbesinnung und Neuanfang, hg. von Helmut Reinalter, Köln 1998, S. 9 ff.

La Massoneria nel Tirolo e in Trentino nel XVIII secolo, in: L'affermazione di una società civile e colta nella Rovereto del Settecento, in: Atti del seminario di studio Rovereto 1998, Rovereto 1998, p. 21 ff.

Freimaurerische Forschung heute, in: Zeitschrift für Internationale Freimaurer-Forschung 1 (1999), S. 9 ff.

„Reflexive" Aufklärung, in: Zeitschrift für Internationale Freimaurerforschung 4 (2000), S. 51 ff.

La Massoneria nel Tirolo e in Trentino nel XVIIIe secolo, in: L'affermazione di una società civile e colta nella Rovereto del Settecento, a cura di Mario Allegri, Rovereto 2000, S. 21 ff.

La Massoneria nel Tirolo e in Trentino nel XVII secolo, in : Memorie dell'Accademia Roveretana degli agiati 250, ser. II, vol. III, Rovereto 2000, S. 21 ff.

Art. Logenrede, in: Historisches Wörterbuch der Rhetorik, hg. von Gert Ueding, Bd. 5, Tübingen 2001, Sp. 412 ff.

Freimaurerische Symbolik und Ritualistik, in: Grenzgebiete der Wissenschaft 50 (2001), S. 123 ff.

Zukunftsperspektiven der Freimaurerei, in: Tau 2 (2001), S. 15 ff.

Vernunftkritik und neue Formen der Rationalität, in: Grenzen der Vernunft? Perspektiven für die Freimaurer, Wien 2001, S. 7 ff.

Die europäische Aufklärung als Gegenstand der neueren Forschung. Ein Forschungs- und Literaturbericht, in: Zeitschrift für Internationale Freimaurerforschung 5 (2001), S. 59 ff.

Aufklärungsgesellschaften und politische Vereine im 19. Jahrhundert (Einleitung), in: Österreichisches Vereins- und Parteienlexikon, hg. von Anton Pelinka und Helmut Reinalter, Innsbruck 2002, S. 11 ff.

Freimaurerei und Geheimgesellschaften, in: Österreichisches Vereins- und Parteienlexikon, hg. von Anton Pelinka und Helmut Reinalter, Innsbruck 2002, S. 39 ff.

Internationale Verbreitung und deutsche Logenvielfalt vom 18. Jahrhundert bis heute, in: Geheime Gesellschaft. Weimar und die deutsche Freimaurerei, Katalog zur Ausstellung der Stiftung Weimarer Klassik, München 2002, S. 44 ff.

Geschichte, in: Handbuch der freimaurerischen Grundbegriffe, hg. von Helmut Reinalter, Innsbruck 2002, S. 11 ff.

Der „große Baumeister“ aller Welten, in: Handbuch der freimaurerischen Grundbegriffe, hg. von Helmut Reinalter, Innsbruck 2002, S. 72 ff.

Aufklärung, in: Handbuch der freimaurerischen Grundbegriffe, hg. von Helmut Reinalter, Innsbruck 2002, S. 96 ff.

Pflichten, in: Handbuch der freimaurerischen Grundbegriffe, hg. von Helmut Reinalter, Innsbruck 2002, S. 114 ff.

Die Verschwörungstheorie: Handbuch der freimaurerischen Grundbegriffe, hg. von Helmut Reinalter, Innsbruck 2002, S. 158 ff.

Einleitung, in: Verschwörungstheorien, hg. von Helmut Reinalter, Innsbruck 2002, S. 9 ff.

Vernunftkritik und neue Formen der Rationalität, in: Gibt es Grenzen der Vernunft? Neue Formen der Rationalität, hg. von Helmut Reinalter, Innsbruck 2002, S. 9 ff.

Die Träger der Aufklärung in Österreich, in: The Enlightenment in Europe. Aufklärung in Europa, hg. von Werner Schneiders, Berlin 2003, S. 233 ff.

Aufklärung und Fundamentalismus, in: Aufklärung und Fundamentalismus, hg. von der Freimaurer-Akademie der Großloge von Österreich, Wien 2003, S. 7 ff.

Johann Georg Forsters Revolutionsverständnis, in: Georg-Forster-Studien VIII, Kassel 2003, S. 207 ff.

Die Idee der menschlichen „Perfektibilität“ als mögliche Kunstform der Aufklärung, in: Kunst und Aufklärung, hg. von Michael Fischer und Helmut Reinalter, Innsbruck 2003, S. 91 ff.

Humanität und Ethik für das 21. Jahrhundert, in: Humanität 5 (2003), S. 6 ff.

Lessing und die Aufklärung heute, in: Humanität 1 (2004), S. 7 ff. (wiederabgedruckt in: Quatuor Coronati Jahrbuch 41 (2004), S. 215 ff.

Immanuel Kants Bedeutung für die Gegenwart. Ein Bericht über Neuerscheinungen zum 200. Todestag des Königsberger Philosophen, in: Zeitschrift für Internationale Freimaurerforschung 11 (2004), S. 105 ff.

Der Geheimbund der Illuminaten im Verschwörungsdenken, in: Typologien des Verschwörungsdenkens, hg. von Helmut Reinalter, Innsbruck 2004, S. 61 ff.

„Freemasonry“, in: Richard S. Levy, ed., Antisemitism: A Historical Encyclopedia of Prejudice and Persecution, vol 1, Santa Barbara: ABC-Clio Press 2005, S. 244 ff.

Die geistigen Strömungen der Zeit und die Zukunft der Freimaurerei, in: Freimaurerische Aspekte im neuen Europa, hg. von Helmut Reinalter, Wien 2005, S. 17 ff.

Geistiger Orientierungsrahmen der Freimaurer-Akademie von Österreich, in: Freimaurerische Aspekte im neuen Europa, hg. von Helmut Reinalter, Wien 2005, S. 65 ff.

Humanität im Zeitalter der Globalisierung. Eine problemorientierte Einführung, in: Humanität im Zeitalter der Globalisierung, Wien 2005, S. 7 ff.

Freimaurerei und Mozart, in: Das Mozart-Lexikon Bd. 6, hg. von Gernot Gruber und Joachim Brügge, Laaber 2005, S. 215 ff.

Der Geheimbund der Carbonari, in : Tirol-Österreich-Italien. Festschrift für Josef Riedmann zum 65. Geb. (Schlernschriften 330), hg. von Klaus Brandstätter u.a., Innsbruck 2005, S. 571 ff.

Sonnenfels, Joseph von, in: Österreichisches Biographisches Lexikon 1815 – 1950, Bd. XII., Wien 2005, S. 422 ff.

Freimaurerei, Aufklärung und Josephinismus, in: Österreichisches Freimaurer-Museum, Rosenau b. Zwettl, Wien 2005, S. 24 ff.

Freimaurerei und Nationalsozialismus, in: Österreichisches Freimaurer-Museum, Rosenau b. Zwettl, Wien 2005, S. 36 ff.

Art. Freiligrath, Hermann Ferdinand, in: Biographisches Lexikon zur Geschichte der demokratischen und liberalen Bewegungen in Mitteleuropa, Bd. 2/Teil 1, hg. von Helmut Reinalter, Frankfurt/M. 2005, S. 101 ff.

Art. Heine, Heinrich, in: Biographisches Lexikon zur Geschichte der demokratischen und liberalen Bewegungen in Mitteleuropa, Bd. 2/Teil 1, hg. von Helmut Reinalter, Frankfurt/M. 2005, S. 137 ff.

Mozart als Freimaurer und die religiösen Vorstellungen in seiner Zeit, in: Humanität 2 (2006), S. 10 ff.

Mozarts Religionsvorstellung, das freimaurerische Symbol des „Großen Baumeisters aller Welten“, in: Zwischen Himmel und Erde. Mozarts geistliche Musik, Ausstellungskatalog, Dommuseum zu Salzburg 2006, S. 33 ff.

Reflexive Aufklärung, in: Conturen 1 (2006), S. 64 ff.

Ethik und Humanität im Zeitalter der Globalisierung, in: Für einen realen Humanismus. Festschrift zum 75. Geb. von Alfred Schmidt, hg. von Wolfgang Jordan und Michael Jeske, Frankfurt/M. 2006, S. 139 ff.

Freimaurerei, in: Lexikon zum Aufgeklärten Absolutismus in Europa, hg. von Helmut Reinalter, Wien 2006, S. 236 ff.

Geheimgesellschaften, in: Lexikon zum Aufgeklärten Absolutismus in Europa, hg. von Helmut Reinalter, Wien 2006, S. 259 ff.

Montesquieu, Charles de Secondant, in: Lexikon zum Aufgeklärten Absolutismus in Europa, hg. von Helmut Reinalter, Wien 2006, S. 423 f.

Sonnenfels, Joseph von, in: Lexikon zum Aufgeklärten Absolutismus in Europa, hg. von Helmut Reinalter, Wien 2006, S. 571 f.

Sozietäten, aufgeklärte, in: Lexikon zum Aufgeklärten Absolutismus in Europa, hg. von Helmut Reinalter, Wien 2006, S. 577 f.

Voltaire, François Marie Arouet, in: Lexikon zum Aufgeklärten Absolutismus in Europa, hg. von Helmut Reinalter, Wien 2006, S. 632 ff.

La massoneria nell' Tirolo, in: Storia d'Italia Annali 21. La Massoneria, a cura di Mario Cazzaniga, Torino 2006, S. 387 ff.

Die Rosenkreuzer und der Geheimbund der Illuminaten, in: Mozart und die geheimen Gesellschaften seiner Zeit, hg. von Helmut Reinalter, Innsbruck 2006, S. 77 ff.

Mozart und seine Zeit. Ein Literaturbericht zum Mozartjahr 2006, in: Mozart und die geheimen Gesellschaften seiner Zeit, hg. von Helmut Reinalter, Innsbruck 2006, S. 113 ff.

Aloys Blumauer und die Freimaurer, in: Zeitschrift für Internationale Freimaurerforschung 15 (2006), S. 9 ff.

Verschwörungstheorien, in: Kursiv (2006), S. 64 ff.

Freimaurerforschung heute: Gespräch des Herausgebers mit Alfred Schmidt, in: Zeitschrift für Internationale Freimaurerforschung 15 (2006), S. 35 f.

Ausstellungen zum Mozartjahr 2006 in Österreich, in: Zeitschrift für Internationale Freimaurerforschung 15 (2006), S. 66 ff.

Freimaurer, Geheimgesellschaften, Freidenker und Verschwörungstheorien, in: Zeitschrift für Internationale Freimaurerforschung 16 (2006), S. 77 ff.

Mozart und seine Zeit, in: Zeitschrift für Internationale Freimaurerforschung 15 (2006), S. 37 ff.

Humanismus als Grundprinzip, in: Die Freimaurer, hg. von Michael Kraus, Salzburg 2007, S. 35 ff.

Globalisierung und Neoliberalismus, in: Die Freimaurer, hg. von Michael Kraus, Salzburg 2007, S. 93 ff.

Fundamentalismus und Aufklärung, in: Die Freimaurer, hg. von Michael Kraus, Salzburg 2007, S. 98 ff.

Aufklärung und Fundamentalismus, in: Aufklärung und Fundamentalismus, hg. von Helmut Reinalter, Innsbruck 2007, S. 9 ff.

Die Ambivalenzen der Aufklärung und die Freimaurerei, in: Ungarn-Jahrbuch 28 (2005-2007), S. 283 ff.

Johann Pezzls Aufklärungsbegriff, in: Selbstbilder der Aufklärung, hg. von Helmut Reinalter, Innsbruck 2007, S. 73 ff.

Die geistigen Strömungen der Zeit und die Zukunft der Freimaurerei, in: Zeitschrift für Internationale Freimaurerforschung 17 (2007), S. 9 ff.

Zur Bedeutung und Aktualität der Geisteswissenschaften, in: Zeitschrift für Internationale Freimaurerforschung 18 (2007), S. 64 ff.

Der Mythos der jüdisch-freimaurerischen Weltverschwörung, in: Acta Historica et Museologica universitas Silasianae Opavensis 7 (2007), S. 197 ff.

Der Mythos von der jüdisch-freimaurerischen Weltverschwörung, in: Zeitschrift für Internationale Freimaurerforschung 19 (2008), S. 19 ff.

Angewandte Ethik als praktische Aufklärung, in: Eleusis 1 (2009), S. 43 ff.

Freimaurerei und europäischer Faschismus, in: Freimaurerei und europäischer Faschismus, hg. von Helmut Reinalter, Innsbruck 2009, S. 11 ff.

Staat, Aufklärung, Grundrechte und Demokratie. Zu einigen neueren Forschungen, in: Zeitschrift für Internationale Freimaurerforschung 21 (2009), S. 92 ff.

Geheimgesellschaften, Verschwörungstheorien und der Irrationalismus, in: Zeitschrift für Internationale Freimaurerforschung 21 (2009), S. 102 ff.

Aufklärungsgesellschaften und politische Vereine im 19. Jahrhundert, in: Anno Neun 1809 – 2009, hg. von Helmut Reinalter, Innsbruck 2009, S. 133 ff.

Joseph Haydn und die Freimaurer, in: Zeitschrift für Internationale Freimaurerforschung 22 (2009), S. 60 ff.

Sonnenfels, Joseph Frhr. von, in: NDB 24 (2010), Sp. 576 ff.

Die geistigen Strömungen der Zeit und die Zukunft der Freimaurerei, in: Wege zur Religion, hg. von Hamid Reza Yousefi u. a., Nordhausen 2010, S. 333 ff.

Der Mythos von der jüdisch-freimaurerischen Weltverschwörung, in: Conturen 1 – 2 (2010), S. 125 ff.

Freimaurerei, in: Das Haydn-Lexikon, hg. von Armin Raab, Christine Siegert und Wolfram Steinbeck, Laaber 2010, S. 242 ff.

Rede zur Einführung in das Symposium „Globale Ethik, der Dialog der Kulturen und die europäische Perspektive“, in: Zeitschrift für Internationale Freimaurer-Forschung (IF) 23 (2010), S. 142 ff.

Vernunft und Vernunftkritik im philosophischen Diskurs, in: Viele Denkformen – eine Vernunft? Über die vielfältigen Gestalten des Denkens, hg. von Hamid Reza Yousefi und Klaus Fischer, Nordhausen 2010, S. 189 ff.

Vernunft und Vernunftkritik im philosophisch-freimaurerischen Diskurs, in: Vernunft und Aufklärung versus Vernunft- und Aufklärungskritik. Festschrift für Helmut Reinalter, hg. von Leo Mazakarini, Wien 2010, S. 19 ff.

Robert Blum – Freimaurer, Revolutionär, Demokrat, in: Zeitschrift für Internationale Freimaurerforschung 24 (2010), S. 36 ff.

Reflexive Aufklärung als Modell der Freimaurerei. Vernunft und Vernunftkritik im philosophisch-freimaurerischen Diskurs, in: Quatuor Coronati Jahrbuch 47 (2010), S. 51 ff.

Freimaurerei und Verschwörungstheorien, in: Zeitschrift für Internationale Freimaurerforschung 25 (2011), S. 69 ff.

Philosophie der Lebenskunst: „Gutes“ Leben, Glück, Humanität und Weisheit, in: Zeitschrift für Internationale Freimaurerforschung 25 (2011), S. 74 ff.

Esoterik und Hermetik, in: Der Gral. Die erkenntnisreiche, sinnerfüllte Reise des Helden, Ausstellungskatalog Karl Käfer, Swarovski Kristallwelten, Wattens 2011, S. 6 f.

Aufgeklärte Sozietäten und Geheimgesellschaften als Orte der Aufklärung, in: Spurensuche 1-4 (2012), S. 85 ff.

L'Aufklärung réflexive – un modèle autocritque?, in : Les Lumières : un héritage et une mission, ed. Gilbert Merlio et Nicole Pelletier, Bordeaux 2012, S. 45 ff.

„Gerechtigkeit" aus philsophisch-freimaurerischer Perspektive, in: Zeitschrift für Internationale Freimaurerforschung 28 (2012), S. 66 ff.

Menschenrechte und Menschenwürde, in: Zeitschrift für Internationale Freimaurerforschung 28 (2012), S. 73 ff.

Aufgeklärte Sozietäten, in: Handbuch zur Geschichte der demokratischen Bewegungen in Zentraleuropa. Von der Spätaufklärung bis zur Revolution 1848/49, hg. von Helmut Reinalter, Frankfurt/M. 2012, S. 59 ff.

Die historischen Ursprünge und die Anfänge der Freimaurerei, in: Geheimgesellschaften. Kulturhistorische Sozialstudien, hg. von Frank Jacob, Würzburg 2013, S. 49 ff.

Projekt Weltethos – religiöse Toleranz heute, in: Freimaurerische Toleranz heute: Wehret den Anfängen, Wien 2013, S. 28 ff.

Ethik und Werte in einer globalisierten Welt aus freimaurerischer Perspektive, in: Zeitschrift für Internationale Freimaurerforschung 29 (2013), S. 28 ff.

Freimaurerische Forschungsperspektiven in Europa, in: Zeitschrift für Internationale Freimaurerforschung 29 (2013), S. 39 ff.

Kultur, Erinnerung und Geschichte, in: Zeitschrift für Internationale Freimaurerforschung 29 (2013), S. 60 ff.

Aufklärung als Denkmodell für die Freimaurerei, in: Philosoph – Freimaurer – Aufklärer. Aufklärung als fortwährendes Zukunftsmodell. Zum Gedächtnis von Alfred Schmidt, QC-Jahrbuch 50 (2013), S. 45 ff.

Die Idee Weltethos als Angewandte Ethik und Projekt der Aufklärung, in: Weltethos-Gespräche, hg. von Helmut Reinalter, Innsbruck 2014, S. 109 ff.

Die historischen Ursprünge und die Anfänge der europäischen Freimaurerei, in: Zeitschrift für Internationale Freimaurerforschung 31 (2014), S. 10 ff.

Blum, Robert, in: Freimaurerische Persönlichkeiten in Europa, hg. von Helmut Reinalter, Innsbruck 2014, S. 20 ff.

Blumauer, Aloys, in: Freimaurerische Persönlichkeiten in Europa, hg. von Helmut Reinalter, Innsbruck 2014, S. 22 f.

Bode, Johann Joachim, in: Freimaurerische Persönlichkeiten in Europa, hg. von Helmut Reinalter, Innsbruck 2014, S. 25 f.

Born, Ignaz Edler von, in: Freimaurerische Persönlichkeiten in Europa, hg. von Helmut Reinalter, Innsbruck 2014, S. 27 ff.

Buonarroti, Filippo Michele, in Freimaurerische Persönlichkeiten in Europa, hg. von Helmut Reinalter, Innsbruck 2014, S. 29 ff.

Dehler, Thomas, in: Freimaurerische Persönlichkeiten in Europa, hg. von Helmut Reinalter, Innsbruck 2014, S. 41.

Desaguliers, Johann Theophilus, Freimaurerische Persönlichkeiten in Europa, hg. von Helmut Reinalter, Innsbruck 2014, S. 42 f.

Forster, Johann Georg, in: Freimaurerische Persönlichkeiten in Europa, hg. von Helmut Reinalter, Innsbruck 2014, S. 47 f.

Fried, Alfred Hermann, in: Freimaurerische Persönlichkeiten in Europa, hg. von Helmut Reinalter, Innsbruck 2014, S. 48 ff.

Garibaldi Giuseppe, in: Freimaurerische Persönlichkeiten in Europa, hg. von Helmut Reinalter, Innsbruck 2014, S. 53 ff.

Hanusch, Ferdinand, in: Freimaurerische Persönlichkeiten in Europa, hg. von Helmut Reinalter, Innsbruck 2014, S. 69 f.

Hardenberg, Karl August Fürst von, in: Freimaurerische Persönlichkeiten in Europa, hg. von Helmut Reinalter, Innsbruck 2014, S. 70 ff.

Heine, Heinrich, in: Freimaurerische Persönlichkeiten in Europa, hg. von Helmut Reinalter, Innsbruck 2014, S. 76 ff.

Hund Altengrotkau, Karl Gotthelf Reichsfreiherr von, in: Freimaurerische Persönlichkeiten in Europa, hg. von Helmut Reinalter, Innsbruck 2014, S. 84 ff.

Krause, Karl Christian Friedrich, in: Freimaurerische Persönlichkeiten in Europa, hg. von Helmut Reinalter, Innsbruck 2014, S. 102 ff.

Mazzini, Giuseppe, in: Freimaurerische Persönlichkeiten in Europa, hg. von Helmut Reinalter, Innsbruck 2014, S. 113 ff.

Montesquieu, Charles Louis de Secondat, in: Freimaurerische Persönlichkeiten in Europa, hg. von Helmut Reinalter, Innsbruck 2014, S. 115 ff.

Montgelas, Maximilian Joseph Graf von, in: Freimaurerische Persönlichkeiten in Europa, hg. von Helmut Reinalter, Innsbruck 2014, S. 117 ff.

Mozart, Wolfgang Amadeus, in: Freimaurerische Persönlichkeiten in Europa, hg. von Helmut Reinalter, Innsbruck 2014, S. 119 ff.

Pezzl, Johann, in: Freimaurerische Persönlichkeiten in Europa, hg. von Helmut Reinalter, Innsbruck 2014, S. 129 ff.

Pombal, Sebastião José de Carvalho e Mello Graf von, in: Freimaurerische Persönlichkeiten in Europa, hg. von Helmut Reinalter, Innsbruck 2014, S. 131 f.

Sonnenfels, Joseph von, in: Freimaurerische Persönlichkeiten in Europa, hg. von Helmut Reinalter, Innsbruck 2014, S. 143 f.

Stresemann, Gustav, in: Freimaurerische Persönlichkeiten in Europa, hg. von Helmut Reinalter, Innsbruck 2014, S. 158 f.

Voltaire, François Marie Arouet, in: Freimaurerische Persönlichkeiten in Europa, hg. von Helmut Reinalter, Innsbruck 2014, S. 162 ff.

Weishaupt, Adam, in: Freimaurerische Persönlichkeiten in Europa, hg. von Helmut Reinalter, Innsbruck 2014, S. 164 f.

Akademien, Reformgesellschaften, Geheimbünde und Salons, in: Die Philosophie des 18. Jahrhunderts Bd. 5/2. Halbbd., hg. von Helmut Holzhey und Vilem Mudroch, (Grundriss der Geschichte der Philosophie), Basel 2014, S. 15 ff.

Freimaurerei und Geheimbünde. Neue Forschungen und Literatur, in: Zeitschrift für Internationale Freimaurerforschung 33 (2015), S. 103 ff.

Kaiser Joseph II. und die Freimaurerei, in: Cornova 5/1 (2015), S. 85 ff.

Konturen und Aspekte neuer Ethikforschungen, in: Zeitschrift für Internationale Freimaurerforschung 34 (2015), S. 67 ff.

Neue Literatur zur Ideengeschichte, in: Zeitschrift für Internationale Freimaurerforschung 34 (2015), S. 73 ff.

Menschenrechte aus freimaurerische Perspektive, in: Bevölkerungen, Verbindungen, Grundrechte. Festschrift für Jean Paul Lehners, hg. von Norbert Franz / Thomas Kohlnberger / Pit Péporté, Wien 2015, S. 219 ff.

Grundsätzliches zur Freimaurerei, in: Freimaurer und Geheimbünde im 19. und 20. Jahrhundert, hg. von Helmut Reinalter, Innsbruck 2016, S. 9 ff.

Die Verschwörungstheorien im 19. Jahrhundert, in Freimaurer und Geheimbünde im 19. und 20. Jahrhundert, hg. von Helmut Reinalter, Innsbruck 2016, S. 23 ff.

Die „Entente-Freimaurerei“ und der Erste Weltkrieg – Eine Variante der Verschwörungstheorie, in: Freimaurer und Geheimbünde im 19. und

20. Jahrhundert, hg. von Helmut Reinalter, Innsbruck 2016, S. 30 ff.

Die Freimaurerei in Österreich im 19. und 20. Jahrhundert, in Freimaurer und Geheimbünde im 19. und 20. Jahrhundert, hg. von Helmut Reinalter, Innsbruck 2016, S. 227 ff.

Die ersten politischen Geheimbünde im 19. Jahrhundert: Carbonari, Bund der Geächteten und Bund der Gerechten, in: Freimaurer und Geheimbünde im 19. und 20. Jahrhundert, hg. von Helmut Reinalter, Innsbruck 2016, S. 177 ff.

Die historischen Ursprünge und die Anfänge der Freimaurerei, 1. T., in: Kilwinning 7 (2015), S. 113 ff.; 2.T., in: Kilwinning 8 (2016), S. 97 ff.

Sozialkapital und Freimaurerei, in: Weil's nicht lustig ist. Ernst Gehmacher zum 90. Geb., Wien 2016, S. 53 f.

Freimaurerische Forschungsperspektiven in Europa, Einleitung, in: Deutsche und österreichische Freimaurerforscher (Interdisziplinäre Forschungen 28), hg. von Helmut Reinalter, Innsbruck 2016, S. 9 ff.

Eugen Lennhoff, in: Deutsche und österreichische Freimaurerforscher (Interdisziplinäre Forschungen 28), hg. von Helmut Reinalter, Innsbruck 2016, S. 109 ff.

Die Rückkehr der Religionen, in: Zeitschrift für Internationale Freimaurerforschung 35 (2016), S. 53 ff.

Philosophie und Ideengeschichte, in: Zeitschrift für Internationale Freimaurerforschung 36 (2016), S. 95 ff.

Aufklärungsforschungen, in: Zeitschrift für Internationale Freimaurerforschung 36 (2016), S. 107 ff.

Königliche Kunst, in: Freimaurerei. Geheimnisse – Rituale – Symbole. Ein Handbuch, hg. von Helmut Reinalter, Leipzig 2017, S. 11 ff.

Grade, Hochgrade, in: Freimaurerei. Geheimnisse – Rituale – Symbole. Ein Handbuch, hg. von Helmut Reinalter, Leipzig 2017, S. 27 ff.

Pflichten, Konstitutionen, in: Freimaurerei. Geheimnisse – Rituale – Symbole. Ein Handbuch, hg. von Helmut Reinalter, Leipzig 2017, S. 44 ff.

Regularität, Irregularität, in: Freimaurerei. Geheimnisse – Rituale – Symbole. Ein Handbuch, hg. von Helmut Reinalter, Leipzig 2017, S. 50 ff.

Ikonografie, in: Freimaurerei. Geheimnisse – Rituale – Symbole. Ein Handbuch, hg. von Helmut Reinalter, Leipzig 2017, S. 61 f.

Großer Baumeister aller Welten, in: Freimaurerei. Geheimnisse – Rituale – Symbole. Ein Handbuch, hg. von Helmut Reinalter, Leipzig 2017, S. 63 ff.

Menschenrechte, in: Freimaurerei. Geheimnisse – Rituale – Symbole. Ein Handbuch, hg. von Helmut Reinalter, Leipzig 2017, S. 91 ff.
Toleranz, in: Freimaurerei. Geheimnisse – Rituale – Symbole. Ein Handbuch, hg. von Helmut Reinalter, Leipzig 2017, S. 104 ff.
Aufklärung, in: Freimaurerei. Geheimnisse – Rituale – Symbole. Ein Handbuch, hg. von Helmut Reinalter, Leipzig 2017, S. 108 ff.
Johannismaurerei, in: Freimaurerei. Geheimnisse – Rituale – Symbole. Ein Handbuch, hg. von Helmut Reinalter, Leipzig 2017, S. 123 f.
Politische Geheimbünde, in: Freimaurerei. Geheimnisse – Rituale – Symbole. Ein Handbuch, hg. von Helmut Reinalter, Leipzig 2017, S. 132 ff.
Die Gründung der ersten Großloge in London – ein Mythos?, in: Humanität Mai/Juni 2017, S. 12 ff.
Die gesellschaftliche und politische Rolle der Freimaurerei und Geheimgesellschaften im 18. Jahrhundert, in: 250 Jahre Freimaurer in Wetzlar 1767-2017, Katalog der Ausstellung, Petersberg 2017, S. 12 ff.
Legenden und Fakten. Die historischen Ursprünge der europäischen Freimaurerei, in: 300 Jahre Freimaurer. Das wahre Geheimnis, hg. von Christian Rapp und Nadia Rapp-Wimberger, Ausstellungskatalog, Wien 2017, S. 12 ff.
Verschwörungstheorien. Eine Bestandsaufnahme, in: 300 Jahre Freimaurer. Das wahre Geheimnis, hg. von Christian Rapp und Nadia Rapp-Wimberger, Ausstellungskatalog, Wien 2017, S. 136 ff.
Aufklärer in der Loge. Die Geschichte der europäischen Freimaurerei. Von den Anfängen bis zur Gegenwart. Zum 300. Jubiläum der ersten Großloge, in: Junge Welt Nr. 144 (Juni 2017), S. 12 f.
Die Gründung der ersten Großloge in London 1717 – Ein Mythos?, in: QC-Berichte, Wiener Jahrbuch für historische Freimaurerforschung 37(2017), S. 169 ff.

Drucknachweise der Beiträge

1. Vortrag, der 2017 in Salzburg und Wien gehalten wurde.
2. Aus: *250 Jahre Freimaurer in Wetzlar 1767–2017*, hg. vom Magistrat der Stadt Wetzlar, Petersberg 2017, S. 12 ff.; *Die Freimaurer*, München, 7. Aufl. 2016, S. 128 ff.
3. Aus: *Zeitschrift für Internationale Freimaurer-Forschung* 29 (2013), S. 28 ff.
4. Aus: *Die Freimaurer*, München, 7. Aufl. 2016, S. 40 ff., S. 42 ff., S. 44 ff.; *Humanität und Ethik für das 21. Jahrhundert. Herausforderungen und Perspektiven* (Interdisziplinäre Forschungen 15), Innsbruck 2004.
5. Aus: *Freimaurerei. Geheimnisse – Rituale – Symbole. Ein Handbuch*, Leipzig 2017, S. 11 ff.; *Freimaurerische Kunst – Kunst der Freimaurerei*, Innsbruck / Wien / Bozen 2005.
6. Aus: *Zeitschrift für Internationale Freimaurer-Forschung* 28 (2012), S. 66 ff.
7. Aus: *Freimaurerei. Geheimnisse – Rituale – Symbole. Ein Handbuch*, S. 91 ff.; *Bevölkerungen, Verbindungen, Grundrechte. Festschrift für Jean Paul Lehners*, hg. von Norbert Franz / Thomas Kohlberger / Pit Péporté, Wien 2015, S. 219 ff.
8. Aus: *Aufklärungsdenken und Freimaurerei*, Zürich 2014; *Der aufgeklärte Mensch. Das neue Aufklärungsdenken*, Würzburg 2016.
9. Aus: *Freimaurerische Aspekte im neuen Europa*, Wien 2005, S. 17 ff.
10. Aus: *Die Freimaurer*, München, 7. Aufl. 2016, S. 128 ff.

Prof. Dr. Dr. h.c. Helmut Reinalter

Geboren 1943 in Innsbruck, Studium der Geschichte und Philosophie, Promotion zum Dr. phil. 1970, Habilitation 1978, Prof. für Geschichte der Neuzeit und Politische Philosophie an der Universität Innsbruck 1981, Emeritierung 2009. Heute Leiter des Privatinstitutes für Ideengeschichte.

Mitglied der Freimaurerloge „Drei Berge“ im Orient Innsbruck, Affiliation in die Logen „Einigkeit in Freiheit“ in Innsbruck und „Tamino“ im Orient Salzburg, vorübergehend Mitglied der Forschungsloge „Quatuor Coronati“ Wien, dort mehrere Jahre dep. Meister, Mitglied der Forschungsloge „Quatuor Coronati“ in Bayreuth, auch dort viele Jahre zugeordneter Meister, korrespondierendes Mitglied der Quatuor Coronati London, Mitglied des Netzwerkes Freimaurer-Wiki, Vorsitzender der Wissenschaftlichen Kommission zur Erforschung der Freimaurerei in Innsbruck, Mitbegründer und 15 Jahre wissenschaftlicher Leiter der Freimaurer-Akademie der Großloge von Österreich.

Auszeichnungen:

Großes Silbernes Ehrenzeichen für Verdienste um die Republik Österreich, Verdienstkreuz des Landes Tirol, Österreichisches Ehrenkreuz für Wissenschaft und Kunst I. Klasse, Otto Bock-Medaille Quatuor Coronati Bayreuth, Bernhard Beyer-Medaille Quatuor Coronati Bayreuth, Ehrenmitglied der Großloge von Österreich, Körner-Preis 1972, Leopold Kunschak-Preis 1978, Ehrendoktorat IBC Cambridge.

Herausgeber der *Zeitschrift für Internationale Freimaurer-Forschung*, Herausgeber der wissenschaftlichen Reihe *Quellen und Darstellungen zur europäischen Freimaurerei* im Studienverlag Innsbruck. Vorbereitung und Durchführung zahlreicher Freimaurer-Kongresse, viele Gastvorträge und Baustücke über die Freimaurerei national und international, Gründer und Leiter des privaten Forschungsinstituts für Ideengeschichte mit dem Schwerpunkt „Internationale Freimaurerforschung“ in Innsbruck, zahlreiche Veröffentlichungen und Projekte über die Freimaurerei (siehe die Hinweise in der Bibliografie).

Helmut Reinalter

Freimaurerei

Geheimnisse – Rituale – Symbole

Ein Handbuch

ISBN 978-3-943539-74-5
Klappenbroschur
172 Seiten, 15,5 × 23,5 cm
1. Auflage 2017
Salier Verlag, Leipzig
EUR 18,00

Dieses Handbuch versteht sich als Nachschlagewerk und Hilfsmittel zur Einführung in die wichtigsten Sachbegriffe der europäischen Freimaurerei. Darin wird die masonische Bewegung von ihrer Substanz her in kompakter Form erklärt und beschrieben. Das Buch strebt keine lückenlose Aufarbeitung des Themas an, sondern möchte eine wissenschaftliche Orientierungshilfe und Grundlagen für weitere Studien über freimaurerisches Wissen bieten.

Der Herausgeber, Helmut Reinalter, hat neben eigenen Beiträgen auch die Arbeiten weiterer renommierter Freimaurerforscher in dem Buch versammeln können.
Autoren sind: Klaus-Jürgen Grün, Klaus Hammacher, Walter Hess, Herbert Kessler, Claus Oberhauser, Thomas Richert, Johannes Rogalla von Bieberstein, Alfred Schmidt, Jan A. M. Snoek und Peter Volk.